新基建丛书

李　勃　王建民　段炎斐 ◎ **主编**
杨玉丽　李晓娈　于谋川　李培仁 ◎ **编著**

U0811579

NEW
INFRASTRUCTURE

新基建
大数据中心时代

電子工業出版社
Publishing House of Electronics Industry
北京 • BEIJING

内 容 简 介

新基建为大数据中心建设按下加速键，行业迈入大发展的新阶段。本书聚焦新基建浪潮下大数据中心的新内涵、新趋势、新机遇、新挑战，以大数据中心全生命周期标准为切入点，通过系统分析影响和指导大数据中心建设的新技术、新理念、新要求，多角度回应大发展阶段大数据中心发展建设的需求，并辅以产业全景图和优秀的实践案例，帮助读者解读大数据中心，深入了解行业和技术趋势。

本书内容丰富、实用性强，可为政府相关部门的管理者、投资者、数据中心行业的从业者、高校学生，以及对新基建、大数据中心感兴趣的相关人士提供有益参考。

未经许可，不得以任何方式复制或抄袭本书之部分或全部内容。

版权所有，侵权必究。

图书在版编目（CIP）数据

新基建：大数据中心时代 / 李勃，王建民，段炎斐主编. —北京：电子工业出版社，2021.7

（新基建丛书）

ISBN 978-7-121-41325-4

Ⅰ. ①新… Ⅱ. ①李… ②王… ③段… Ⅲ. ①信息经济－基础设施建设－研究－中国 Ⅳ. ①F492.3

中国版本图书馆 CIP 数据核字（2021）第 116227 号

责任编辑：朱雨萌　　特约编辑：田学清

印　　刷：天津千鹤文化传播有限公司

装　　订：天津千鹤文化传播有限公司

出版发行：电子工业出版社

　　　　　北京市海淀区万寿路 173 信箱　　邮编：100036

开　　本：787×1092　1/16　　印张：17.25　　字数：314.3 千字

版　　次：2021 年 7 月第 1 版

印　　次：2024 年 6 月第 2 次印刷

定　　价：89.00 元

凡所购买电子工业出版社图书有缺损问题，请向购买书店调换。若书店售缺，请与本社发行部联系，联系及邮购电话：（010）88254888，88258888。

质量投诉请发邮件至 zlts@phei.com.cn，盗版侵权举报请发邮件至 dbqq@phei.com.cn。

本书咨询联系方式：zhuyumeng@phei.com.cn。

前　言

2019 年 11 月，《中共中央　国务院关于构建更加完善的要素市场化配置体制机制的意见》（以下简称《意见》）审议通过，数据作为一种新型生产要素被写入《意见》，通过加快数据要素市场培育，充分发挥数据要素对其他要素效率的倍增作用，使大数据成为推动经济高质量发展的新动能。越来越多的企业利用互联网、物联网、工业互联网、电商平台的结构化或非结构化数据资源来提取有价值的信息，数据呈现暴发式增长，而海量数据的处理与分析要求构建大数据中心。2021 年 3 月，新基建作为一个专门章节被写入《中华人民共和国国民经济和社会发展第十四个五年规划和 2035 年远景目标纲要》（以下简称《纲要》），《纲要》提出“加快构建全国一体化大数据中心体系，强化算力统筹智能调度，建设若干国家枢纽节点和大数据中心集群，建设 E 级和 10E 级超级计算中心。”可以预见，在今后较长时期内，大数据中心将是我国新基建的重要任务和重点领域。

新基建时代对大数据中心发展进化提出了新目标、新要求，其驱动力主要源自 5G、云计算、人工智能等数字化技术的大量应用，以及行业数字化转型的迫切需求。除大型数据中心以外，在 5G 时代，随着各种近场计算需求的增长，新形态的边缘数据中心也会大规模出现。更重要的是，越来越多的应用场景是多项数字化技术的融合，对灵活性有着极高的要求，这必然会带来数据中心产品、技术乃至理念的一次质的提升。

本书从多角度回应了新时期大数据中心发展建设的新变化和新需求，主要内容安排如下：

第 1 章　数据中心演进历程迎来新基建时代，主要介绍数据中心发展史、数据中心定义、全球数据中心发展现状、我国数据中心产业现状，以及新基建浪潮下的数据中心。

第 2 章　大数据中心发展机遇与挑战，主要介绍发展机遇和面临的挑战。

第 3 章　大数据中心标准与规范，主要介绍大数据中心标准化体系、大数据中心标准化发展中的问题，以及大数据中心标准体系的建立与完善。

第 4 章　大数据中心的内涵与关键技术，主要介绍大数据中心构成概述、大数据中心规划的关键要素、大数据中心子系统，以及大数据中心建设的关键技术。

第 5 章　大数据中心建设要素，主要介绍大数据中心建设流程、大数据中心建设法规要求，以及大数据中心建设合约规划。

第 6 章　大数据中心产业全景图，主要介绍大数据中心产业链、大数据中心产业发展愿景，以及大数据中心产业发展带来的变革。

第 7 章　大数据中心优秀运营案例介绍，主要介绍上海奉贤未来空间云数据中心建设项目、传化·智联科技能源站+数据中心项目规划、世纪互联——第三方大数据中心三个案例。

由于编者知识水平和实践经验有限，书中难免有所疏漏，恳请各位读者给予批评、指导和帮助。

编者

2020 年 11 月

目　录

第1章

数据中心演进历程，迎来新基建时代

2018 年中央经济工作会议首次提出了新基建战略。2020 年 3 月，中共中央政治局常务委员会召开会议，再次强调加快 5G 网络、数据中心等新型基础设施建设进度。2020 年 5 月，“两新一重”（新型基础设施，新型城镇化，交通、水利等重大工程）建设写入了国务院政府工作报告。随后，全国 25 个省市相继出台了新基建政策，涉及项目预算达数万亿元，引发新基建投资热潮。作为新基建的重要组成部分，数据中心演进过程中迎来了新基建时代。

1.1 数据中心发展史

1.1.1 数据中心发展阶段

20 世纪 40 年代，世界上第一台全自动电子数据计算机“埃尼阿克”（Electronic Numerical Integrator and Calculator）诞生，它占地约 170m^2，重量约为 30t，耗电 140～150kW，就此开启了计算机新时代的同时，也开启了与之配套的“数据中心”历程的演进。20 世纪 60 年代，数据中心被人们称为“服务器农场”，用来存放计算机系统、存储系统、电力设备等相关的设施。20 世纪 80 年代，计算机市场呈现出一片繁荣的景象，大量的计算机应用到各个领域，但是很少有人会关心运维，随着运维技术越来越复杂，资源丢失的现象也越来越普遍，所有的公司面临着 IT 资源管控的重要问题。到了 20 世纪 90 年代，微型计算机更加普及，新一代的连接型网络取代了老一代的中大型机或超级小型机，开始将高性能服务器单独放在一个房间中，单独布线和分层设计，从此开始有了真正的“数据中心”的叫法，并沿用至今。

我国数据中心的发展经历了从简单到复杂，从不稳定到稳定的 4 个阶段。

第一阶段：起步期，20 世纪 50—60 年代。1956 年，我国成立中国科学院计算技术研究所筹委会，投入到电子计算机的学习、设计和制造中。1958 年，我国第一台电子计算机——仿制苏联 M-3 计算机的 103 机诞生。1959 年，我国第一台大型通用数字电子计算机 104 机研制成功。104 机有 22 个机柜，占地约 400m^2，全机共用 4200 个电子管，4000 个二极管，运行速度达到每秒一万次，标志着我国最早的“数据中心”

诞生。这个时期的机房缺乏严格的建设标准，也没有精密的温度控制和指标测试等措施，计算机稳定工作时间只有几十分钟到几小时。

第二阶段：雏形期，20 世纪 70—80 年代。随着大规模集成电路的迅速发展，1971 年，世界上第一台微型计算机在美国硅谷诞生。由于微型计算机散落分布各地，这一阶段数据中心的形态出现了大型、中型、小型机房并存的态势，中小型数据中心在欧洲和美国得到了暴发式发展。对于这个时期的机房开始逐步制定标准，制冷设备也从集中冷却到采用恒温恒湿的专用空调机，在设计上引进了防静电概念，使用了防静电地板。在设备上也引进了 UPS（不间断电源）等设备。这一阶段，我国的计算资源仍然主要运用于国防机构、科学研究或军事机构，机房形式也与此前类似。

第三阶段：成长期，20 世纪 90 年代—21 世纪初。互联网的兴起带动行业信息化快速发展，IT 系统在一些行业内开始应用。PC 端对网络的要求不断增加，数据中心越来越多地承载用户核心或关键业务的运营，数据中心数量和规模出现暴发式增长，企业数据中心（EDC）、互联网数据中心（IDC）逐渐开始出现，并在 2010 年达到一个小高潮。这一阶段的机房，IT 设备逐渐微型化，服务器逐步成为主体，多台计算机、服务器联网，开始大量共用网络设备。数据的存储介质的容量和速度快速提高，对数据的保护也更严格，同时通过经验积累制订了许多新的标准，并广泛使用恒温恒湿的专用空调。采用了大量 UPS，对防雷标准也进行了完善，并有了综合的监控系统，专门的机房装修设计。这时候 IT 系统的可用性和可靠性均有了大幅提升。

第四阶段：加速期，2011 年至今。随着云计算技术的兴起，数据中心开始升级为"云数据中心"，托管的不仅是客户的设备，而是计算能力和 IT 可用性，服务器、存储、网络、应用等高度虚拟化，用户可以按需调用各种资源。数据中心逐渐成为云计算、工业互联网、人工智能的万能"粮仓"。数据中心从软件、硬件两个层面运行维护，软件层面不断根据实际的网络使用情况对云平台进行调试，硬件层面保障机房环境和网络资源正常运转、调配。

1.1.2　数据中心功能演进

随着信息技术的综合发展和应用，数据中心的功能也在不断发展变化。数据中心的发展历程大致可分为数据存储中心、数据处理中心、数据应用中心、数据运营服务中心四大阶段。

在数据存储中心阶段，数据中心主要承担的功能是存储和管理数据，在信息化建设早期，用来作为办公系统机房或电子文档的集中管理场所。此阶段的数据中心功能比较单一，对整体的可用性需求也很低。

在数据处理中心阶段，行业应用系统开始被普遍应用，数据中心开始承担核心计算。此阶段的数据中心开始有专门的人员进行集中维护，开始关注计算的效率及机构运营效率。

在数据应用中心阶段，信息资源日益丰富，数据中心开始关注挖掘和利用信息资源。组件化技术及平台化技术被广泛应用，数据中心承担着核心计算和核心业务运营支撑，需求的变化及其满足成为数据中心的核心特征之一。此阶段的数据中心面向业务需求提供可靠的业务支撑，对系统的维护上升到管理的高度，从事后处理转变为事前预防。

在数据运营服务中心阶段，数据中心基础设施的智能化使得组织运营借助 IT 技术实现高度自动化，组织对 IT 系统具有强依赖性。数据中心承担着组织的核心运营支撑、信息资源服务、核心计算、数据存储和备份，并确保业务可持续性计划实施等功能。业务运营对数据中心的要求不仅仅是支持，更是提供可靠的双向定制化服务。

1.2 数据中心定义

从数据中心的发展演进历程看，数据中心在不同的发展阶段有着不同的特征、功能和形态。由于关注和分析的角度不同，对数据中心的定义也有所区分。数据中心标准更关注物理场所及物理场所内的设施、设备，美国通信工业协会（Telecommunications Industry Association，TIA）、TIA 技术工程委员会（TR42）和美国国家标准协会（ANSI）批准的 ANSI/TIA-942《数据中心电信基础设施标准》对数据中心的定义为：数据中心的主要功能是容纳一个计算机房和它所支持区域的一个建筑物或一个建筑物的部分。GB 50174—2017《数据中心设计规范》对数据中心的定义为：为集中放置的电子信息设备提供具备运行环境的建筑场所，可以是一栋或几栋建筑物，也可以是一栋建筑物的一部分，包括主机房、辅助区、支持区和行政管理区等。从实际应用层面来看，随着 IT 基础设施、业务应用和数据的融合，数据中心的内涵日益丰富，数据中心的定义演变成：融合数据中心场地、基础设施、IT 硬件、IT 软件和大数据应用支撑平台 5 个层次的集成创新平台。当前数据中心的内涵还在逐步充实和发展，随着 5G 等技术的发展和应用，数据中心将进一步向着资源共享、数据共享、应用共享的大数据融合中心发展。

1.3　全球数据中心发展现状

1.3.1　全球数据中心市场规模稳步增长

IDC 早期的资料表明，2013 年以来，全球数据中心市场规模年均增速为 20.6%，其中 2018 年市场规模约为 651 亿美元，同比增长 24%。2020 年仍将以接近 20%的增速增长，规模将达到 899 亿美元，如图 1-1 所示。从行业应用来看，全球数据中心市场规模增长仍以互联网、云计算、金融等行业为主。

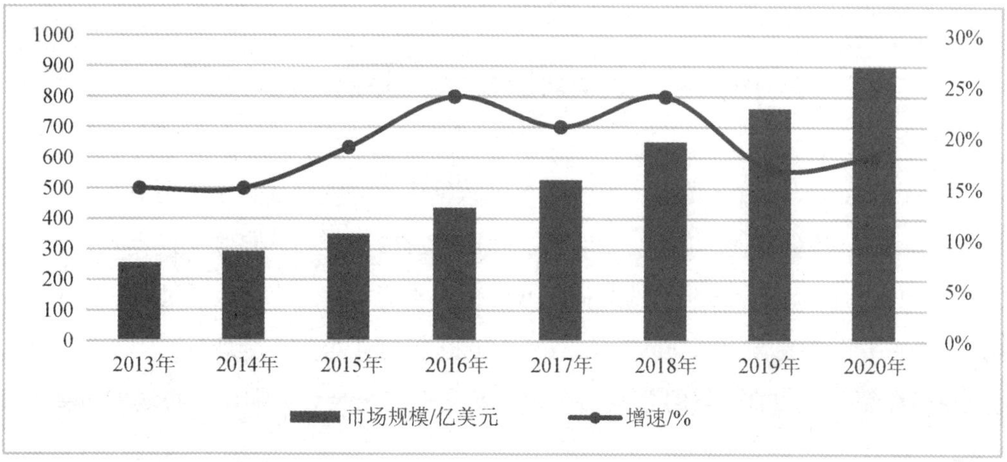

数据来源：IDC

图 1-1　2013—2020 年全球数据中心市场规模及预测

1.3.2 全球数据中心单体建设规模不断增长

根据 Gartner 的测算数据，全球数据中心数量有所减少，但单体建设规模越来越大。如图 1-2 所示，2016 年全球数据中心共计 45 万个，2019 年减少至 42.9 万个，在数据中心市场规模稳步增长的背景下，这说明数据中心正向着更大规模、更集约化的方向发展。Synergy Research 数据显示，全球超大型数据中心数量总体增长，2019 年首次突破 500 个，截至 2020 年底达到 597 个，近 5 年内数量翻倍增长。

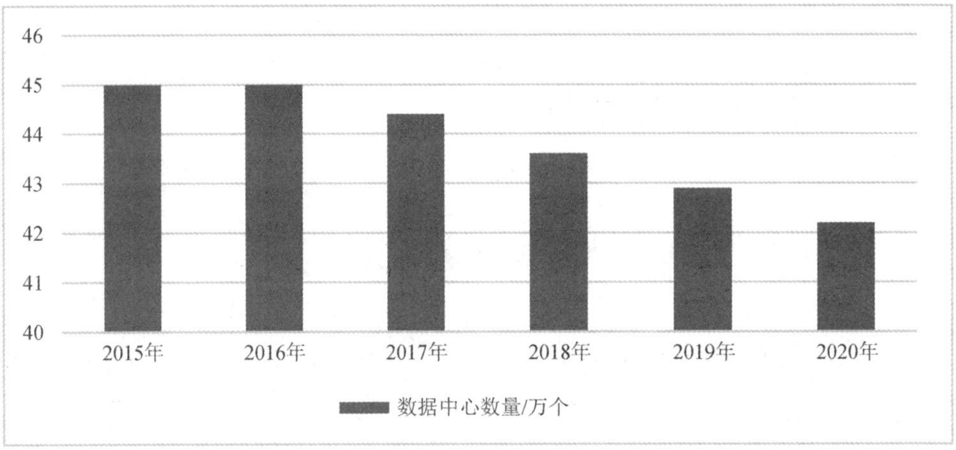

数据来源：Gartner

图 1-2 2015—2020 年全球数据中心数量

1.3.3 全球数据中心领先企业加速扩张、并购活跃

Synergy Research 数据显示，2019 年全球数据中心并购交易数量达到 100 笔，并购交易规模约为 145 亿美元，如图 1-3 所示。2015—2019 年期间，最大的投资者是 Digital Realty 和 Equinix 两家全球领先的数据中心服务提供商，这两家企业通过并购实现全球快速扩张，并购交易额占总交易额的 31%。2020 年前 4 个月，全球数据中心的并购交易规模已经超过了 2019 年的总额，并购活跃是近年来全球数据中心市场的重要特征之一。

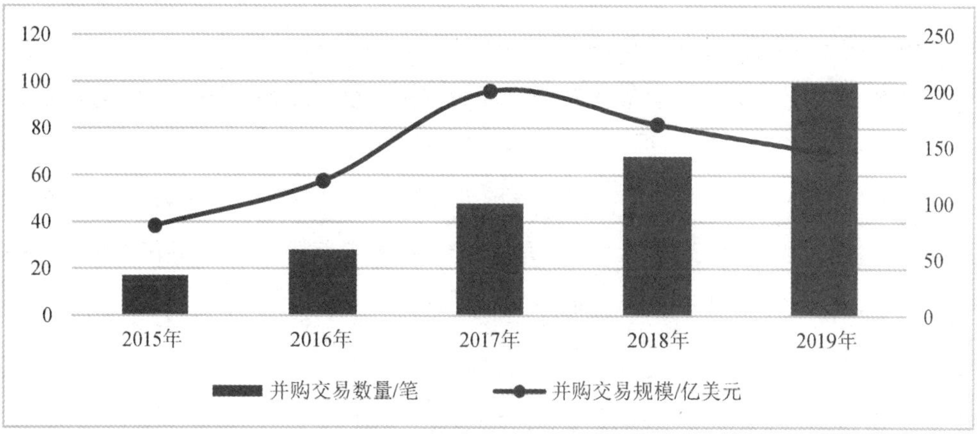

数据来源：Synergy Research

图 1-3　2015—2019 年全球数据中心并购交易数量及规模

1.3.4　全球数据中心布局聚焦发达城市

受市场需求驱动，全球领先的数据中心企业重点围绕经济发达、用户聚集、信息化应用水平较高的中心城市布局数据中心资源。Equinix 在全球拥有 196 个数据中心，遍布美洲、亚太、欧洲、中东、非洲等地区，主要位于全球各区域中心城市，如亚特兰大、芝加哥、纽约、硅谷、华盛顿、悉尼、东京等城市。亚马逊、IBM 的云数据中心遍布全球，大多位于经济发达的大型城市，如华盛顿、洛杉矶、法兰克福、伦敦、东京、香港、悉尼等。

1.4　我国数据中心产业现状

1.4.1　我国数据中心政策环境不断完善

我国高度重视数据中心建设布局，不断出台相关政策促进并规范引导数据中心发展。2013 年，工业和信息化部（以下简称工信部）发布《关于数据中心建设布局的指导意见》，促进我国数据中心，特别是大型数据中心的合理布局和健康发展。2015

年，国务院印发《促进大数据发展行动纲要》，提出统筹规划大数据基础设施建设，整合分散的数据中心资源，构建形成布局合理、规模适度、保障有力、绿色集约的政务数据中心体系，同时促进区域性大数据基础设施的整合和数据资源的汇聚应用。2017年，工信部发布《全国数据中心应用发展指引（2017）》（后逐年发布新版），引导数据中心供需对接。同年，工信部通过《电信业务经营许可管理办法》，降低数据中心市场的准入门槛，促进行业健康快速发展。

1.4.2 我国数据中心市场规模持续快速增长

IDC 早期数据表明，2013 年以来，我国数据中心市场规模年均增速为 34.6%，大幅高于全球平均水平 14.0 个百分点。2019 年我国数据中心市场规模为 1563 亿元，同比增长 27.3%。2020 年仍将以 27%左右的速度增长，规模接近 2000 亿元，占全球数据中心市场规模的比重不断攀升，如图 1-4 所示。

数据来源：中国 IDC 圈

图 1-4 2013—2020 年我国数据中心市场规模及预测

1.4.3 我国数据中心数量和体量同时提升

截至 2019 年，我国在用数据中心 2213 个，可用机架数量稳步增长，达到 227 万架，同比增长 8.1%，如图 1-5 所示。其中大型以上数据中心为增长主力，机架数超过 80 万，占比超过 30%，预计未来占比将进一步提高。

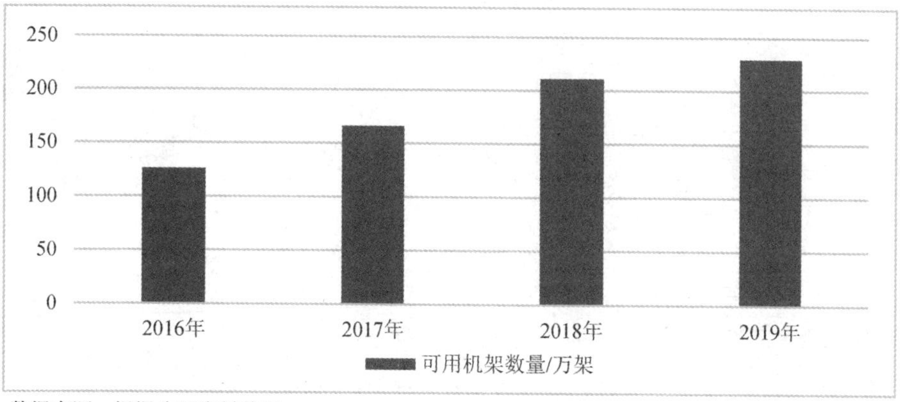

数据来源：根据公开资料整理

图 1-5　2016—2019 年我国数据中心可用机架数量

1.4.4　我国数据中心绿色化发展成效明显

随着数据中心建设加速，数据中心能耗问题引起业界的广泛关注，国家及各地持续加强对绿色数据中心的引导。北京、上海、广州、深圳等一线城市及江苏等核心区域，由于资源相对紧张，特别注重数据中心 PUE（能源使用效率）值的要求。根据 IDC 发布的《2019 中国企业绿色计算与可持续发展研究报告》，在调查的 200 多家大型企业中，2012 年，PUE 值在 1.5 以下的企业数据中心占比仅为 3.7%，2019 年提升至 12.9%。

1.5　新基建浪潮下的数据中心

1.5.1　数据中心热度陡增

自 2020 年 3 月国家提出加快大数据中心等新型基础设施建设进度以来，数据中心的关注度迅速提升，根据百度指数关键词搜索趋势，数据中心的搜索热度达到近十年来的最高水平，且这一热度持续。百度指数关键词搜索趋势如图 1-6 所示。

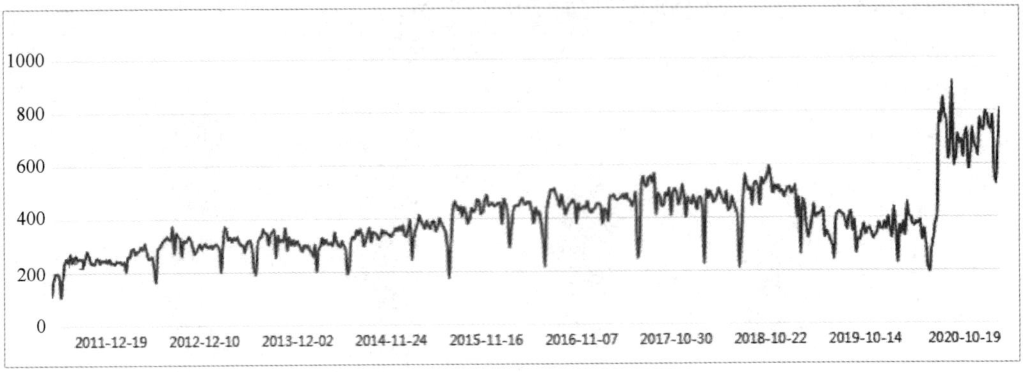

数据来源：百度指数

图 1-6　百度指数关键词搜索趋势

1.5.2　各地数据中心政策密集出台

在 2020 年 3 月以后的几个月内，全国 25 个省市相继出台新基建政策，大力推动数据中心等算力基础设施建设，并将大数据中心项目作为未来三至五年的重点项目进行投资。从各地政策看，北京、广州、深圳、浙江、山东等发达城市对数据中心绿色化、低 PUE 值提出了较高要求。同时，云计算数据中心、边缘计算数据中心的建设受到了广泛关注，如表 1-1 所示。

表 1-1　部分省市新基建（数据中心）政策汇总

省市	政策	主要内容
北京	《北京市加快新型基础设施建设行动方案（2020—2022 年）》	建设新型数据中心。遵循总量控制，聚焦质量提升，推进数据中心从存储型到计算型的供给侧结构性改革。加强存量数据中心绿色化改造，鼓励数据中心企业高端替换、增减挂钩、重组整合，促进存量的小规模、低效率的分散数据中心向集约化、高效率转变。着力加强网络建设，推进网络高带宽、低时延、高可靠化提升
上海	《上海市推进新型基础设施建设行动方案（2020—2022 年）》	建设新一代高性能计算设施和科学数据中心。加强统筹政府投资高性能计算资源，围绕更好服务张江实验室建设和上海产业高端需求，采用阶段性滚动扩容方式，建设新一代高性能计算设施和大数据处理平台，提升上海高性能计算设施能级，构建计算科学研究枢纽和超算应用高地

续表

省市	政策	主要内容
山东	《关于山东省数字基础设施建设的指导意见》	加快数据中心高水平建设。推进数据中心规模化发展，支持济南、青岛、枣庄等市做大做强全国性社会化大数据中心。完善用地、用电等方面政策，争取国家级行业数据中心、大型互联网企业区域性数据中心的布局建设，力争国家一体化大数据中心区域分中心落地山东。建设绿色数据中心，推动节能技改和用能结构调整，引导数据中心持续健康发展。自 2020 年起，新建数据中心 PUE 值原则上不高于 1.3，到 2022 年年底，存量改造数据中心 PUE 值不高于 1.4
江苏	《关于加快新型信息基础设施建设扩大信息消费的若干政策措施》	优化新一代数据中心布局。面向重点领域关键需求，优化全省互联网数据中心（IDC）布局。实施全省一体化大数据中心“1+N+13”推进工程，形成共用共享、科学合理的全省大数据中心整体布局。对新建、扩建符合国标 A 级或 T4 建设标准的超算中心、大数据中心、云计算中心项目，保障用地、能耗指标配额，并推动转供电改直供电
浙江	《浙江省新型基础设施建设三年行动计划（2020—2022 年）》	优化布局云数据中心。优先支持杭州、宁波、温州、金义等都市区做大做强大数据中心，争取建设国家级区域型数据中心。鼓励大型互联网企业、电信企业等开展绿色节能、高效计算的区域型云数据中心建设。到 2022 年，全省建成大型、超大型云数据中心 25 个左右，服务器总数达到 300 万台左右。在数据量大、时延要求高的应用场景集中区域部署边缘计算设施
福建	《福建省新型基础设施建设三年行动计划（2020—2022 年）》	统筹布局云计算大数据中心。加快存量数据中心绿色化、集约化改造。支持在土地资源宽裕、能源富集区域科学布局建设满足离线非实时业务需求的数据中心集中区。争取国家一体化大数据中心区域分中心在我省布局，重点推进中国移动（厦门）数据中心、中国土楼云谷等大型互联网企业区域性数据中心建设，推动金融、工业互联网大数据中心建设。推进建设具备计算能力、桌面交付能力、存储空间和软件服务能力的云计算中心，有序发展混合云。加快建设市级政务数据中心，推进设区市及下辖县（市、区）部门数据中心统一迁移整合。到 2022 年，全省在用数据中心的机架总规模达 10 万架，形成“1+10”政务云平台服务体系
湖南	《湖南省数字经济发展规划（2020—2025 年）》	提升大数据基础设施水平，推进数据中心、云计算设施建设，重点建设一批公共服务、重点行业和大型企业数据中心，探索跨区域共建共享机制和模式，形成布局合理、连接畅通的一体化服务能力
深圳	《深圳市人民政府关于加快推进新型基础设施建设的实施意见（2020—2025 年）》	前瞻部署算力基础设施。以数据中心为基础支撑，加快构建“边缘计算＋智算＋超算”多元协同、数智融合的算力体系，为经济社会发展提供充足的算力资源。加快支撑数字经济发展的绿色数据中心建设，出台全市专项规划，集中布局建设适用于中时延类业务的超大型数据中心，分布布局 PUE 值小于 1.25 的适用于低时延类业务和边缘计算类业务的中小型数据中心。推进存算一体的边缘计算资源池节点建设，打造人工智能、自动驾驶等新兴产业的计算应用高地。加快鹏城云脑和深圳超算中心建设，打造全球智能计算和通用超算高地。加快粤港澳大湾区大数据中心建设，汇聚大湾区数据资源，构筑全国一体化大数据中心的华南核心节点。探索对新型数据中心单独核算能耗指标，不列入区政府年度绩效考核体系

续表

省市	政策	主要内容
广州	《广州市加快推进数字新基建发展三年行动计划（2020—2022年）》	建设大数据中心。制定广州市数据中心建设发展指导意见、建设导则及绿色数据中心评价标准，坚持数据中心以市场投入为主，支持多元主体参与建设，统筹土地、电力、网络、能耗指标等资源，合理布局建设各类数据中心，优化数据中心存量资源。加快发展信息技术应用创新，以通用软硬件适配测试中心（广州）为纽带，支持建设具有自主核心创新能力的绿色数据中心。优先支持设计能源利用效率（PUE值）小于1.3的数据中心，重点发展低时延、高附加值、产业链带动作用明显的第一、二、三类业务数据中心。推动中国电信粤港澳大湾区5G云计算中心建设，积极配合广东省改造扩容广州至各数据中心集聚区的直达通信链路建设

资料来源：根据公开发布文件整理

1.5.3 资本跨界进入数据中心领域

随着国家对新基建的重视及数据中心展现出来的巨大市场空间，一些实力雄厚的国企及投资机构跨界进入数据中心领域，尤其是以制造业为代表的传统行业，基于自身数字化转型需求积极布局数据中心建设，市场呈现多元化发展格局。同时，很多拥有土地或者电能资源的地产商、钢铁公司，甚至广电企业都纷纷入局，通过收购或转型等途径进入数据中心行业。例如，宝钢集团旗下宝信软件的数据中心业务发展良好，沙钢集团以63亿英镑全资收购欧洲最大的数据中心运营商Global Switch，这也推动数据中心形成资本和需求双增长的态势。

1.5.4 数据中心架构向“云+边+端”演变

边缘计算通过将云计算中心的计算、存储等资源和能力平台，下沉延伸到运营商网络边缘，在靠近移动用户的位置上提供网络能力，开放IT服务、环境服务和云计算能力，可以更好地满足业务层面实时数据处理需求及客户层面数据安全可靠性方面的要求。新基建的加速实施进一步推动5G、云计算、人工智能等新技术与产业深度融合，产生诸多海量数据，带来大量分布式计算、存储、数据库管理需求，推动数据中心架构由“云+端”向“云+边+端”演变。

1.5.5　一线城市和周边城市加快数据中心协同布局

新基建战略将带动数据中心投资和需求更快增长，但随着一线城市数据中心建设成本攀升和限建力度加大，数据中心建设将逐渐向周边城市转移，从而缓解成本压力及一线城市数据中心需求压力。同时，随着5G商用加快推进，远程教育、移动医疗等应用场景将全面落地，需要在用户侧部署更多的数据中心来保障其稳定性和实时性。将形成一线城市与周边城市数据中心协同发展的格局。

第2章

大数据中心发展机遇与挑战

2.1　发展机遇

2.1.1　信息化技术发展带来的需求

5G、人工智能、物联网等信息技术的快速发展带来了海量数据存储和处理需求，大数据中心成为数字经济时代重要的基础设施，是筑牢新基建的“数字底座”，其战略意义日益凸显。

2.1.1.1　5G 带来数据流量指数级增长

作为第五代移动通信技术，5G 具有高速率、大容量、低时延、高可靠的特点，服务对象从人与人通信拓展到人与物、物与物通信，应用领域从移动互联网扩展到移动物联网，开启了万物泛在互联、人机深度交互的新阶段，带来了数据流量的暴发式增长。根据工信部的数据，2019 年移动互联网接入流量高达 1220 亿 GB，高于前 5 年流量总和，如图 2-1 所示。随着 2019 年我国 5G 正式商用，5G 广泛的应用场景将带来数据流量的进一步增长。大数据中心作为数据流量的存储和计算中心，未来市场需求将保持快速增长。

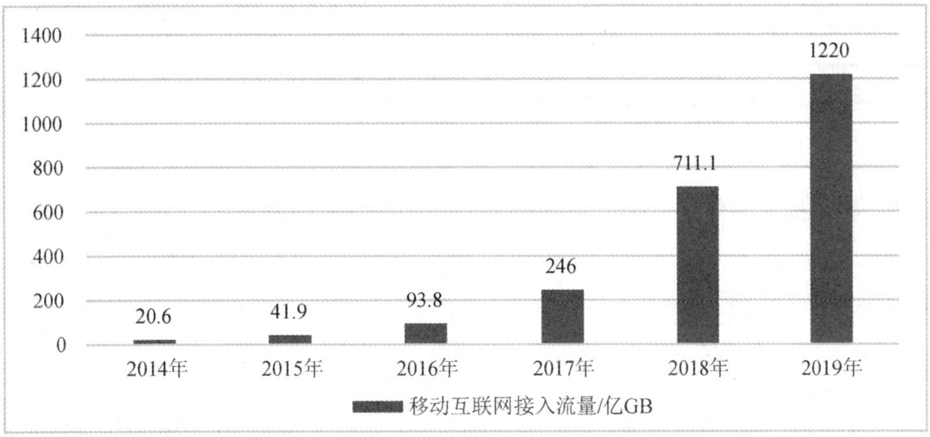

数据来源：工信部

图 2-1　2014—2019 年我国移动互联网接入流量

2.1.1.2　人工智能技术应用成为新的海量数据源泉

算法、算力、数据是构成人工智能发展的三大要素。其中，数据是人工智能算法的“燃料”，随着人工智能技术在各行业落地，其应用场景日益丰富，产生了海量数据采集、存储和计算需求，以支撑模型训练和实际应用。以当前人工智能技术在汽车无人驾驶领域的应用为例，在无人驾驶训练期间进行算法路测过程中，无人驾驶汽车通过安装在车身上的各种传感器传输大量数据，每辆汽车每天将产生6万GB的数据量，2017年，该领域创造了约2.6亿GB的数据量。在无人驾驶汽车正式上路期间，每辆汽车每小时将产生4TB的数据量，包括道路、交通、天气、周围物体等实时数据，带来海量数据存储和处理需求。

2.1.1.3　物联网技术应用推动联网设备快速增长并形成海量数据

物联网通过人与物、物与物的信息交互和无缝对接，实现对物理世界的实时控制、精确管理和科学决策。随着物联网技术的发展成熟及在各行业中的深入渗透，联网设备急剧增加，数据采集渠道极大丰富，以智能家居、车联网等为代表的消费物联网，以智慧农业、智慧物流等为代表的生产型物联网，以智慧城市为代表的物联网集成创新应用等带来大规模设备接入，形成海量数据。Gartner发布的数据显示，2020年约有200亿台设备联接到互联网上。

2.1.2　数据应用带来的需求

2020年5月，中共中央、国务院出台《关于新时代加快完善社会主义市场经济体制的意见》，把数据作为一种新的生产要素，提升到与土地、劳动力、资本、技术同等重要的地位，并把推动数据开放共享作为加快培育数据要素市场的重要任务。这为打破数据应用中的种种障碍，更充分地发掘数据价值提供了政策保障。在这一政策背景下，更多的数据将流动起来，推动数字产业化、催生更多新模式新业态的同时，还能通过与传统产业的深度融合，加快产业数字化步伐。

要发挥和提升数据的价值，大数据中心等基础设施的建设要先行，没有这些基础设施，数据的生成和利用就无从谈起。大数据中心内含的数据算力和数据容量，毫无疑问是企业数据应用的核心竞争力。国家层面对新基建的重视，尤其是对 5G 基建、大数据中心、工业互联网等领域新基建基础设施的重视，与国家对数据作为新型生产要素的重视形成一致，这也将带来对大数据中心等新型基础设施的需求快速增长。

2.1.3　数字化转型带来的需求

数字化转型是目前数字化发展的新阶段，是传统行业与信息技术的深度融合，本质是通过促进数据的流动来提高产业的效率。随着全面数字化转型的推进，不管是以智能制造为重点推进的企业数字化转型，还是以平台赋能为重点的行业数字化转型，大数据中心都将成为不可或缺的基础设施。

2.1.3.1　智能制造催生大规模数据中心需求

随着信息技术的发展，以智能制造为重点的企业数字化转型成为制造企业抢占竞争优势的必然选择，越来越多的企业展现出开展智能制造的意愿。按照工信部发布的《智能制造发展规划（2016—2020 年）》，2020 年，制造业重点领域企业数字化车间/智能工厂的普及率超过 20%，未来仍有很大的增长空间。智能制造贯穿于设计、生产、管理、服务等制造活动的各个环节。一个典型的智能工厂，每周将产生 500 万 GB 以上的数据，需要数据中心解决巨大的存储和计算处理问题。

2.1.3.2　工业互联网加速拓展数据中心市场空间

工业互联网的核心是基于工业经济全要素、全产业链、全价值链的全面连接而形成数据驱动制造模式，工业互联网的推广应用将带来数据的急剧增长。同时，通过工业互联网赋能，将推动更多的传统企业进行数字化转型，促使企业上云、设备上云，带来更多的工业计算需求。根据《工业互联网平台白皮书（2019）》公布的数据，全国各类型工业互联网平台数量总计已有数百家之多，具有一定区域、行业影响力的平台数量也超过了 50 多家，平台工业设备连接量快速增长。2020 年 3 月，工信部发布《关于推动工业互联网加快发展的通知》，进一步提出加快国家工业互联网大数据中心建设，鼓励各地建设工业互联网大数据分中心。随着作为新基建重要组成部分的工业互联网的加速推进，数据中心市场空间同步拓展。

2.1.4 经济社会发展创新带来的需求

信息技术应用在经济社会领域催生了一批新模式新业态，创造了更多的适应消费升级需求的有效供给。短视频、网络直播、网络音乐、移动游戏、在线教育、在线医疗、移动出行等应用的快速普及，带来海量数据存储需求。

2.1.4.1 短视频行业快速崛起

经历了前期探索，中国短视频行业快速崛起，迈入发展成熟期。短视频行业用户规模与月总使用时长增长迅速，跃居移动互联网第二大行业，仅次于即时通信。2019年12月，我国短视频活跃用户达到8.07亿人，单独一个短视频平台的日播放量能高达100亿次。伴随着用户规模增长的同时，短视频使用时长也在高速增加。相对于文字和图片，视频的存储需要更大的空间。以国内一个注册用户超过5亿人的短视频平台App为例，其日活跃人数为8000万人，每天新增短视频数量为1000万条，按照每条视频的容量为6MB计算，平台每月新增的短视频容量超过1PB。随着数据存储需求的快速增长，抖音、快手短视频头部企业积极布局数据中心建设。

2.1.4.2 在线教育、在线医疗加快渗透

近年来在线教育用户呈稳步增长态势，2020年受疫情影响，在线教育需求激增，包括传统院校均开始使用线上课程以保证教学计划的推进，预计2021年我国在线教育用户规模将达到4.46亿人，同比增长27.4%。网上教育平台数据实现阶段性爆发，增加用户使用次数。随着国家对教育信息化的推进，在线教育市场将快速发展。疫情对在线医疗的催化作用更为明显，2020年上半年，在线医疗流量快速增长，用户规模达到5.9亿人，线上问诊成为防疫期间患者获得医疗服务的重要方式，用户逐渐养成从移动端获取医疗服务的习惯。

2.1.4.3 移动游戏迎来新一轮增长

随着游戏云化进程加快、与视频和直播等形态的结合及VR内容的发展，移动游戏领域将迎来新一轮增长，预计2021年我国云游戏用户将达到3.7亿人，2023年突破

6 亿人。各大电信运营商、互联网巨头相继发布云游戏平台，为游戏业务提供超低网络时延、高画质、移动使用零中断的游戏体验。随着众多企业在游戏领域的深度布局，云游戏领域未来流量增长的确定性较强。

2.2　面临的挑战

2.2.1　如何适应各类应用

在多领域、多应用场景海量数据的暴发式增长的背景下，对大数据中心需求的差异性也逐渐凸显，不同业务场景对安全、时延、容量等需求有所不同。例如，金融行业首要考虑数据中心的可靠性和安全性，互联网行业重点关注网络大宽带和低时延，制造业对边缘计算有较高需求。如何打造差异化的大数据中心，进而满足不同行业、不同场景定制化需求，成为大数据中心发展中需要重点关注的问题。

2.2.2　如何遴选各类标准和规范

多年来，为推动整个行业的规范化发展，行业、政府、企业、供应链等多方面联合制定了一些指导建设意见（国标、行标、企标），传达最佳实践经验，避免后来者在数据中心建设和运维的方面走弯路。但是，由于数据中心具备应用不同、阶段不同、专业复杂等诸多因素，没有一个标准可以将这些因素都覆盖，所以数据中心中的标准都是针对具体的某方面，建设和运维一个大数据中心要参考不少的标准，甚至一个系统需要参考多重标准。如何结合业务定位、技术性、经济性等多方面因素，对众多相关标准、规范进行遴选，执行或参考最适用的标准、规范，是数据中心从业者需要着重考虑的问题。

2.2.3 如何规划建设

新基建带动大数据中心需求持续增长，也对大数据中心规划建设提出了更高的要求，从规划到设计，从选址到建筑，从计算机设备、能源供应到制冷系统，从网络安全到灾备系统，无一不需要合理规划。

在绿色节能方面，大数据中心对电力有较高的需求，随着行业整体规模不断扩大，节能降耗成为必然要求。在各地新基建文件中，不少省市对新建大数据中心的PUE值提出了明确要求，深圳市要求分布布局PUE值小于1.25的、适用于低时延类业务和边缘计算类业务的中小型数据中心，广州市要求优先支持PUE值小于1.3的数据中心。基于现有的电源、暖通、智能化等各专业节能手段，大数据中心需要在极致节能的手段需求与可靠性之间寻求一种平衡，多注重创新技术的应用。例如，高压直流供电、高频UPS等电气技术的应用具有明显的节能效用；间接蒸发制冷已经逐渐在行业内形成一种共识，后续随着功率密度的增加，还会有液冷和背板冷却等多种创新节能技术。可以肯定的是，在国家战略及相应政策的支持下，大数据中心将向着更加绿色、节能的方向规模发展。

在弹性扩展方面，随着信息技术的快速演进及应用场景的迅速拓展，需要大数据中心建设更加快速且有弹性，以匹配需求变化，对技术演进形成快速反应。模块化技术将大数据中心硬件和系统功能封装在独立模块中，按需部署、快速组装、即插即用，能够缩短50%的建设周期、节约30%的建设成本、减少50%的占地面积，实现大数据中心动态可调整、弹性可扩展。同时，整机柜服务器、定制化服务器和云计算定制服务将会得到更大的推广应用。

新基建的本质之一就是，要求在基础设施层面融入更多高科技的数字化技术，这就决定了过去低水平、重复建设的数据中心建设模式和方法在未来必然没有市场空间。因此，大数据中心要想避免重蹈低水平、重复建设的覆辙，与之匹配的新产品、新技术、新生态在未来将至关重要。

2.2.4　如何提供安全稳定的运行环境

数据是数字经济时代关键的生产要素，大数据中心作为数据存储和处理的载体，其战略性、基础性地位凸显。随着大数据中心规模的发展、技术的演进及重要性的提升，其面临的安全威胁增多，同时安全防御难度也在急剧上升。首先，来自外部的安全攻击增多，针对大数据中心的高级别网络安全威胁可能导致大规模数据泄露，造成不可挽回的损失和影响。其次，云计算等技术的应用使得安全威胁可以通过不安全的接口渗透到数据中心服务器，增加数据安全的不可控性。最后，物理环境安全不达标，内部运维、数据存储管理不规范等也使大数据中心面临来自内部的安全威胁。如何保障安全稳定的运行环境，是新基建时代对大数据中心提出的更高要求。

2.2.5　如何实现从运维到运营的转变

一方面，新基建促使多方力量加大大数据中心布局力度。随着大数据中心规模的扩张，同步带来设备种类、数量呈倍数增长，如何实现海量设备的统一管理，综合运维，保障大数据中心长期安全、节能、高效运行，成为大数据中心管理人员重点关注的内容。

另一方面，随着大数据中心功能及内涵的演进，大数据中心不仅需要管理和维护各种信息资源，而且需要运营信息资源，确保其价值最大化。IT 应用将随需应变，系统更加柔性，与业务运营融合在一起，实时互动，很难将业务和 IT 独立分开。

总之，大数据中心在具有高可用性的同时，将迫切追求运营的高效、业务的弹性支撑。

第3章

大数据中心标准与规范

大数据时代的到来使数据中心的发展出现了新的局面，国内数据中心的数量在不断增加、规模在不断扩大，为保证其稳定健康发展，国家标准化管理委员会、各行业主管单位投入了大量精力，逐步建立了数据中心行业相关的标准与规范，主要包括国家标准、行业标准、地方标准、团体标准和一些相关国家政策。

本章将从数据中心的全生命周期角度，对相关标准进行归纳介绍，阐述数据中心标准的发展和应用、存在的问题及应对策略。

3.1　大数据中心标准化体系

为了推动数据中心行业的规范化发展，国家和行业内的重要单位组织出台了很多与其相关的标准、规范、白皮书和指导意见。同时，因其从规划建设到运维，会涉及场地的选择、建筑与结构、供配电系统、暖通系统、消防系统、安全管理、IT 系统部署、布线、运维管理等诸多方面，所以相关的政策法规、标准、规范也应被参考和执行。由此可见，建设、管理一个数据中心要参考许多标准。经过多年的发展建设，与数据中心相关的国家标准、行业标准、地方标准等已经基本覆盖了数据中心的全生命周期。同时，数据中心涉及的专业标准也在逐步更新完善。本章将按照数据中心的全生命周期过程（见图 3-1），介绍国内外重点标准与规范，并对当前主流的技术标准、团体标准进行列举。

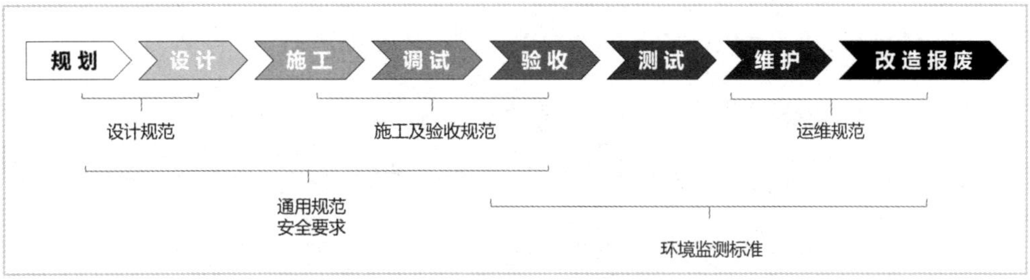

图 3-1　数据中心的全生命周期过程图

3.1.1 国内标准的发展和应用

为规范数据中心行业发展，我国陆续批准和发布了一些与数据中心紧密相关的国家标准。

GB 50174—2017《数据中心设计规范》；

GB 51195—2016《互联网数据中心工程技术规范》；

GB/T 2887—2011《计算机场地通用规范》；

GB/T 9361—2011《计算机场地安全要求》；

GB/T 36448—2018《集装箱式数据中心机房通用规范》；

GB/T 34982—2017《云计算数据中心基本要求》；

GB/T 51409—2020《数据中心综合监控系统工程技术标准》；

GB/T 38428.1—2019《数据中心和电信中心机房安装的信息和通信技术（ICT）设备用直流插头插座 第1部分：通用要求》；

GB/T 19668.6—2019《信息技术服务 监理 第6部分：应用系统：数据中心工程监理规范》；

GB/T 18233.5—2018《信息技术 用户建筑群通用布缆 第5部分：数据中心》；

GB 50462—2015《数据中心基础设施施工及验收规范》；

GB/T 51314—2018《数据中心基础设施运行维护标准》；

GB/T 33136—2016《信息技术服务 数据中心服务能力成熟度模型》；

GB/T 28827.4—2019《信息技术服务 运行维护 第4部分：数据中心服务要求》；

GB/T 37726—2019《信息技术 数据中心精益六西格玛应用评价准则》；

GB/T 37779—2019《数据中心能源管理体系实施指南》；

GB/T 32910.1—2017《数据中心 资源利用 第1部分：术语》；

GB/T 32910.2—2017《数据中心　资源利用　第 2 部分：关键性能指标设置要求》；

GB/T 32910.3—2016《数据中心　资源利用　第 3 部分：电能能效要求和测量方法》。

对已颁布的国家标准条款和使用情况进行研究，有利于对数据中心国家标准的理解和应用。以下将从数据中心全生命周期的角度对标准进行简要介绍。

3.1.1.1　建设和设计要求

随着数据中心规模、形式、数量的变化，数据中心建设相关的标准也在从全面通用型标准向专业化、精细化标准的方向发展。当前与数据中心建设、规划、设计等直接相关的国家标准如下：《数据中心设计规范》（GB 50174—2017）、《互联网数据中心工程技术规范》（GB 51195—2016）、《计算机场地通用规范》（GB/T 2887—2011）、《计算机场地安全要求》（GB/T 9361—2011）、《集装箱式数据中心机房通用规范》（GB/T 36448—2018）、《云计算数据中心基本要求》（GB/T 34982—2017）、《数据中心综合监控系统工程技术标准》（GB/T 51409—2020）、《信息技术服务　监理　第 6 部分：应用系统：数据中心工程监理规范》（GB/T 19668.6—2019）。

1）《数据中心设计规范》（GB 50174—2017）

《数据中心设计规范》（GB 50174—2017）是根据住房和城乡建设部《关于印发 2011 年工程建设标准规范制订、修订计划的通知》（建标〔2011〕17 号）的要求，在由中国电子工程设计院会同有关单位对原国家标准《电子信息系统机房设计规范》（GB 50174—2008）进行修订的基础上编制完成的。《数据中心设计规范》（GB 50174—2017）是数据中心建设的一个重要标准，于 2015 年 5 月 5 日通过专家审查，2017 年 5 月 4 日正式发布，2018 年 1 月 1 日开始实施。

《数据中心设计规范》（GB 50174—2017）用于规范新建、改建和扩建的数据中心的设计，确保电子信息系统安全、稳定、可靠地运行，做到技术先进、经济合理、安全适用、节能环保。该标准是建设一个安全、可靠的合格数据中心的基础。

《数据中心设计规范》（GB 50174—2017）共分 13 章和 1 个附录，主要技术内容如下：总则、术语和符号、分级与性能要求、选址及设备布置、环境要求、建筑与结构、空气调节、电气、电磁屏蔽、网络与布线系统、智能化系统、给水排水、消防与安全等。与《电子信息系统机房设计规范》（GB 50174—2008）相比，本标准主要修订内容有：

- 将《电子信息系统机房设计规范》更名为《数据中心设计规范》。其目的是适应目前国内数据中心的建设需要，以及更好地进行国际交流。
- 根据互联网和云计算数据中心技术的发展，对 A 级数据中心性能要求进行补充。
- 根据近年来数据中心的建设情况，对数据中心的选址增加了补充条款。
- 根据国内外对灾难备份数据中心的需求，增加灾备数据中心相关条款。
- 根据电子信息设备技术的发展、国外相关标准的变化及节能要求，对数据中心主机房的温度等参数进行调整。主机房和辅助区内的温度、露点温度和相对湿度应满足电子信息设备的使用要求；无特殊要求时应按照以下标准执行：冷通道或机柜进风区域的温度范围为 18～27℃，露点温度范围为 5.5～15℃，同时相对湿度不大于 60%。
- 为提高数据中心备用电源的可靠性，增加后备柴油发电机组性能要求。
- 从安全角度出发，增加备用电源设计要求和接地做法。

《数据中心设计规范》（GB 50174—2017）为强制性国家标准，包含以下 5 条强制性条文：

- 8.4.4 数据中心内所有设备的金属外壳、各类金属管道、金属线槽、建筑物金属结构必须进行等电位联结并接地。

  该条文强调对数据中心内所有设备的金属外壳、各类金属管道、金属线槽、建筑物金属结构进行等电位连接及接地是因为等电位连接可以降低或消除这些金属部件之间的电位差，是对人员和设备安全防护的必要措施。如果这些金属之间存在电位差，将造成人员伤害和设备损坏，所以数据中心基础设施不应存在对地绝缘的孤立导体。

13.2.1 数据中心的耐火等级不应低于二级。

在数据信息社会中，数据中心属于重要建筑，其担负着对数据进行运算、存储和传输的功能，一旦发生火灾，数据丢失，将给国家、企业和人民生活造成重大的经济损失和社会影响，需要减小火灾对建筑结构的危害，以便灾后尽快恢复使用功能，故规定数据中心的耐火等级不得低于二级。

13.2.4 当数据中心位于其他建筑物内时，数据中心与建筑内其他功能用房之间应采用耐火极限不低于 2.0h 的防火隔墙和 1.5h 的楼板隔开，隔墙上开门应采用甲级防火门。

数据中心可以是独立建筑物，也可以和办公用房等其他功能用房合建。由于数据中心与其他功能用房的重要性不同，当数据中心与其他功能用房在同一个建筑物内时，为了防止其他功能用房发生火灾迅速波及数据中心，本规范对楼板和隔墙提出了耐火要求，以防止火灾快速蔓延。

13.3.1 采用管网式气体灭火系统或细水雾灭火系统的主机房，应同时设置两组独立的火灾探测器，且火灾报警系统应与灭火系统和视频监控系统联动。

主机房是电子信息系统运行的核心，灭火系统的误动作将造成设备的损坏和信息丢失，在确定消防措施时，应同时保证人员和设备的安全，避免灭火系统误动作造成损失。当只有一组火灾探测器报警时，有可能是设备故障引起的误报警，只有当两组独立的火灾探测器同时发出报警后，才能确认灭火信号的准确性。当吊顶内或活动地板下含有可燃物时，要同时设置两组独立的火灾探测器。

对于空气高速流动的主机房，由于烟雾被气流稀释，致使一般感烟探测器的灵敏度降低。此外，烟雾可导致电子信息设备损坏，若能及早发现火灾，可减少设备损失，因此主机房采用灵敏度严于 0.01%obs/m 的吸气式烟雾探测火灾报警系统作为感烟探测器。

火灾报警系统接收到火灾探测器的信号后发出控制信号，启动灭火系统和视频监控系统。

13.4.1 凡设置气体灭火系统的主机房，应配置专用空气呼吸器或氧气呼吸器。

气体灭火的机理是降低火灾现场的氧气含量，这对人员不利，本条规定是为了防止在灭火剂释放时有人来不及疏散以及防止营救人员窒息而制订的。

2）《互联网数据中心工程技术规范》（GB 51195—2016）

《互联网数据中心工程技术规范》（GB 51195—2016）根据住房和城乡建设部《关于印发 2010 年工程建设标准规范制定、修订计划的通知》（建标〔2010〕43 号）的要求，由中国移动通信集团设计院有限公司会同有关单位共同编制完成，于 2016 年 8 月 26 日正式发布，2017 年 4 月 1 日开始实施。该标准是专门为规范互联网数据中心的建设而制定的国家标准，适用于互联网数据中心的新建、改建和扩建工程的设计、施工及验收。该标准共分 5 章，主要内容如下：总则、术语和缩略语、互联网数据中心工程设计、互联网数据中心工程施工和互联网数据中心工程验收。

《互联网数据中心工程技术规范》（GB 51195—2016）为强制性国家标准，包含以下 2 条强制性条文：

- 1.0.4 在我国抗震设防烈度 7 度以上（含 7 度）地区 IDC 工程中使用的主要电信设备必须经电信设备抗震性能检测合格。

  本条是根据《中华人民共和国防震减灾法》中有关新建、改建和扩建工程应当达到抗震设防要求的内容提出的。互联网数据中心工程作为基础性系统工程，建设中使用的主要电信设备必须满足抗震设防要求，提高互联网数据中心的抗震设防水平。

- 4.2.2 施工开始以前必须对机房的安全条件进行全面检查，应符合下列规定。

  机房内必须配备有效的灭火消防器材，机房基础设施中的消防系统工程应施工完毕，并应具备保持性能良好，满足 IT 设备系统安装、调测施工要求的使用条件。

  楼板预留孔洞应配置非燃烧材料的安全盖板，已用的电缆走线孔洞应用非燃烧材料封堵。

  机房内严禁存放易燃、易爆等危险物品。

  机房内不同电压的电源设备、电源插座应有明显区别标志。

  安全施工是互联网数据中心工程顺利开展的前提。在施工前，对机房的安全条件进行全面检查是为了保证施工人员安全，也是保证进场设备安全的需要。

  互联网数据中心工程机房内设备安装较为密集，施工前机房内的消防措施必须有效、可靠。

电缆走线孔洞由于上下贯通，在发生火灾时会产生烟囱效应，如不采取一定的分隔措施，会加剧火势蔓延，机房内的电缆走线孔洞须采用防火封堵材料封堵。预留孔洞配置非燃烧材料盖板，除作为防火措施防止火势蔓延外，还保护施工人员安全、防止意外伤害。

机房内不允许存放易燃、易爆等危险物品，主要是为了保证人员、设备的安全。

互联网数据中心机房设备可能存在交流、直流多种电源，为防止设备接错电源，避免人员遭受电击危险，不同电压的电源设备、电源插座要求有明显的区别标志。

3）《计算机场地通用规范》（GB/T 2887—2011）

《计算机场地通用规范》（GB/T 2887—2011）规定了计算机场地的术语、分类、要求、测试方法与验收规则，适用于新建、改建和扩建的各类计算机场地，于 2011 年 7 月 29 日发布，2011 年 11 月 1 日开始实施。该标准是对《电子计算机场地通用规范》（GB/T 2887—2000）的修订，主要变化如下：在适用范围上，适用于各类电子计算机系统的场地，其他电子设备系统的场地可参照执行；在内容上，删除了选择站址、腐蚀性气体及其测试方法等内容，增加了机房分级、场地抗震、机房布线、安防、屏蔽室效能测试、火灾自动报警系统测试、气体灭火系统测试、电视监控系统和出入口控制系统测试等内容；细化和增加了场地安全条件要求等。

《计算机场地通用规范》（GB/T 2887—2001）为推荐性国家标准，没有强制性条文。

4）《计算机场地安全要求》（GB/T 9361—2011）

《计算机场地安全要求》（GB/T 9361—2011）规定了计算机场地的安全要求，适用于新建、改建和扩建的各类计算机场地，于 2011 年 12 月 30 日正式发布，2012 年 5 月 1 日开始实施。该标准于 1988 年首次发布，2011 年修订，修订主要内容如下：增加了场地抗震、安防、电视监控系统和出入口控制系统测试等内容；细化和增加了场地安全条件要求等。

《计算机场地安全要求》（GB/T 9361—2011）为推荐性国家标准，没有强制性条文。

5）《集装箱式数据中心机房通用规范》（GB/T 36448—2018）

《集装箱式数据中心机房通用规范》（GB/T 36448—2018）由中国国家标准化管理委员会发布，由全国信息技术标准化技术委员会归口管理。该标准于2018年6月7日发布，2019年1月1日开始实施。

《集装箱式数据中心机房通用规范》（GB/T 36448—2018）规定了集装箱式数据中心机房的分类、要求和测试方法，适用于集装箱式数据中心机房（包括制冷系统、供配电系统、消防系统、综合监控系统、照明系统等）的设计、制造、安装、运输和测试。

《集装箱式数据中心机房通用规范》（GB/T 36448—2018）共分7章（范围、规范性引用文件、术语和定义、集装箱式数据中心等级、集装箱式数据中心分类、要求、测试）及3个附录。

《集装箱式数据中心机房通用规范》（GB/T 36448—2018）为推荐性国家标准，没有强制性条文。

6）《云计算数据中心基本要求》（GB/T 34982—2017）

《云计算数据中心基本要求》（GB/T 34982—2017）由全国信息技术标准化技术委员会（SAC/TC 28）归口。该标准于2017年11月1日发布，2018年5月1日开始实施。

《云计算数据中心基本要求》（GB/T 34982—2017）规定了场地、资源池、电能使用率、安全、运行维护等基本要求，适用于设计和建设云计算数据中心，也可作为制定云计算数据中心相关技术标准、测评标准的依据。

《云计算数据中心基本要求》（GB/T 34982—2017）共分5章（范围、规范性引用文件、术语和定义、缩略语、基本要求）及3个附录。

《云计算数据中心基本要求》（GB/T 34982—2017）为推荐性国家标准，没有强制性条文。

7）《数据中心综合监控系统工程技术标准》（GB/T 51409—2020）

《数据中心综合监控系统工程技术标准》（GB/T 51409—2020）是根据住房和城乡

建设部《关于印发 2011 年工程建设标准规范制订、修订计划的通知》（建标〔2011〕17 号）的要求，由工信部电子工业标准化研究院电子工程标准定额站和太极计算机股份有限公司会同有关单位共同编制完成的。该标准于 2020 年 1 月 16 日发布，2020 年 7 月 1 日开始实施。

《数据中心综合监控系统工程技术标准》（GB/T 51409—2020）是为了规范数据中心综合监控系统工程的设计、施工与验收，保证系统安全、可靠、高效地运行而制定的。该标准共分 8 章（总则、术语和缩略语、基本规定、监控范围、设计、施工安装、调试和试运行、竣工验收）及 3 个附录。

《数据中心综合监控系统工程技术标准》（GB/T 51409—2020）为推荐性国家标准，没有强制性条文。

8）《信息技术服务 监理 第 6 部分：应用系统：数据中心工程监理规范》（GB/T 19668.6—2019）

《信息技术服务 监理 第 6 部分：应用系统：数据中心工程监理规范》（GB/T 19668.6—2019）全部代替《信息化工程监理规范 第 6 部分：信息化工程安全监理规范》（GB/T 19668.6—2007），由全国信息技术标准化技术委员会（SAC/TC 28）提出并归口。该标准于 2019 年 8 月 30 日发布，2020 年 3 月 1 日开始实施。

《信息技术服务 监理 第 6 部分：应用系统：数据中心工程监理规范》（GB/T 19668.6—2019）规定了应用系统中数据中心工程监理的过程和相关服务，计算机场地（机房）和其他基础设施的监理不在本部分描述，适用于面向应用系统的数据中心建设工程的招标、设计、实施和验收过程的监理服务。

《信息技术服务 监理 第 6 部分：应用系统：数据中心工程监理规范》（GB/T 19668.6—2019）共分 9 章（范围、规范性引用文件、术语和定义、缩略语、数据中心工程监理过程、数据中心工程招标阶段监理活动与内容、数据中心工程设计阶段监理活动与内容、数据中心工程实施阶段监理活动与内容、数据中心工程验收阶段监理活动与内容）及 3 个附录。

《信息技术服务 监理 第 6 部分：应用系统：数据中心工程监理规范》（GB/T 19668.6—2019）为推荐性国家标准，没有强制性条文。

3.1.1.2 实施和验收要求

《数据中心基础设施施工及验收规范》（GB 50462—2015）于2014年4月1日在北京通过专家审查，2015年12月3日正式发布，2016年8月1日开始实施。

《数据中心基础设施施工及验收规范》（GB 50462—2015）是根据住房和城乡建设部《关于印发2012年工程建设标准规范制订、修订计划的通知》（建标〔2012〕5号）的要求，由工信部电子工业标准化研究院电子工程标准定额站、中国机房设施工程有限公司会同有关单位，共同在原《电子信息系统机房施工及验收规范》（GB 50462—2008）的基础上修订完成的。

为了加强数据中心基础设施工程管理，规范施工及验收要求，保证工程质量，制定了该标准。该标准适用于陆地建筑内的新建、改建和扩建的数据中心基础设施的施工及验收；指导施工单位如何按照设计单位的设计图纸，建设一个符合规范、安全可靠的数据中心；指导监理单位如何在施工过程中管理、督促施工单位按照施工图纸规范进行施工；也是验收单位对建设完成的数据中心基础设施进行验收的主要依据之一。

《数据中心基础设施施工及验收规范》（GB 50462—2015）为国家强制性标准，包含以下4条强制性条文：

- 3.1.5 对改建、扩建工程的施工，需改变原建筑结构及超过原设计荷载时，必须具有确认荷载的设计文件。

  在改建、扩建工程中，会发生拆墙、打洞、楼板开口等改变原建筑结构的施工，可能导致原建筑结构荷载的变化，造成承载能力的下降。如果仍按照原有荷载能力进行施工和生产作业，可能会造成建筑结构不稳定，甚至局部或全部垮塌。因此，在改变原建筑结构时，必须对有关原始资料进行核查，对原建筑结构进行必要的核验，对改建、扩建方案的建筑结构荷载进行确认，以保证施工和生产作业的安全，严禁建设单位和施工单位随意更改。

- 5.2.10 含有腐蚀性物质的铅酸类蓄电池，安装时必须采取佩戴防护装具以及安装排气装置等防护措施。

  蓄电池的种类有很多，对于铅酸电池一类含有腐蚀性液体的电池，在安装时要格外小心，应佩戴防护装具，以避免在腐蚀性液体泄漏时对安装人员造成伤害或对设备、装置造成损坏。此外，由于有的蓄电池填充液会挥发有害气体，因此必须采取排气防护措施。

☞ 5.2.11 电池汇流排裸露的必须采取加装绝缘护板的防护措施。

蓄电池的汇流排会有大电流流过，如果裸露可能造成短路或触电，所以必须加以防护。

☞ 6.2.2 数据中心区域内外露的不带电的金属物必须与建筑物进行等电位连接。

数据中心区域内外露的不带电的金属物是指吊顶的金属结构、隔墙的金属框架、金属活动地板、金属门窗、设备设施金属外壳等，与建筑物的等电位网连接，可将产生的静电和外壳的漏电立即引入地下，防止人员触电和静电的伤害，保证设备的安全。

3.1.1.3　运维管理要求

随着数据中心建设的蓬勃发展，运维管理已成为数据中心使用中不可缺少的重要一环，一旦出现管理不到位的情况，就可能对业务带来不可估量的损失。要做好数据中心运维工作，必须建立规范、高效的运维体系。当前，与数据中心运维管理、管理水平评价等相关的标准主要有《数据中心基础设施运行维护标准》（GB/T 51314—2018）、《信息技术服务　运行维护　第 4 部分：数据中心服务要求》（GB/T 28827.4—2019）、《信息技术服务　数据中心服务能力成熟度模型》（GB/T 33136—2016）、《信息技术　数据中心精益六西格玛应用评价准则》（GB/T 37726—2019）。

1）《数据中心基础设施运行维护标准》（GB/T 51314—2018）（以下简称 GB/T 51314）

GB/T 51314 是根据住房和城乡建设部《关于印发 2015 年工程建设标准规范制订、修订计划的通知》（建标〔2014〕189 号）的要求，由中国建筑标准设计研究院有限公司、工信部电子工业标准化研究院会同有关单位共同编制完成的。该标准于 2018 年 9 月 11 日发布，2019 年 3 月 1 日开始实施。

GB/T 51314 的编制对数据中心基础设施运行维护的内涵、范围、对象和具体内容，以及运行维护的制度体系进行了详细的规定。该标准适用于已投入运行的数据中心，编制的目的是实现数据中心基础设施系统与设备运行维护的规范性、安全性和及时性，确保电子信息设备运行环境的稳定、可靠。

GB/T 51314 是一本技术标准，运行维护对象是数据中心基础设施系统和设备，不包括电子信息系统和设备。同时根据与电子信息系统相关的密切程度确定运行维护内容，不包括与数据中心特点相关性不强的一般性建筑运行维护内容。该标准正文共分 6 章，分别是总则、术语、基本规定、运行、维护、制度。

GB/T 51314 为推荐性国家标准，没有强制性条文。

2）《信息技术服务 运行维护 第 4 部分：数据中心服务要求》（GB/T 28827.4—2019）（以下简称 GB/T 28827.4）

《信息技术服务 运行维护》GB/T 28827 为系列标准，共包含《信息技术服务 运行维护 第 1 部分：通用要求》（GB/T 28827.1—2012）、《信息技术服务 运行维护 第 2 部分：交付规范》（GB/T 28827.2—2012）、《信息技术服务 运行维护 第 3 部分：应急响应规范》（GB/T 28827.3—2012）、《信息技术服务 运行维护 第 4 部分：数据中心服务要求》（GB/T 28827.4—2019）、《信息技术服务 运行维护 第 5 部分：桌面及外围设备》、《信息技术服务 运行维护 第 6 部分：应用系统服务要求》（GB/T 28827.6—2019）6 个标准，其中第 1、2、3、4、6 部分已经发布，第 4 部分是数据中心相关的标准。

GB/T 28827.4 由全国信息技术标准化技术委员会（SAC/TC 28）提出并归口，于 2019 年 8 月 30 日发布，2020 年 3 月 1 日开始实施。该标准提出了数据中心的运行维护管理框架，规定了数据中心运行维护的对象、交付内容和管理要求。与 GB/T 51314 相比，该标准的管理范围更广，运维对象除了包含数据中心基础设施，还包含物理资源（网络、服务器、存储设备）、虚拟资源（网络资源、计算资源、存储资源）、平台资源（操作系统、数据库、中间件）、应用和数据。

GB/T 28827.4 为推荐性国家标准，没有强制性条文。

3）《信息技术服务 数据中心服务能力成熟度模型》（GB/T 33136—2016）（以下简称 GB/T 33136）

GB/T 33136 提出了数据中心服务能力框架，规定了数据中心服务能力成熟度评价方法和数据中心服务能力管理要求。该标准于 2016 年 10 月 13 日发布，2017 年 5 月 1

日开始实施。

数据中心服务能力代表了数据中心组织、协调、控制和调配资源以产生价值，向其利益相关方提供专业服务的能力，是企业信息系统管理能力的集中体现。如何测量和评价数据中心的服务能力是很多企业长期探索的问题，基于此，招商银行股份有限公司科技部门于 2013 年 1 月启动了“运行中心成熟度提升和试验评价项目”，与中国信息安全认证中心、万国数据服务有限公司等相关单位和行业专业合作，提出了适用于数据中心服务能力成熟度评价的具体方法和指标体系，并于 2014 年 8 月 20 日发布了中国认证认可行业标准《数据中心服务能力成熟度评价要求》（RB/T 206—2014）。在认证的基础上，招商银行股份有限公司还联合中国信息安全认证中心、中国电子技术标准化研究院等具有行业影响力的单位于 2014 年 10 月 24 日组成制定标准的工作组。经过国标工作组成员单位和相关行业专家历时一年的共同努力，最终编制了《信息技术服务　数据中心服务能力成熟度模型》。

GB/T 33136 定义了数据中心服务能力是数据中心内部相关联的一组能力要素（包括管理人、执行人、技术、过程、资源、政策、领导、文化等的集合），形成了 33 个具体的服务能力项。数据中心可参照该标准，建立、保持和改进数据中心服务能力。同时该标准可用于数据中心服务能力的自我评价、第三方评价机构的外部评价、服务需方对数据中心的选择评价。

GB/T 33136 为推荐性国家标准，没有强制性条文。

4）《信息技术　数据中心精益六西格玛应用评价准则》（GB/T 37726—2019）（以下简称 GB/T 37726）

GB/T 37726 和 GB/T 33136—2016 类似，属于评价标准。该标准由全国信息技术标准化技术委员会（SAC/TC 28）归口，于 2019 年 8 月 30 日发布，2020 年 3 月 1 日开始实施。

GB/T 37726 提出了数据中心精益六西格玛（通过严谨的流程化和科学的方法推进，实现组织业务流程突破性改进和设计创新，减少变异，消除浪费，提高质量和效率，提升顾客和利益相关方满意度，以利于组织实现战略目标的一套系统化、结构化的业务改进和创新模式）应用模型、评价标准框架，规定了数据中心精益六西格玛应用成熟度评价方法。该标准适用于精益六西格玛应用评价的相关方：数据中心对精益六西格玛应用的构建、监控、测量和评价；服务需方对数据中心精益六西格玛应用的评价；第三方对数据中心精益六西格玛应用成熟度的测量和评价。

GB/T 37726 为推荐性国家标准，没有强制性条文。

3.1.1.4 资源利用要求

《数据中心能源管理体系实施指南》（GB/T 37779—2019）于 2019 年 8 月 30 日发布，2020 年 3 月 1 日开始实施。

《数据中心能源管理体系实施指南》（GB/T 37779—2019）由国家发展和改革委员会资源节约和环境保护司、工信部节能与综合利用司提出，由全国能源基础与管理标准技术委员会（SAC/TC 20）归口。该标准是《能源管理体系 要求》（GB/T 23331—2012）在数据中心的实施指南，旨在指导数据中心建立、实施、保持和改进其能源管理体系、持续提升其能源绩效。该标准为推荐性国家标准，没有强制性条文。

《数据中心 资源利用》（GB/T 32910）是系列标准，共包含《数据中心 资源利用 第 1 部分：术语》（GB/T 32910.1—2017）（以下简称 GB/T 32910.1）、《数据中心 资源利用 第 2 部分：关键性能指标设置要求》（GB/T 32910.2—2017）（以下简称 GB/T 32910.2）、《数据中心 资源利用 第 3 部分：电能能效要求和测量方法》（GB/T 32910.3—2016）（以下简称 GB/T 32910.3）、《数据中心 资源利用 可再生能源利用率》、《数据中心 资源利用 资源监控管理系统数据格式》、《数据中心 资源利用 分布式能源建设总体要求》和《数据中心 资源利用 能效管理规范》7 个标准。前 3 个标准已经正式发布。

GB/T 32910.1 给出了数据中心资源利用领域中常用术语和定义，主要适用于数据中心领域技术和管理方面的交流。

GB/T 32910.2 界定了数据中心边界，规定了关键性能指标（KPI）的设置要求、描述方法、用途，并给出了关键性能指标示例，适用于规范数据中心全生命周期（包括设计、建设、运维等各阶段）的关键性能指标的描述和建立。

GB/T 32910.3 给出了数据中心的电能能效等级及影响电能能效的因素，提出了数据中心电能能效的测量方法和计算方法。该标准适用于数据中心电能能耗的测量及电能使用效率的计算，也可用于分析数据中心电能能效状况，供数据中心的设计、建设、运维、改造参考，可作为数据中心电能能效水平评级的依据。

GB/T 32910 为推荐性国家标准，没有强制性条文。

3.1.1.5　通用管理规范和安全要求

1）通用管理规范

数据中心建成投产之后，将进入漫长的运维期，数据中心运维管理成为重中之重。管理是一门学问，也是一种实践。管理体系是组织实施现代化管理的主要方法之一，从数据中心实践来看，在特定条件下如何达到目标最优、成本最小、效益最大是数据中心管理的本质。对于数据中心来说，质量管理体系、信息安全管理体系、信息技术服务管理体系是目前最常用的几种管理体系。

GB/T 19001—2016《质量管理体系　要求》；

GB/T 22080—2016《信息技术　安全技术　信息安全管理体系　要求》；

ISO/IEC 20000.1—2018《信息技术　服务管理　第 1 部分：服务管理体系要求》。

2）安全要求

现今，随着信息化水平的发展，大数据时代的到来，信息安全已成为人们关注的焦点。除了信息安全管理方面的要求，信息安全技术方面的要求也在逐步修订和完善。与数据中心、网络安全相关的国家标准层出不穷。

GB/T 22239—2019《信息安全技术　网络安全等级保护基本要求》；

GB/T 37972—2019《信息安全技术　云计算服务运行监管框架》；

GB/T 35279—2017《信息安全技术　云计算安全参考架构》；

GB/T 34942—2017《信息安全技术　云计算服务安全能力评估方法》；

GB/T 31167—2014《信息安全技术　云计算服务安全指南》；

GB/T 31168—2014《信息安全技术　云计算服务安全能力要求》；

GB/T 20272—2019《信息安全技术 操作系统安全技术要求》；

GB/T 25058—2019《信息安全技术 网络安全等级保护实施指南》；

GB/T 37962—2019《信息安全技术 工业控制系统产品信息安全通用评估准则》；

GB/T 21050—2019《信息安全技术 网络交换机安全技术要求》；

GB/T 20009—2019《信息安全技术 数据库管理系统安全评估准则》；

GB/T 18018—2019《信息安全技术 路由器安全技术要求》；

GB/T 37939—2019《信息安全技术 网络存储安全技术要求》；

GB/T 37950—2019《信息安全技术 桌面云安全技术要求》；

GB/T 37956—2019《信息安全技术 网站安全云防护平台技术要求》；

GB/T 25070—2019《信息安全技术 网络安全等级保护安全设计技术要求》；

GB/T 22239—2019《信息安全技术 网络安全等级保护基本要求》；

GB/T 28448—2019《信息安全技术 网络安全等级保护测评要求》；

GB/T 36627—2018《信息安全技术 网络安全等级保护测试评估技术指南》；

GB/T 36633—2018《信息安全技术 网络用户身份鉴别技术指南》；

GB/T 36635—2018《信息安全技术 网络安全监测基本要求与实施指南》；

GB/T 33131—2016《信息安全技术 基于 IPSec 的 IP 存储网络安全技术要求》；

GB/T 32924—2016《信息安全技术 网络安全预警指南》；

GB/T 20277—2015《信息安全技术 网络和终端隔离产品测试评价方法》；

GB/T 20279—2015《信息安全技术 网络和终端隔离产品安全技术要求》；

GB/T 20275—2013《信息安全技术 网络入侵检测系统技术要求和测试评价方法》；

GB/T 20278—2013《信息安全技术 网络脆弱性扫描产品安全技术要求》；

GB/T 28451—2012《信息安全技术 网络型入侵防御产品技术要求和测试评价方法》。

3.1.2　国际标准的发展和应用

本节将国外各级机构编制发布的与数据中心相关的标准进行梳理，汇总出以下几个有代表性的标准。

3.1.2.1　国际 ISO/IEC 30134（数据中心关键性能指标）系列标准

数据中心的国际标准有一部分是由 ISO/IEC 联合技术委员会 39 分会（ISO/IEC JTC1/SC39）负责制定和发布的。截至 2020 年，主要发布了 ISO/IEC 30134 系列标准，包含 5 个分册：

（1）概述和通用要求（Overview and General Requirements—2016）；

（2）电能使用效率［Power Usage Effectiveness（PUE）—2016］；

（3）可再生能源系数［Renewable Energy Factor（REF）—2016］；

（4）IT 设备能效［IT Equipment Energy Efficiency for servers（ITEEsv）—2017］；

（5）IT 设备利用率［IT Equipment Utilization for servers（ITEUsv）—2017］。

为了实现数据中心的最佳资源效率，需要有一套有效的关键性能指标来衡量和报告消耗的资源，以便制订改进路线图。在 ISO/IEC 30134 系列标准中，“资源使用效率”通常用于描述关键性能指标。而“资源使用率”仅限于用来定义关键性能指标的输入和输出参数具有相同单位的情况。

制定关键性能指标的目标是有效地使用资源。例如，尽量减少能源和其他资源（如水）消耗；提高数据中心（数据处理、存储和传输）IT 负载的任务有效性，最大限度地利用最低能耗实现 IT 产出；尽可能利用余热的形式进行能源循环使用。

3.1.2.2　欧盟 EN 50600 系列标准

由欧盟的欧洲电工标准化委员会（CENELEC）制定发布的欧洲标准（European Standard）EN 50600 系列标准包含 4 部分，共 10 册的标准文本。

1）EN 50600-1　第 1 部分：通用概念

Information Technology -Data Centre Facilities and Infrastructures　Part 1：General Concepts—2012。

2）EN 50600-2-1　第 2-1 部分：建筑构造

Information Technology -Data Centre Facilities and Infrastructures　Part 2-1：Building Construction—2014。

3）EN 50600-2-2　第 2-2 部分：配电

Information Technology -Data Centre Facilities and Infrastructures　Part 2-2：Power Distribution—2014。

4）EN 50600-2-3　第 2-3 部分：环境控制

Information Technology -Data Centre Facilities and Infrastructures　Part 2-3：Environmental Control—2014。

5）EN 50600-2-4　第 2-4 部分：通信布线基础设施

Information Technology -Data Centre Facilities and Infrastructures　Part 2-4：Telecommunications Cabling Infrastructure—2015。

6）EN 50600-2-5　第 2-5 部分：安全系统

Information Technology -Data Centre Facilities and Infrastructures　Part 2-5：Security Systems—2016。

7）EN 50600-3　第 3 部分：管理和运营信息

Information Technology -Data Centre Facilities and Infrastructures　Part 3：Management And Operational Information—2016。

8）EN 50600-4-1　第 4-1 部分：关键性能指标通用要求概述

Information Technology -Data Centre Facilities and Infrastructures　Part 4-1：Overview Of and General Requirements for Key Performance Indicators—2016。

9）EN 50600-4-2　第 4-2 部分：电能使用效率

Information Technology -Data Centre Facilities and Infrastructures　Part 4-2：Power Usage Effectiveness—2016。

10）EN 50600-4-3　第 4-3 部分：可再生能源系数

Information Technology -Data Centre Facilities and Infrastructures　Part 4-3：Renewable Energy Factor—2016。

EN 50600 系列标准各部分的主要特点如下：

EN 50600-1 是系列标准的总则，规定了“可用性”“物理安全性”“能效实施”3 个系统等级。

EN 50600-2 规定了特定设施和基础设施的要求和建议，以支持从 EN 50600-1 中选择的“可用性”“物理安全性”“能效实施”相关等级。

EN 50600-3 规定了数据中心运营、流程和管理的要求和建议。

EN 50600-4 详细说明了用于评估和提高数据中心资源使用效率和有效性的关键性能指标的要求和建议。这一标准与 ISO/IEC 30134 系列标准相对应（等同采纳）。

3.1.2.3　美国 ANSI/TIA-942 标准

TIA 是全球通信与信息技术工业中重要的工业协会，TIA 成员包括为美国和世界各地提供通信和信息技术产品、系统和专业技术服务的 900 余家大小公司，TIA 成员有能力制造供应现代通信网中应用的所有产品。

TIA 设 11 个专业技术委员会（TR）和技术顾问团（TAG）进行相应专业的技术标准开发与管理。

TIA 在 2005 年 4 月发布了《数据中心电信基础设施标准》（ANSI/TIA-942—2005 Telecommunications Infrastructure Standard for Data Centers）。该标准由 TIA TR-42 电信布线系统（Telecommunications Cabling Systems）专业工程委员会负责开发编制。

自 2005 年起到 2020 年间，ANSI/TIA-942 经历了多次补充与修订。

2008 年及 2010 年分别发布了补充版；

2012 年发布了一个修订版：

ANSI/TIA-942-A—2012 Telecommunications Infrastructure Standard for Data Centers；

2014 年发布了一个重印版：

ANSI/TIA-942-A—2012 Telecommunications Infrastructure Standard for Data Centers，March 2014；

2017 年发布了《数据中心电信基础设施标准》：

ANSI/TIA-942-B—2017 Telecommunications Infrastructure Standard for Data Centers。

ANSI/TIA-942 规定了数据中心和机房的电信基础设施的最低要求，包括企业数据中心和互联网数据中心。该标准提供了适用于任何规模数据中心的电信基础设施拓扑结构。

在 ANSI/TIA-942 中，一个极其重要的概念及内容是数据中心基础设施的可用性（Availability）和安全性（Security）。该标准给出了数据中心基础设施的可用性和安全性信息，附录中详尽地进行了数据中心 4 个分类等级对建筑、电气、暖通、通信专业技术要求的描述。

3.1.2.4 美国 ANSI/BICSI 002 标准

国际建筑业咨询服务（Building Industry Consulting Service International，BICSI）是一个支持信息技术系统（Information Technology Systems，ITS），提供信息技术、教育培训和评估认证的信息产业领域专业协会，总部设在美国的佛罗里达州坦帕市，BICSI 拥有 23 000 名 ITS 专业人士，成员遍布近 100 个国家。

BICSI 的标准委员会成立于 2004 年，由来自世界各地的 200 多名成员组成。其中数据中心工作组委员会负责起草编制标准 Data Center Design and Implementation Best Practices（数据中心设计与实施的最佳实践）。

在 2007 年 1 月发布了该标准文献的第一版草案文本之后，对该标准文献进行了多次的修改评审，在 2010 年 6 月发布了 BICSI 002 版本，在 2011 年的 1 月通过了 ANSI

的审批，于 2011 年 3 月正式颁布发行 ANSI/BICSI 002—2011 数据中心标准。2014 年 12 月，BICSI 修订发布了 ANSI/BICSI 002—2014 Data Center Design and Implementation Best Practices。

BICSI 数据中心工作组委员会的任务宗旨是编制和修订数据中心（包括所有必要的支持系统）的设计和安装的标准。该标准可能面向计算机房、企业数据中心和互联网数据中心，涉及数据中心设计与安装的通信、信息技术、电气、机电和建筑等内容。该标准还提供数据中心设计与建设的专业协调的指导，以及数据中心项目管理的指导。

在 ANSI/BICSI 002 中，采用二维矩阵形式的“基础设施可用性类别 C0～C4”五级划分是一种“创新”，主要以多个角度和多种因素的组合关联的方式，来确定数据中心的建设等级，该标准分别罗列了数据中心基础设施可用性类别 C0～C4 的基本特性。同时，该标准也指出了确定设施的可用性类别是进行风险管理的重要步骤。

3.1.2.5　日本 JDCC FS-001 标准

JDCC 成立于 2008 年 12 月，是由数据中心运营商和 IT 行业利益相关者组成的非营利联盟组织，成员设特别会员（学术团体）、普通会员（企业）和地方政府成员（市/县政府机构），其目标是将数据中心行业标准升级为符合全球标准，加强日本与海外 IT 领域的沟通。

2010 年 10 月，JDCC 发布了 Data Center Facilities Standard（数据中心设施标准）JDCC FS-001 Ver.1.0 版。

2013 年 11 月，JDCC 发布了 Data Center Facilities Standard（数据中心设施标准）JDCC FS-001 Ver.2.0 版。

JDCC FS-001 Ver.2.0 版主要是在 2011 年 3 月 11 日日本大地震后，JDCC 将相关的标准内容进行了回顾与审核，在 Ver.1.0 版的基础上，进行补充、解释和修正而形成的。

现行的 Data Center Facilities Standard（数据中心设施标准）JDCC FS-001 版本为 Ver.2.3 版。

JDCC FS-001 是以 ANSI/TIA-942 等为参考模型，采用了 4 个数据中心分类等级

（Tier）。同时，根据日本的实际情况，进行了添加、修改，融入了日本特有的要素，包括地震风险与评估，商业电力的可靠性，高效率、高可靠性产品。并且在进行添加、修改后，命名了该标准的 J-Tier 4 个等级。

3.1.3 其他适用标准

与大数据中心相关的标准除国际和国家标准外，国内还有一些行业和企业也建立了数据中心设计、管理、技术标准。

同时，大数据中心是一个涉及供配电系统、暖通系统、消防系统、安防系统、智能化系统等的设计规划、建设验收、运维管理等多方面的庞大系统，因此这些领域涉及的技术标准、行业标准同样适用于大数据中心，具有很好的指导作用。

此外，随着国家标准化管理委员会对建立团体标准的支持，很多与大数据中心相关的团体标准应运而生。

3.1.3.1 行业标准

1）国家电网

Q/GDW 345—2009《国家电网公司信息机房评价规范》。

2）金融行业

JR/T 0131—2015《金融业信息系统机房动力系统规范》；

JR/T 0132—2015《金融业信息系统机房动力系统测评规范》；

JGJ 284—2012《金融建筑电气设计规范》。

3）通信行业

YD 5193—2014《互联网数据中心（IDC）工程设计规范》；

YD 5194—2014《互联网数据中心（IDC）工程验收规范》；

YD/T 2727—2014《互联网数据中心运维管理技术要求》；

YD/T 2441—2013《互联网数据中心技术及分级分类标准》；

YD/T 2442—2013《互联网数据中心资源占用、能效及排放技术要求和评测方法》；

YD/T 2543—2013《电信互联网数据中心（IDC）的能耗测评方法》。

3.1.3.2　相关专业标准

1）抗震专业

GB 50011—2010《建筑抗震设计规范》；

GB 50223—2019《建筑工程抗震设防分类标准》；

GB/T 37267—2018《建筑抗震支吊架通用技术条件》；

GB/T 28414—2012《抗震结构用型钢》；

GB/T 13540—2009《高压开关设备和控制设备的抗震要求》；

GB/T 13625—2018《核电厂安全级电气设备抗震鉴定》；

GB/T 34560.6—2017《结构钢　第 6 部分：抗震型建筑结构钢交货技术条件》；

GB/T 18575—2017《建筑幕墙抗震性能振动台试验方法》；

YD 5054—2019《通信建筑抗震设防分类标准》；

YD 5060—2019《通信设备安装抗震设计图集》。

2）供配电专业

GB 50343—2012《建筑物电子信息系统防雷技术规范》；

GB/T 36490—2018《风力发电机组　防雷装置检测技术规范》；

GB/T 33676—2017《通信局（站）防雷装置检测技术规范》；

GB/T 32938—2016《防雷装置检测服务规范》；

GB/T 21431—2015《建筑物防雷装置检测技术规范》；

GB 50055—2011《通用用电设备配电设计规范》；

GB 26860—2011《电业安全工作规程（发电厂和变电所电气部分）》；

GB/T 38428.1—2019《数据中心和电信中心机房安装的信息和通信技术（ICT）设备用直流插头插座 第 1 部分：通用要求》；

YD/T 1970.7—2015《通信局（站）电源系统维护技术要求 第 7 部分：防雷接地系统》；

YD/T 3092—2016《通信局（站）用接地铜排组件技术要求和检测方法》；

YD/T 2285—2011《同轴电缆接头接地保护盒》；

YD/T 2339.2—2011《射频同轴电缆敷设用附件 第 2 部分：接地卡》。

3）通信专业

YD/T 2191.2—2010《电信设备安装的电磁兼容及缓和措施 第 2 部分：接地和线缆》；

GB/T 13869—2017《用电安全导则》；

GB 26164.1—2010《电业安全工作规程 第 1 部分：热力和机械》；

GB 50217—2018《电力工程电缆设计标准》；

GB 50168—2006《电气装置安装工程电缆线路施工及验收规范》；

GB 50171—2012《电气装置安装工程盘、柜及二次回路接线施工及验收规范》；

GB/T 28566—2012《发电机组并网安全条件及评价》；

GB/T 21428—2008《往复式内燃机驱动的发电机组安全性》；

GB 2820—1990《工频柴油发电机组通用技术条件》；

GB/T 2820.1—2009《往复式内燃机驱动的交流发电机组 第 1 部分：用途、定额和性能》；

YD 5167—2009《通信用柴油发电机组消噪音工程设计暂行规定》；

YD/T 502—2007《通信用柴油发电机组》；

YD/T 2063—2009《通信设备用电源分配单元（PDU）》；

DL/T 596—2005《电力设备预防性试验规程》；

CECS 115：2000《干式电力变压器选用、验收、运行及维护规程》；

GB 50169—2016《电气装置安装工程接地装置施工及验收规范》；

GB 50149—2010《电气装置安装工程 母线装置施工及验收规范》；

GB 50194—2014《建设工程施工现场供用电安全规范》；

GB 50034—2013《建筑照明设计标准》；

GB 50052—2009《供配电系统设计规范》；

GB 50254—2014《电气装置安装工程低压电器施工及验收规范》；

GB 14048.2—2008《低压开关设备和控制设备 第 2 部分：断路器》；

GB 7251.1—2013《低压成套开关设备和控制设备 第 1 部分：总则》；

GB 50054—2011《低压配电设计规范》；

GB 50053—1994《10kV 及以下变电所设计规范》；

GB/T 13955—2017《剩余电流动作保护装置安装和运行》；

DL/T 985—2012《配电变压器能效技术经济评价导则》；

GB 1094.5—2008《电力变压器 第 5 部分：承受短路的能力》；

GB 13028—1991《隔离变压器和安全隔离变压器 技术要求》；

GB/T 14860.1—2012《电子和通信设备用变压器和电感器 第 1 部分：通用规范》；

GB 20052—2013《三相配电变压器能效限定值及能效等级》；

GB 20052—2020《电力变压器能效限定值及能效等级》；

GB/T 1094.4—2005《电力变压器 第 4 部分：电力变压器和电抗器的雷电冲击和操作冲击试验导则》；

GB/T 1094.10—2003《电力变压器 第 10 部分：声级测定》；

GB/T 10228—2015《干式电力变压器技术参数和要求》；

GB/T 17468—2019《电力变压器选用导则》；

GB 1094.1—2013《电力变压器 第 1 部分：总则》；

GB 1094.2—2013《电力变压器 第 2 部分：温升》；

GB 1094.3—2003《电力变压器 第3部分：绝缘水平 绝缘试验和外绝缘空气间隙》；

GB/T 10228—2015《干式电力变压器技术参数和要求》；

GB 50172—2012《电气装置安装工程蓄电池施工及验收规范》；

GB/T 28867—2012《含碱性或其他非酸性电解质的蓄电池和蓄电池组 方形密封镉镍单体蓄电池》；

GB/T 15142—2011《含碱性或其他非酸性电解质的蓄电池和蓄电池组 方形排气式镉镍单体蓄电池》；

GB/T 23754—2019《铅酸蓄电池槽、盖》；

GB/T 38279—2019《铅酸蓄电池用辅料技术规范》；

GB/T 28535—2018《铅酸蓄电池隔板》；

GB/T 23636—2017《铅酸蓄电池用极板》；

GB/T 18270—2012《排气式镉镍蓄电池用电解液》；

GB 28645.2—2012《危险品检验安全规范 密封蓄电池》；

GB/T 12725—2011《碱性铁镍蓄电池通用规范》；

GB/T 22473—2008《储能用铅酸蓄电池》；

DL/T 637—1997《阀控式密封铅酸蓄电池订货技术条件》；

GB 8897.4—2008《原电池 第 4 部分：锂电池的安全要求》；

GB/T 19638.2—2005《固定型阀控密封式铅酸蓄电池》；

GB/T 19639.1—2005《小型阀控密封式铅酸蓄电池 技术条件》；

GB/T 22473—2008《储能铅酸蓄电池》；

YDB 050—2010《VRLA 蓄电池组在线诊断技术要求和测试方法》；

YD/T 799—2010《通信用阀控式密封铅酸蓄电池组》；

YD/T 1360—2005《通信用阀控式密封胶体蓄电池》；

YD/T 1715—2007《通信用阀控式密封铅布蓄电池》；

YD/T 2064—2009《通信用铅酸蓄电池正向尖脉冲式去硫化设备技术条件》；

YD/T 2343—2011《通信用前置端子阀控式密封铅酸蓄电池》；

YD/T 2657—2013《通信用高温型阀控式密封铅酸蓄电池》；

GB/T 13722—2013《移动通信电源技术要求和试验方法》；

GB 51199—2016《通信电源设备安装工程验收规范》；

YD 5126—2005《通信电源设备安装工程施工监理暂行规定》；

YD/T 1051—2010《通信局（站）电源系统总技术要求》；

YD/T 1184—2002《接入网电源技术要求》；

YD/T 1376－2005《通信用直流-直流模块电源》；

YD/T 1436—2014《室外型通信电源系统》；

Q/CT 2461—2012《中国电信 240V 直流电源供电总体技术要求》；

Q/CT 2462—2012《中国电信 240V 直流电源供电设备技术要求》；

YDB 037—2009《通信用 240V 直流供电系统技术要求》；

YD/T 2556—2013《通信用 240V 直流供电系统维护技术要求》；

YD/T 2378—2011《通信用 240V 直流供电系统》；

GB/T 7260.1—2008《不间断电源设备 第 1-1 部分：操作人员触及区使用的 UPS 的一般规定和安全要求》；

GB/T 7260.2—2009《不间断电源设备（UPS） 第 2 部分：电磁兼容性（EMC）要求》；

GB/T 7260.3—2003《不间断电源设备（UPS） 第 3 部分：确定性能的方法和试验要求》；

GB/T 7260.4—2008《不间断电源设备（UPS） 第 4 部分：限制触及区使用的 UPS 的一般规定和安全要求》。

4）暖通专业

YD/T 2061—2009《通信机房用恒温恒湿空调系统》；

GB/T 19413—2010《计算机和数据处理机房用单元式空气调节机》；

GB/T 7106—2019《建筑外门窗气密、水密、抗风压性能检测方法》；

GB 50243—2016《通风与空调工程施工质量验收规范》；

GB 50235—2010《工业金属管道工程施工规范》；

GB 50242—2002《建筑给水排水及采暖工程施工质量验收规范》；

GB 50332—2002《给水排水工程管道结构设计规范》；

GB 50126—2008《工业设备及管道绝热工程施工规范》；

GB 50268—2008《给水排水管道工程施工及验收规范》；

GB 50727—2011《工业设备及管道防腐蚀工程施工质量验收规范》；

GB 50736—2016《民用建筑供暖通风与空气调节设计规范》；

GB/T 12232—2005《通用阀门 法兰连接铁制闸阀》；

GB/T 12238—2008《法兰和对夹连接弹性密封蝶阀》；

GB/T 24919—2010《工业阀门 安装使用维护 一般要求》；

GB/T 50050—2017《工业循环冷却水处理设计规范》；

GB/T 50102—2014《工业循环水冷却设计规范》；

JR/T 0131—2015《金融业信息系统机房动力系统规范》;

JR/T 0132—2015《金融业信息系统机房动力系统测评规范》;

JB/T 8527—2015《金属密封蝶阀》;

JB/T 8528—1997《普通型阀门电动装置技术条件》;

TSG ZF001—2006《安全阀安全技术监察规程》。

5）消防专业

GB 25201—2010《建筑消防设施的维护管理》;

GB 25506—2010《消防控制室通用技术要求》;

GB 29837—2013《火灾探测报警产品的维修保养与报废》;

GB 50974—2014《消防给水及消火栓系统技术规范》;

GB 50877—2014《防火卷帘防火门防火窗施工及收规范》;

GB 50444—2008《建筑灭火器配置验收及检查规范》;

GB 50263—2007《气体灭火系统施工及验收规范》;

GB 50166—2007《火灾自动报警系统施工及验收规范》;

GB 50016—2014《建筑设计防火规范》;

GB 50084—2017《自动喷水灭火系统设计规范》;

GB 50222—2017《建筑内部装修设计防火规范》;

GB 51251—2017《建筑防烟排烟系统技术标准》;

GB 4715—2005《点型感烟火灾探测器》;

GB 50140—2005《建筑灭火器配置设计规范》;

GB 4717—2005《火灾报警控制器》;

GB 13495.1—2015《消防安全标志 第 1 部分：标志》;

GB 15630—1995《消防安全标志设置要求》；

GB 16806—2006《消防联动控制系统》；

GB 25972—2010《气体灭火系统及部件》；

GB 6246—2011《消防水带》；

GB 14561—2019《消火栓箱》；

GB 17429—2011《火灾显示盘》；

GB 20128—2006《惰性气体灭火剂》；

GB 3445—2018《室内消火栓》；

GB 50116—2018《火灾自动报警系统设计规范》；

GB 50261—2017《自动喷水灭火系统施工及验收规范》；

GB 50370—2017《气体灭火系统设计规范》；

GB 51309—2018《消防应急照明和疏散指示系统技术标准》；

GB 50898—2013《细水雾灭火系统技术规范》；

GB 35181—2017《重大火灾隐患判定方法》；

GB 17945—2010《消防应急照明和疏散指示系统》；

GB 4351.1—2005《手提式灭火器 第 1 部分：性能和结构要求》；

GB/T 4351.3—2005《手提式灭火器 第 3 部分：检验细则》。

6）智能化专业

YD/T 1363.1—2005《通信局（站）电源、空调及环境集中监控管理系统 第 1 部分：系统技术要求》；

YD/T 1363.2—2014《通信局（站）电源、空调及环境集中监控管理系统 第 2 部分：互联协议》；

YD/T 1363.3—2014《通信局（站）电源、空调及环境集中监控管理系统 第 3 部分：前端智能设备协议》；

YD/T 1363.4—2014《通信局（站）电源、空调及环境集中监控管理系统 第 4 部分：测试方法》；

YD/T 1363.5—2014《通信局（站）电源、空调及环境集中监控管理系统 第 5 部分：门禁集中监控系统》；

YD/T 1363.6—2015《通信局（站）电源、空调及环境集中监控管理系统 第 6 部分：图像集中监控系统》；

GB 50314—2015《智能建筑设计标准》；

GB 50339—2013《智能建筑工程质量验收规范》；

GB 50395—2007《视频安防监控系统工程设计规范》；

GB 50394—2007《入侵报警系统工程设计规范》；

GB 50396—2007《出入口控制系统工程设计规范》；

GB 50348—2018《安全防范工程技术标准》；

GB 50464—2008《视频显示系统工程技术规范》。

7）综合布线专业

GB 50311—2016《综合布线系统工程设计规范》。

3.1.3.3 团体标准

T/DZJN 10—2020《数据中心蒸发冷却空调技术规范》；

T/GZBC 16.1—2019《医疗数据中心建设规范 第 1 部分：临床数据中心》；

T/CCUA 002—2019《数据中心基础设施运维服务能力评价》；

T/CCUA 001—2019《数据中心基础设施等级评价》；

T/CIE 052—2018《数据中心设施运维管理指南》；

T/CIATCM 057—2019《省级中医药数据中心管理规范》；

T/CIATCM 056—2019《省级中医药数据中心建设指南》；

T/CIE 051—2018《液/气双通道散热数据中心机房设计规范》；

T/BIE 001—2017《数据中心用水技术导则》；

T/SCSS 043—2017《智慧城市数据中心机房设计规范》；

T/SCSS 026—2017《智慧城市互联网数据中心建设指南》；

T/TIAPASP 0001—2017《旅游数据中心涉旅资源编码规范》；

Q/GDW 11704—2017《大数据平台数据采集接入规范》。

3.2 大数据中心标准化发展中的问题

大数据中心是一个复杂的系统工程。要建设、运维好一个数据中心，需要经过选址、规划、设计、施工、调试、测试验证、验收、运维等一系列复杂的过程。我国已经历了若干年的数据中心大规模建设的时期，随着网络强国、国家大数据、两化融合、云计算、互联网+、物联网、人工智能、CPS（信息物理网络）、智慧城市、加速 5G 技术的应用与推广等国家战略的提出，数据中心作为支撑这些国家战略的重要基础设施，再次迎来大发展时期。与数据中心相关的标准近年来出现猛增势头，加上各专业系统相关的技术标准、团体标准等，标准已成体系、成规模，但仍存在如下问题。

1）内容出现矛盾、交叉、重复、滞后、冗余等问题

当前与数据中心相关的标准数量十分庞大，由于标准的来源不同、标准间界限不清等，很容易出现内容矛盾、交叉、重复、滞后、冗余等问题。

2）可操作性较低

可操作性较低的原因：一方面是国家标准覆盖面广，内容原则性要求较多，导致一些创新内容很难通过审查；另一方面是编制经费有限，实验性研究和广泛性调查难

以开展，一些创新性和实用性的条款缺乏过硬的依据，这也是导致这些内容很难通过审查的原因。

3.3　大数据中心标准体系的建立与完善

2020 年 3 月 10 日，国家标准化管理委员会关于印发《2020 年全国标准化工作要点》的通知指出：要健全新技术、新产业、新业态和新模式等方面标准，快速制定机制。同时指出要聚焦新技术、新产业、新业态和新模式，扩大先进适用团体标准供给。

数据中心作为新技术、新产业发展的载体，也必将随着国家标准制定工作的改革而逐步建立、健全和完善。针对数据中心标准存在的问题，市场监管总局已经制定了应对策略，于 2019 年 4 月 17 日发布了贯彻实施《深化标准化工作改革方案》重点工作分工（2019—2020 年）的通知。相关要求如下：

- 建立协同、权威的强制性国家标准管理体制。形成协调配套、简化高效的推荐性标准体制。同时要求深化地方标准综合改革。

这些要求的提出，将加快推进仍需要在全国范围内强制的有关行业标准、地方标准整合为强制性国家标准，形成统一的强制性国家标准体系；加快推荐性标准体系结构的优化、整合和修订，进一步增强推荐性国家标准、行业标准、地方标准的协调性。

- 提升标准化科学管理水平，健全科技创新与标准化互动支撑机制，建立健全科技计划研究成果向标准转化的快速通道和长效机制。同时指出要加强标准化人才队伍建设。

这些要求的提出，有利于创新内容被理解，提高审核通过率；有利于标准化人才队伍向着懂标准、懂业务、懂外语、懂规则的复合型国际标准人才发展，从而提升标准审核质量。

- 加强标准化工作经费保障。各级财政应根据工作需要统筹安排标准化工作经费，积极支持制定强制性标准和基础、通用等方面的重要推荐性标准以及参与国际标准化活动等工作。

这些要求的提出，有利于广泛吸纳社会各方资金，鼓励社会资本以市场化方式设立标准化专项基金，建立标准创新融资增信制度，形成市场化、多元化投入机制，支持标准化创新发展。

第 4 章

大数据中心的内涵与关键技术

在新基建背景下，大数据中心被赋予了新的内涵。大数据中心不仅是承载分布式海量数据储存和处理的传统数据中心，还是促进 5G、AI、工业互联网、云计算等新一代信息技术发展的数据中枢和算力载体。同时，大数据中心将运用大数据的思想和技术，为各产业上下游提供高质量的数据储存、数据处理和数据服务能力，从而赋能各行各业的数字化、智能化转型，实现产业升级。

新基建时代对数据中心未来的进化提出了新要求，这种进化的驱动力主要源自 5G、AI、云计算等数字化技术的大量应用，以及行业数字化转型的迫切需求。除大型数据中心外，在 5G 时代，随着各种近场计算需求的增长，新形态的边缘计算数据中心也会大规模出现。更加重要的是，越来越多的应用场景往往是多项数字化技术的融合，对灵活性有着极高的要求，这必然会带来数据中心产品、技术乃至理念的一次质的飞跃。

4.1　大数据中心构成概述

相对于传统数据中心，大数据中心的构成更为广泛，主要由场地、基础设施、IT 硬件设备、IT 软件和应用支撑平台 5 个层次组成，如图 4-1 所示。

图 4-1　大数据中心的构成

4.1.1　场地

4.1.1.1　建筑物

数据中心的建筑物是为集中放置的 IT 设备提供适宜运行环境的场所。它可以是一个建筑群、单个建筑物，也可以是建筑物的几个楼层或部分区域，还可以是集装箱、车辆、船舶等移动空间。本文主要讨论不可移动的建筑作为数据中心的情况。

数据中心建筑的使用寿命一般为 50~100 年，整体建筑设计的合理性对于数据中心的生命周期至关重要。作为建筑物，数据中心的建设具有建筑安装工程的一般性，必须严格执行建筑行业相关标准和规范；同时，数据中心作为为IT 设备提供运行环境和支持环境的场所，其建筑有其特殊性，应参照国家标准 GB 50174—2017《数据中心设计规范》和其他行业标准，遵循实用性、先进性、安全可靠性、灵活性和可扩展性原则。

从建筑功能区的划分来说，数据中心由主机房、辅助区、支持区和行政管理区等区域组成。

（1）主机房。安装和运行数据处理设备的建筑空间，包括服务器机房、网络机房、存储机房等功能区域。

（2）辅助区。安装、调试、维护、运行监控和管理电子信息设备及软件的场所，包括进线间、测试机房、总控中心、消防和安防控制室、备件库、维修室、打印室等区域。

（3）支持区。为主机房、辅助区提供动力支持和安全保障的区域，包括变配电室、柴油发电机房、电池室、空调机房、动力站房、不间断电源系统用房、消防设施用房等。

（4）行政管理区。日常行政管理及客户对托管设备进行管理的场所，包括办公室、门厅、值班室、盥洗室、更衣间和用户工作室等。

4.1.1.2　外市电

数据中心外市电是指数据中心从外部电网（国家或地区电网）获得的电力供应，通常作为数据中心的主要供电电源。只有在外市电停电的情况下，才会启动数据中心的自备应急电源（通常是柴油发电机组）来给数据中心供电。

数据中心外市电引入方式通常可分为双路（多路）引入和单路引入。

（1）双站双路引入。从两个独立变电站经完全不同电力线分别引入一路专用供电线的方式，根据容量可以选择 10kV、35kV 或 110kV 电压供电。

（2）同站双路引入。从某一变电站的两台主变压器经不同电力线分别引入一路专用供电线的方式，可以采用高压油机或低压油机方案。

（3）同站同变双路引入。从一个变电站的同一台主变压器经不同电力线引入两路专用供电线的方式，这种方式的可靠性较差。

（4）单路引入。从一个变电站引入一路专用供电线的方式。

4.1.1.3 市政给水

数据中心给水水源一般为市政自来水，主要包括生产用水、生活用水、室外绿化用水和消防用水，系统水量、水压由市政给水管网直接保证，管网起端统一加设水表计量。

4.1.2 基础设施

数据中心的基础设施层是除 IT 设备（计算机、服务器、网络设备等）外的所有数据机房辅助设施，包括供配电系统、采暖通风系统、智能化系统、网络与布线系统、消防系统和机柜等。

4.1.2.1 供配电系统

供配电系统包括变电系统、配电系统（配电箱、配电柜、列头柜及电缆、母排等）、UPS 和蓄电池系统、后备发电机系统等。

4.1.2.2 暖通系统

暖通系统是指为数据机房、变配电室、消防控制室、管理人员办公室及公共环境进行空气调节的系统，主要包括空调冷源系统、水系统、风系统和控制系统等。

4.1.2.3　智能化系统

《数据中心设计规范》（GB 50174—2017）中规定：数据中心智能化系统设计内容一般包括环境和设备监控系统、网络与布线系统、电话交换系统、小型移动蜂窝电话系统、火灾自动报警及消防联动控制系统、背景音乐及紧急广播系统、视频安防监控系统、入侵报警系统、出入口控制系统、停车库管理系统、电子巡更管理系统、电梯管理系统、周界防范系统、有线电视系统、卫星通信系统、大屏幕显示系统、扩声系统、中控系统、KVM 系统、资产管理系统、数据中心气流与热场管理系统等，各数据中心可根据实际需求确定。

4.1.2.4　网络与布线系统

网络系统在数据中心的 IT 系统中占据核心地位，庞大的 IT 系统设备安装在主机房中，执行存储、计算、交换和传输等操作，以及数据中心规模化的组网，都需要通过网络组合成完整的系统。

在新基建背景下，各地在 5G、数据中心方面投入巨大。随着大量 5G 基站的上线和 5G 应用的普及，数据和互联需求剧增，对数据中心的互联网络和内部网络都将带来新的压力。

不同的网络架构需要采用不同的综合布线系统，包括拓扑结构、桥架选型、线缆选型、配线架设备等内容。

4.1.2.5　消防系统

消防系统包括灭火系统（气体灭火系统、水喷雾灭火系统、水喷淋灭火系统等）、报警系统（烟感探测器、温感探测器、报警控制设备等）、空气采样系统等。

4.1.2.6　机柜

机柜是用于放置 IT 设备，并提供设备运行所需要的电源、网络、冷却等环境条件的全封闭或半封闭柜体。

4.1.3 IT 硬件设备

IT 硬件设备主要包括服务器、存储设备、核心网络设备和安全设备等。

4.1.3.1 服务器

服务器是数据中心的主要算力载体。服务器又称 Server，指的是在网络环境中为客户机提供各种服务的、特殊的专用计算机。在网络中，服务器承担着数据的存储、转发、发布等关键任务，是各类基于客户机/服务器（C/S）模式网络中不可或缺的重要部分。

4.1.3.2 存储设备

计算机程序和业务应用产生的数据需要存储，以便进一步处理或之后进行访问。在一个计算环境下，用来存储数据的设备称为存储设备（Storage Device），简称存储（Storage）。存储设备的类型和存储的数据类型与数据创建和使用的方式有关，常见的存储设备包括闪盘存储系统硬盘、磁盘阵列、磁带等。

4.1.3.3 核心网络设备

在一个数据中心网络中，最重要的设备是核心路由交换机，也称三层交换机。

4.1.3.4 安全设备

数据中心的安全设备一般包括防火墙、入侵检测系统、虚拟专用网络（VPN）、网络蜜罐。

4.1.4 IT 基础软件

IT 基础软件主要包括服务器操作系统、数据库、防病毒系统、虚拟化技术、IaaS 服务管理软件等。

4.1.4.1 服务器操作系统

服务器操作系统一般指安装在服务器主机上的操作系统，比如 Web 服务器、应用服务器和数据库服务器等，是企业 IT 系统的基础架构平台。服务器操作系统主要分为四大类：Windows、NetWare、UNIX、Linux。

4.1.4.2　数据库

数据库是一个按数据结构来存储和管理数据的计算机软件系统。数据库管理系统是数据库系统的核心组成部分，主要完成对数据库的操作与管理功能，实现数据库对象的创建，数据库存储数据的查询、添加、修改与删除操作和数据库的用户管理、权限管理等。

4.1.4.3　防病毒系统

防病毒系统的主要功能是防止病毒入侵主机并扩散到全网，实现全网的病毒安全防护。针对当前网络中病毒的危害性大、传播速度快、新病毒出现比较快的特点，防病毒系统已经成为数据中心必不可少的安全防护系统。

4.1.4.4　虚拟化技术

数据中心为云计算提供了大规模的资源。为了实现基础设施即服务（IaaS）的按需分配，需要虚拟化技术的支撑。

虚拟化技术（Virtualization）是一种资源管理技术，是将计算机的各种实体资源（如服务器、网络、内存及存储等）予以转换后呈现出来，用户可以使用更好的组态方式来应用这些资源。这些虚拟资源不受现有资源的架设方式、地域或物理组态限制。一般所指的虚拟化包括存储虚拟化、计算虚拟化及网络虚拟化等。

4.1.4.5　IaaS 服务管理软件

IaaS 使得用户可以在云平台上租用计算、存储、网络等硬件资源及操作系统等底层系统软件，快速、廉价地按需搭建起基础设施平台。在主流的 IaaS 平台中，面向商业的有亚马逊的 AWS、VMware 的 vCloud 以及中国的阿里云、腾讯云和百度云等，面向开源的有 Openstack、Cloudstack 等。

4.1.5　应用支撑平台

本文所说的应用支撑平台是指具有行业特点的统一软件平台，它可整合异构系统，互通数据资源，如数据中心基础设施管理系统（Data Center Infrastructure Management，DCIM）、云计算平台、云计算管理平台（CMP）等。

DCIM 将 IT（信息技术）和设备管理结合起来对数据中心的关键设备进行监控、容量规划等集中管理。通过软件、硬件和传感器等，DCIM 提供一个独立的管理平台，对数据中心的 IT 设备和基础设施进行实时监控和管理。

云计算平台也称云平台，是指可以提供 IaaS、PaaS、SaaS 等各种云服务的平台。云计算平台可以划分为三类：以数据存储服务为主的存储型云平台，以提供计算能力为主的计算型云平台，以及计算和数据存储兼顾的综合云平台（其中，同一资源池集成主机与存储，辅以网络连接的架构称为超融合架构）。云平台可以分为专用云平台与公用商业类云平台。

企业的业务数据和应用程序呈现出跨云、多云部署的态势，对云管理、云安全、云成本等提出了更高的要求。云计算管理平台（Cloud Management Platform，CMP）是一种管理公用云、专用云和混合云环境的整合性产品，为企业提供管理跨多个云基础设施的云计算产品服务，让 IT 运维人员可以通过单一控制台管理多云环境，建立标准、合规的服务目标，减化操作管理、提高整体效率。

4.2 大数据中心规划设计的关键要素

规划设计是机房基础设施建设中最重要的环节。在机房设施的几个子系统（电源、空调、管理、安防）的规划设计、设备选型、施工安装、运行维护四个阶段中，规划设计是最关键的一环。规划设计决定着整个数据中心的性质、商业需求目标、规模，以及近期和远期升级扩展计划、可用性级别、能源效率预期目标，它指导和规定了数据中心建设的整个过程，实际上对设备选型、施工安装和运行维护等都进行了严格而明确的规定。

数据中心的规划设计应当充分考虑未来的可持续发展能力，也就是说，既要满足当前发展的需要，又要考虑未来发展的需要，其规划设计阶段要考虑并确定的因素包括数据中心的业务定位、数据中心的建设规模、数据中心的选址、数据中心的可持续发展能力评估、数据中心的可用性评估、数据中心的经济性评估、数据中心的可服务性评估等。

4.2.1　业务定位

数据中心根据其使用的独立性划分为专用型数据中心、公用商业化数据中心两大类。根据企业不同的业务应用需求，数据中心的使用功能也不尽相同，主要有 IT 生产中心、IT 开发和测试中心、灾难备份中心三大类。各类用途的数据中心还可根据其客户类型、业务领域等进行细分，如高性能计算中心、互联网数据中心、企业数据中心、政府部门数据中心等。

不同业务定位的数据中心有不同的特点和要求，在规划建设上也不尽相同，为了能够最大限度地满足业务需求，在数据中心的前期规划设计阶段就必须对拟建的数据中心有一个明确的定位，包括类型和用途等。通常不同行业、不同领域的数据中心都会有所不同。

对于专用型数据中心来说，其业务用途一般都会有比较明确的定位。而对于公用商业化数据中心来说，数据中心作为一种产品，其生命力在于适应市场潜在业务需求的能力，越符合市场需求就越有竞争力；可以面对的客户群越多、越广泛，项目的风险就越小。因此，数据中心的定位通常会覆盖所有业务。至于各种业务类型之间的比例如何，需要做大量的市场调研工作才能确定。

4.2.2　建设规模

数据中心的建设规模是指在数据中心生命周期内对各类信息业务系统提供支持和服务的能力。为了研究确定数据中心的建设规模，需要考虑多个方面的问题，具体内容如下。

4.2.2.1　当前业务及扩展需求

需要充分考虑目前业务需求和未来一定时期内的扩展需求，但矛盾的是，对未来发展考虑得越多、越充分，就必然会大大增加项目的投入，因此需要根据企业自身的具体情况而定。根据大多数企业的运营经验，至少要保证数据中心有 5 年的扩展能力。

4.2.2.2　企业规模及成本

需要充分考虑企业的经济规模，即项目投入与预计产出比是否处于最优状态，资源和资金的使用是否高效。根据数据中心项目建设的具体情况，可以采用先期基本建设一次建成，后期按需分步实施的策略。

4.2.2.3　可行性

确定拟建规模的可行性，重点考虑各方面的资源状况是否能够满足拟建规模的要求，主要包括场地空间、能源供应、项目资金状况等方面。

4.2.2.4　行业现状及发展趋势

需要充分考虑企业所在行业的现状和发展趋势。对于不同行业，在确定数据中心建设规模时应充分考虑各自的行业特点。

4.2.2.5　原有设备设施的利用

对于改造项目，在保持项目可用性和可靠性的前提下，应充分考虑原有设备和设施的有效利用。

同时，根据未来数据中心的供电密度和冗余等级对其需要提供的配电设施和空调设施区域面积做出合理的预估，最终可以确定数据中心的建设规模。

4.2.3　选址

数据中心的选址作为数据中心建设的一项重要基础性工作，越来越引起企业的高度重视。数据中心的选址关系到企业保持业务系统连续运作的需要、长期可持续发展的要求，同时也是加强风险管理、提高市场竞争力的重要手段。

数据中心的选址从整体来看涉及很多要素，但是最核心和最基础的要素包括自然环境条件、成本因素和地方配套条件。

4.2.3.1　自然环境

（1）地质和气象灾害：地震、台风、洪水、沉降等。

（2）气象条件：气候、温湿度、空气质量、水资源。

4.2.3.2　资源条件

（1）电力供应：电力资源、电力价格。

（2）水源条件：给排水设施。

（3）人力资源：人力资源的数量和质量。

（4）土地资源：土地开发程度、建筑要求。

4.2.3.3　配套环境

（1）通信状况：通信线路资源、资费水平和线路品质，光纤容量。

（2）交通条件：铁路、公路、航空等。

4.2.3.4　安全状况

安全状况包括政治安全、军事安全、社会治安。

4.2.3.5　周围环境

周围环境包括人居环境、距军火库的距离、距化工厂等工业危险区域的距离、距垃圾填埋场的距离、距核电站等高风险设施的距离、距重盐害地区的距离、距强噪声源的距离、距强电磁场的距离等。

4.2.3.6　建设成本

建设成本包括建设成本、土地成本、水电成本、人员成本。

4.2.4 可持续发展能力评估

对于数据中心的可持续发展能力，概括起来就是指在整个数据中心的生命周期内，在外部资源能够充分得到满足的前提下，在保持业务连续性的同时，具有较高的灵活性，满足按需建设、后期升级扩容等要求；而在外部资源有限的情况下，能够做到资源的合理使用，并确保数据中心的可靠性、维护性等不受影响。可持续发展能力主要从以下几个方面考虑。

4.2.4.1 数据中心资源或能力的利用与扩充

各种资源的持续可用性及资源利用的合理性直接关系到数据中心的可持续发展能力。这些资源主要包括电力资源、制冷能力、水资源、网络资源、建筑场地空间、建筑承载能力等。因此，要评价一个数据中心的可持续发展能力，必须首先对其所需要的资源或能力进行评价。资源的可持续发展能力除依靠外界的持续供应保证外，更主要的是合理利用资源，资源的合理利用会大大提高资源的可持续发展能力。从这个角度来说，数据中心的灵活性、扩展性、适应性和可改造性可以称得上是数据中心的无形资源。因此，这些无形资源也是评价一个数据中心可持续发展能力的重要因素。

4.2.4.2 可扩展性

为了满足将来动态业务的需求，在规划设计阶段必须预测 5～10 年之后的电力供应和冷却系统的需求。各系统在产品选型和设计上都应具有一定的超前性并留有充裕的扩容空间，而且系统实施方案也应具有扩展性和灵活性。

4.2.4.3 适应性

数据中心各系统应首先满足当前的业务需求，同时可以做到随着业务的扩大或变化，所需资源能够不断得到补充，最大限度地减少建设初期（一次性）投资，做到边成长边投资，减少资金成本，提高资金使用效率，而且还可以降低一次性投资中决策失误的风险。

4.2.4.4 可改造性

由于 IT 技术的发展，数据中心的生命周期也会受其影响而逐渐缩短。如果数据中心具有一定的可改造性，能够与 IT 技术发展相适应，就能延长数据中心的生命周期，实现数据中心的可持续发展。数据中心的可改造性评价可从以下两个方面进行。

（1）改造的经济可能性。改造的经济可能性是指改造过程中的追加投资成本效益分析，即评价改造时追加投资与项目产出比，以此作为决策的依据之一。要想提高数据中心的可持续发展能力，必须降低改造成本，使改造更具经济可能性。

（2）改造的技术可行性。改造的技术可行性是指对原项目进行改造的技术支持度、改造实现的可行性、改造后运营的安全性和可靠性的评价。改造的技术可行性与技术先进性相辅相成，只有采用先进的技术，并且所用技术能够支持以后的改造，才能真正延长数据中心的生命周期，为持续发展创造条件。

4.2.5　可用性评估

本节讲的可用性，并不仅仅是指可靠性科学范畴的可用性（指在规定的环境条件下、在规定的时间段内能够保证数据中心正常运行的时间的概率），而是从数据中心规划阶段技术要求的角度，全面考察供电、空调、弱电、通信、消防安全、基础设施产品性能等因素对数据中心正常运行的影响。

为了实现数据中心的高可用性，主要应考虑以下技术措施。

4.2.5.1　配电系统的可用性

（1）应有两路电源（一路或两路外市电+柴油发电机）。

（2）应采用完全独立双电源线路，消除单路径故障点。

（3）暖通系统冗余供电。

（4）应配置冗余的 UPS 系统。

（5）应采用模块化设计，允许并行维修，并可快速修复。

4.2.5.2　暖通系统的可用性

（1）空调和冷源及其配套设备应采用至少 N+1 冗余。

（2）空调供回水管道应采用双回路管路系统或环路系统。

（3）冷冻水空调水源应有两个水源供应或 1 个水源+现场储水，储水量满足不少于 72h 运行需要。

（4）防水与给排水不应有无关的给排水管道穿越数据中心机架设备区域，空调位置区与机架设备区应有漏水检测设施并设有排水系统，应设有高可靠的漏水检测系统。

4.2.5.3 通信系统的可用性

（1）通信接入应具有不同路由通信接入口和多个用户接入线路。

（2）主干线路应具有冗余路径。

（3）安全防范系统应配有多级别、高科技、流程化的出入管理系统，建筑物内的不同场所、部位、通道应设有实时、有效的视频探测、视频监视。

（4）应具有完善、可靠的自动化集中监测系统。

4.2.5.4 消防系统的可用性

应具有早期报警探测系统。

4.2.5.5 产品的选用

应选用技术先进和性能成熟的产品，回避短期过渡性技术的产品。

4.2.6 经济性评估

数据中心的经济性是指在保证先进性、可用性和适用性的前提下，以最低的运行维护费用获得最高的经济效益。主要是针对数据中心生命周期的经济效益进行评价，需要考虑整体寿命周期中的建设、运行、扩容、管理和维护的总成本，即数据中心生命周期内的投入与产出状况。数据中心的可持续发展追求达到最佳的生命周期经济效益，即数据中心的设计、建设、运营全过程中投入与产出的最佳比例。显然，为提高数据中心的经济性，最主要的就是降低数据中心的总拥有成本（TCO），即减少数据中心的建设投入成本和降低后期运营成本。在数据中心的总拥有成本中，运营成本占

TCO 的比重比建设成本大得多。如果运营期间的运营投入过高，可能会使数据中心入不敷出，最终导致运营失败。

若想减少数据中心的建设投入成本，则必须在各系统的规划设计、设备配置和设备选择过程中，本着经济、实用、合理的原则，进行多方面的反复调研和论证，使各系统在保证可靠性和先进性的同时具有良好的性价比。此外，随着供电量的不断提升，数据中心的能耗支出占运营成本的比重越来越大。因此，降低数据中心运营成本最重要的环节就是降低能耗支出。同时还要提高设施监控水平，提高维护管理的工作质量和效率，节省维护成本和人员成本，更为重要的是评价能源的利用效率，是否具有合理的节能措施。

4.2.7　可服务性评估

数据中心的可服务性是指可以提供多元化、高效率、专业化、可持续发展等高质量服务的能力，主要体现在可维护性、服务可控性和运营服务能力三个方面。

可维护性是对运营期间维修和维护难易程度的度量，是可持续发展的前提和保障。系统维护的目的是保证数据中心正常且可靠地运行，并能使系统不断得到改善和提高，以保证系统中的各要素随着环境的变化始终处于最新且正确的工作状态。

影响可维护性的主要因素是对数据中心关键基础设施和系统的可理解性、可预见性、可修改性，这三个可维护性因素密切相关，只有正确理解各系统才能进行恰当的修改，只有通过准确可预见的目标才能保证修改的正确。提高数据中心的可维护性要从最初的需求分析与设计开始，直至实施完成，如果在维护阶段再来评价和关注可维护性将为时已晚。

服务可控性是指用户对于数据中心所提供的服务在业务种类、服务内容上有决定权，对于服务实施过程及质量有不断修正和完善的能力。研究服务可控性的目的在于科学制定提供的服务项目，理性承诺服务质量，提升数据中心服务体系的管理能力。

除可维护性和服务可控性外，还要具备完善的服务标准体系、运营服务制度，并制定科学合理的服务流程。一个服务性良好的数据中心应当能够把可维护性、服务可控性和运营服务能力紧密地结合在一起，使数据中心能够更好地达到预期目标并实现运营资产的价值最大化。

4.2.7.1 可维护性

（1）系统的可理解性。包括项目资料的完整性，系统设备和部件是否有明晰的标识，主要系统结构是否有图示标识，是否简单易懂。

（2）未来系统业务需要预见性。是否在设计阶段考虑和预见了未来系统升级、扩容、更换、更新等维护要求，是否已有切实可行的系统升级方案。

（3）系统可修复和修改性。所有的设备根据工艺要求留有合理的维护空间、检修空间，是否可以在不影响IT设备系统正常使用的情况下进行升级、扩容、更换或更新。

4.2.7.2 服务可控性

（1）服务资源、费用、时间可控。是否有主要设备供应商、长期维护的协议或适当的系统维护人员，是否对服务的费用和时间进行有效的控制。

（2）服务质量水平可控。是否有本地全面设施的自动监控，是否建立远程集中监控和技术支持，是否有 24h 基础设施的保障，是否有 7×24h 保安巡视及门卫监控，是否有定期的演练测试。

4.2.7.3 运营服务能力

是否具备标准的运营服务体系、完备的技术支持能力，是否建立一套切实可行、安全的运营服务流程，是否采用 SLA 标准化服务。

4.3 大数据中心子系统

4.3.1 基础设施子系统

基础设施建设是数据中心建设的重要环节，主要包括供配电、暖通、智能化、消防安全等一系列基础设施系统，它们是数据中心所有计算机软、硬件系统的物理载体和基础支撑，其设计实施的高可靠性是承载数据中心稳定运行的前提。

4.3.1.1　供配电系统

1．系统介绍

1）数据中心供配电系统概述

数据中心的供配电系统为数据中心的所有设备提供电力支持，是确保数据中心连续、安全、可靠运行的基础保障。数据中心供配电系统是从电源线路进用户起经过高/低压电气设备到负载止的整个电路系统。供配电系统主要包括高压变配电系统、柴油发电机系统、自动转换开关系统、输入低压配电系统、不间断电源配电系统（UPS）、UPS 列头柜系统、机架配电系统、照明系统及防雷和接地系统。供配电系统是支撑数据中心运行的基础核心系统，为数据中心的主设备负载和辅助设备负载提供电力运行保障。

数据中心高压变配电系统是数据中心供配电系统联系市电供电网络和用户的中间环节，起着变换和分配电能的作用。从供电电压等级而言，该系统主要涉及 110kV、35kV、10kV 等电压等级。

数据中心的低压配电设计特指频率 50Hz，交流电压 1200V 及以下的配电方案和产品设计。主要由两部分组成：一部分由 UPS 及机房空调、照明、动力等系统的输入配电系统组成，称为数据中心输入低压配电系统；另一部分由 UPS 输出配电系统组成，称为 UPS 输出低压配电系统。这两部分的建设都必须满足几乎相同的国家或者行业的法规与条文，但从工程实践上看，这两部分的建设方式和建设理念等都有很大的不同。

为确保网络传输、数据交换、金融结算、重要系统调度等关键部门的设备能得到不间断的电源供电，大型数据中心特别是大型数据中心园区的供配电系统通常采用“市电供电+柴油发电机组备用”所组成的电源系统。自动转换开关电器（Automatic Transfer Switching Equipment，ATSE）主要应用于紧急供配电系统，一般单独或组网完成市电之间或市电与柴油发电机之间的电源切换。作为数据中心配电系统中重要的配电设备，它的设计与选型关系到整个配电系统的可靠性。

2）数据中心对供配电系统的要求

（1）可用性。

供配电系统的规划、设计、建设实施、运营等应符合国家标准，工作安全、可靠。要对结构设计、设备选型、日常维护等各方面进行可用性的设计和建设。在关键设备采用硬件备份、冗余等可靠性技术的基础上，采用相关的软件技术提供较强的管理机制、控制手段和事故监控与安全保密等技术措施以提高供配电系统的安全性、可用性。

（2）可靠性。

数据中心的可靠性是指某个设备或系统在一个指定的时间内能够无故障地持续稳定运行的可能性，其中供配电系统的可靠性尤为重要。可靠性通常用 MTBF（Mean Time Between Failures，平均无故障时间）指标来量化。MTBF 的数值越高，代表供配电系统或数据中心的可靠性越好。而供配电系统的冗余备份机制则是实现高可靠性的基础。

（3）可扩展性。

数据中心应具有良好的灵活性与可扩展性，能够根据今后业务不断深入发展的需要，扩大设备容量和提高用户数量和质量。在供配电系统的设计和实施中充分考虑用户后期的扩容，预留合理的扩容接口，尽量确保后期系统在扩容时不会影响当前业务的正常运营。此外，在后期系统扩容时不应降低系统的可用性。

（4）合理性。

数据中心供配电系统设计应遵循分区、分级的原则，同一功能区域内的各类设备的供电可靠性，应能保证所有设备按照该区域标准的要求运行，并将供配电系统局部故障的影响控制在尽可能小的范围，并兼顾技术经济合理性。

（5）经济性。

以较高的性能价格比规划、设计与建设数据中心供配电系统，使资金的产出投入比达到最大值。以较低的成本、较少的人员投入来维持系统运转，提供高效能与高效益。尽可能保留并延长已有系统的投资，充分利用以往在资金与技术方面的投入。在确保业务合理的可用性基础之上，合理降低投资成本（Capital Expense，CAPEX）和运营成本（Operating Expense，OPEX）。

（6）节能环保。

供配电系统的规划、设计、建设及运营等要采用切实有效的措施或技术来充分体现节能、环保、减排的要求，建设绿色的数据中心。

3）供配电系统在数据中心中的作用

供配电系统在数据中心中的作用极其重要，不同的数据中心对供配电系统的要求有着明显的差别，部分数据中心对供配电系统的要求不高，或者没有要求，因为这种类型的数据中心对业务的连续性没有苛刻的规定。金融系统的数据中心对供配电系统的要求极其苛刻，必须 7×24h 连续运行，不允许有任何的中断（包括计划内的维护）。随着数据中心不断发展，$2N$ 或 $2(N+1)$供配电系统在大型数据中心得到普遍应用，其通常也被称为双总线或双母线供配电系统。

2．常用设备

数据中心供配电系统主要设备包括柴油发电机、变压器、UPS、蓄电池、谐波滤除设备、开关转换设备（ATSE/STS）、PDU、高压配电柜、低压配电柜及监控系统等。

1）柴油发电机

柴油发电机由柴油发动机与发电机组合从而产生电能，其由柴油机、交流同步发电机、控制箱（屏）、联轴器和公共底座等部件组成。柴油机通过蓄电池和电动机启动，转动柴油机曲轴使活塞在顶部密闭的气缸中做上下往复运动。活塞在运动中完成四冲程：进气、压缩、燃烧和排气进程。经若干工作循环后，柴油机在飞轮的惯性下逐渐加速进入工作。活塞联动曲轴杆和转子，转子由柴油机带动轴向切割磁力线，定子中交替排列的磁极在线圈铁芯中形成交替的磁场，转子旋转一圈，磁通的方向和大小变换多次，由于磁场的变换作用，在线圈中产生大小和方向都变化的感应电流并由定子线圈输送出电流。

柴油发电机组的功率类别是综合考虑配套件的功率类别，并结合实际使用情况规定出来的。国家标准 GB/T 2820.1—2009《往复式内燃机驱动的交流发电机组　第 1 部分：用途、定额和性能》中的第 13 条对柴油发电机组的功率定额进行了如下规定。

（1）持续功率（COP）。

持续功率是指在商定的运行条件下按制造商规定的维修间隔和方法实施维护保养，发电机组每年运行时间不受限制地为恒定负载持续供电的最大功率。

（2）基本功率（PRP）。

基本功率是指在商定的运行条件下按制造商规定的维修间隔和方法实施维护保养，发电机组每年运行时间不受限制地为可变负载持续供电的最大功率。

（3）限时运行功率（LTP）。

限时运行功率是指在商定的运行条件下按制造商规定的维修间隔和方法实施维护保养，发电机组每年供电达 500h 的最大功率。

（4）应急备用功率（ESP）。

应急备用功率是指在商定的运行条件下按制造商规定的维修间隔和方法实施维护保养，当公共电网出现故障或在试验条件下，发电机组每年运行达 200h 的某一可变功率系列中的最大功率。在 24h 的运行周期内允许的平均输出功率不应大于 ESP 的 70%，除非往复式内燃机（RIC）制造商另有规定。

柴油发电机铭牌中包含了很多数据信息，包括出厂日期、额定功率、额定电压、额定频率、额定电流、额定转数等，可以为运维提供数据支撑，如图 4-2 所示。

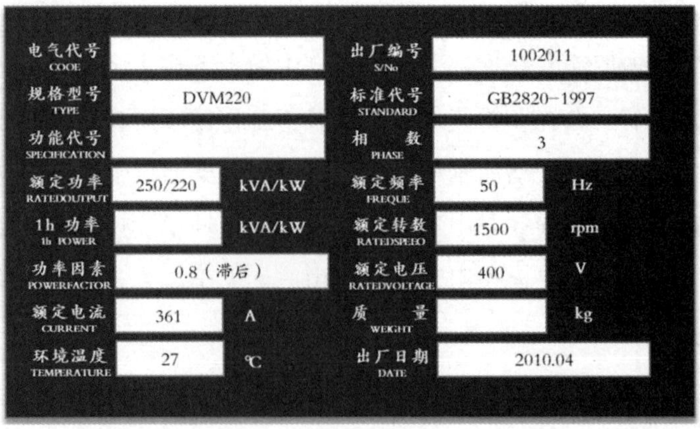

图 4-2　数据中心柴油发电机铭牌范例

为保证业务的连续性和稳定性，越来越多的用户在需要两路市电供给的同时，需要柴油发电机组（见图 4-3）的冗余保护。随着数据中心规模的逐步扩大，现在大型数据中心柴油发电机组的数量一般都在 10～20 台左右，采用 2N 或 N+1 的配置模式。在市电中断时，保证在最短的时间内完成自启动和并机运行，最大限度地满足数据中心的负载需求。

图 4-3　数据中心柴发室

2）UPS

（1）UPS 的基础知识。

UPS 是利用电池化学能作为后备能量，在发生市电断电等电网故障时，不间断地为用户设备提供（交流）电能的一种能量转换装置。UPS 原理图如图 4-4 所示。

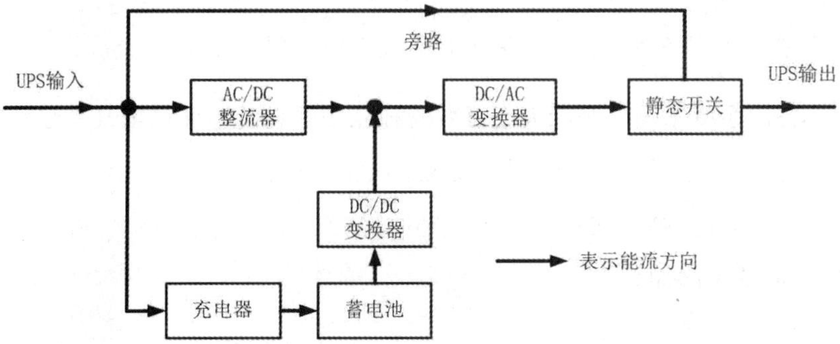

图 4-4　UPS 原理图

UPS 的分类方法有很多，从储能方式可以大致分为动态 UPS 和静态 UPS，动态 UPS 和静态 UPS 又可以细分为后备式、在线互动式、在线双变换式等；从技术上有工频、高频之分，高频机中又细分为塔式 UPS 和模块化 UPS。

（2）工频 UPS 和高频 UPS 优缺点对比。

目前 UPS 的发展方向是高频 UPS 替代工频 UPS，因为高频 UPS 相比工频 UPS 来讲，不仅取消了笨重的变压器，在效率方面也提高了近 5%，如表 4-1 所示。

表 4-1　工频 UPS、高频塔式 UPS、高频模块化 UPS 的区别

特征	工频 UPS	高频 UPS		结论
形态结构	塔式 UPS	塔式 UPS	模块化 UPS	—
体积	大	中	中	高频 UPS 体积更小
效率	较低	高	高	高频 UPS 更节能
谐波干扰	高	低	低	高频 UPS 更环保
易用性	差	中	好	模块化 UPS 更方便
部件故障率	低	低	较低	工频机部件故障率更低
维修时间	长	较长	短	模块化 UPS 维修时间短
系统可用性	差	较高	高	模块化 UPS 可用性更好
抗负载冲击能力	高	较高	较高	工频 UPS 的隔离变压器具备一定的缓冲能力

（3）模块化 UPS。

在过去，数据中心部署最多的 UPS 电源是大型塔式设备，采用传统技术，只有工作负载达到 80%～90%时才能达到最佳效率。这种 UPS 设备在初始安装时往往部署的量会过大，以提供必要的冗余，这意味着它们经常在低负载下运行，效率低下，浪费了大量的电能。此外，这些大型塔式 UPS 也排放出大量的热量，所以需要大量冷却设备。影响了许多数据中心效率的提高，而随着模块化 UPS 的普及，这个状况得到了改善。

模块化 UPS 系统不是一个庞大而低效的独立塔式设备，而是由几个较小的机架安装式单元组成的，它们并联在一起提供必要的电源和冗余。其容量与用户的数据中心的负载需求紧密匹配，并且可以在扩展时随时轻松扩展，其他模块也可以在“按需付费”的基础上简单地添加。

模块化 UPS 不含变压器，其本身可提供高达 5%的效率提升，而它的负载曲线效率高达 96%，这远远超出低效工频 UPS 的效率。从理论上讲，在经济模式下运行模块化 UPS 系统甚至可以将其效率提高到 99%，但这种性能提升会让关键负载面临市电波动的风险。

模块化 UPS 设备体积更小，重量更轻，热散量更少，占用更少的空间，也更容易维护。此外，其模块化设计是“热插拔”的，所以如果有模块出现故障或失效，它们可以在使用过程中不关闭设备的情况下进行更换。

因此，相对于塔式 UPS，模块化 UPS 可靠性更高，更加符合现代数据中心的运行要求，同时在效率、可维护性、可扩展性方面也具有传统 UPS 不可替代的优势。

（4）蓄电池。

蓄电池是 UPS 系统中的一个重要组成部分，它的优劣直接关系到整个 UPS 系统的可靠程度，然而蓄电池又是整个 UPS 系统中平均无故障时间（MTBF）最短的一种器件。目前大型 UPS 系统广泛采用的仍是阀控式密封铅酸（VRLA）蓄电池，但近年来磷酸铁锂蓄电池作为新型蓄电池，由于寿命长、耐高温、体积小、无污染等优点，正成为越来越有吸引力的数据中心蓄电池方案。

3）高压配电柜

高压配电柜又称高压开关柜，是指用于电力系统的发电、输电、配电、电能转换，在消耗中起通断、控制、保护等作用，电压等级在 3.6～550kV 的电器产品。

现代大型数据中心高压配电柜的选择，应充分考虑数据中心所在的使用环境条件，力求技术先进、安全可靠、经济适用、操作维护方便，设备的选择要小型化、标准化、免维护或少维护。

4）低压配电柜

低压配电柜的主要组成部分包括柜体、母线和功能单元。低压配电柜按照功能的不同，可以分为配电柜、控制柜和补偿柜，以及为 IT 设备配电的精密列头柜（SPM 柜）。

数据中心 SPM 柜又称列头柜，是通常放置于一列 IT 机柜始端的配电机柜，作为一列或若干列 IT 机柜的电源分配与保护的终端配电柜。SPM 柜通常以放射式的配电形式连接到上游配电柜或以树干状配电形式采用主干母线与上游电源配电柜连接。SPM 柜的每个输出断路器与各个 IT 机柜的 PDU 连接构成数据中心传统的终端供配电系统。

通常，每个 SPM 柜的容量介于 100～400A 之间。

4.3.1.2 暖通系统

1．系统介绍

1）数据中心暖通系统概述

暖通系统全称为供暖通风与空气调节（Heating Ventilation and Air Conditioning，HVAC）。数据中心暖通系统主要包括空调冷源系统、水系统、风系统等。

数据中心的服务器、存储、网络及 UPS 等配套设备的运行，需要通过暖通系统创造一个良好的运行环境。暖通系统需要移除数据中心主设备和配套设备运行时产生的热量，精密调节机房内空气的温度、湿度、洁净度等参数，满足设备内电子元器件可靠工作的要求，从而保证数据中心及各类设备的稳定运行。

（1）空调冷源系统。

数据中心有多种制冷方式，可以分为机械制冷和自然冷却，其中机械制冷可以分为风冷空调、空冷空调、集中水冷、风冷冷冻水、板换和水冷冷冻水等，自然冷却包括新风系统、空气板换、转轮换热、蒸发冷却、液冷技术和其他自然冷却，数据中心常见制冷方式如图 4-5 所示。

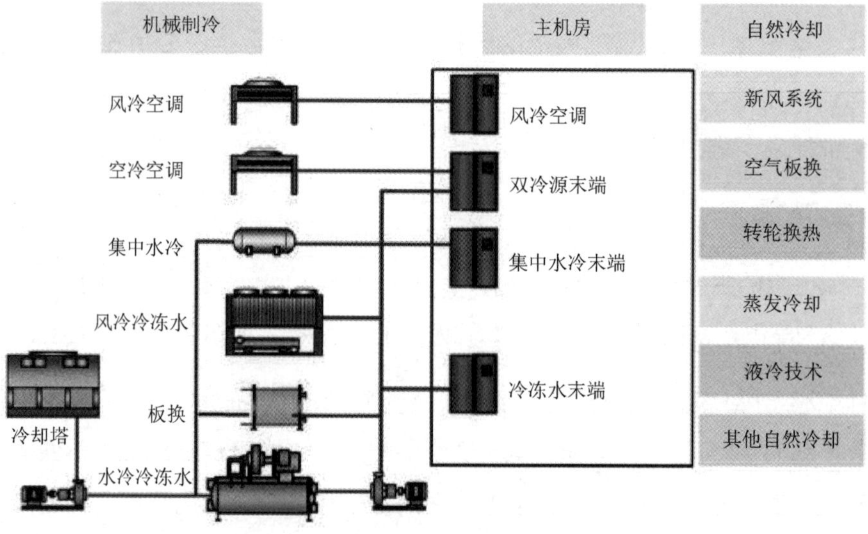

图 4-5　数据中心常见制冷方式

其中，由于冷冻水系统较高的制冷效率和制冷可靠性，在目前的大型数据中心中应用最为广泛。冷冻水系统（带自然冷却功能）主要由冷水机组、冷却塔、板式换热器（板换）、冷冻水泵、冷却水泵及冷冻水型专用空调末端组成。

冷冻水系统根据冷却方式的不同，又可以分为风冷冷冻水系统和水冷冷冻水系统。为了更大限度地利用自然资源，减小能耗，在风量充沛的过渡季节和冬季气温低的地区，制冷机组可以选用带自然风冷的方式；在水资源充沛的过渡季节和冬季气温低的地区，制冷机组可以选用冷却塔直接进行冷却的方式。因此，在不同的气候条件下，制冷机组有不同的运行模式，下面介绍带自然冷却的风冷冷冻水系统和水冷冷冻水系统的不同运行模式。

风冷冷冻水系统运行模式。

在风冷机组制冷时，制冷剂在蒸发器中发生汽化吸热，进入压缩机进行压缩后，与由送风机送入冷凝器的室外冷风发生热量交换，制冷剂放热凝结。源源不断的冷风被送入冷凝器，这一热交换过程保证了风冷机组的冷却循环的正常工作。

针对风冷机组，在不同的气候条件下，数据中心的冷却系统一般有两种制冷形式：一种是机械制冷的风冷型冷水机组，利用室外冷风冷却冷水机组，把冷量带入室内机房；另一种是利用自然冷源的冷风，直接冷却冷冻水的回水，把冷量带入室内机房。根据外部环境条件，数据中心风冷型冷却系统有三种主要的运行模式：当室外温度很高时（如冷冻水回水温度为18℃，室外温度高于16℃），比如夏季，完全利用机械制冷的冷却方式，自然冷却不启用；当室外温度比冷冻水回水温度低 2～10℃时（如冷冻水回水温度为 18℃，室外温度为 8～16℃），比如春秋过渡季节，可以开启自然冷源冷却作为辅助冷却方式，从数据机房出来的回水首先被送至自然冷却盘管中，利用室外低温进行预冷却，然后冷量不足的部分再利用机械制冷补充制冷，实现部分自然冷却；当室外温度比冷冻水回水温度低 10℃及以上时（如冷冻水回水温度为 18℃，室外温度低于 8℃），比如冬季，可以完全采用自然冷源冷却的方式，机械制冷不启用，仅有少量风扇电耗。风冷冷冻水系统三种运行模式的示意图如图 4-6 所示。

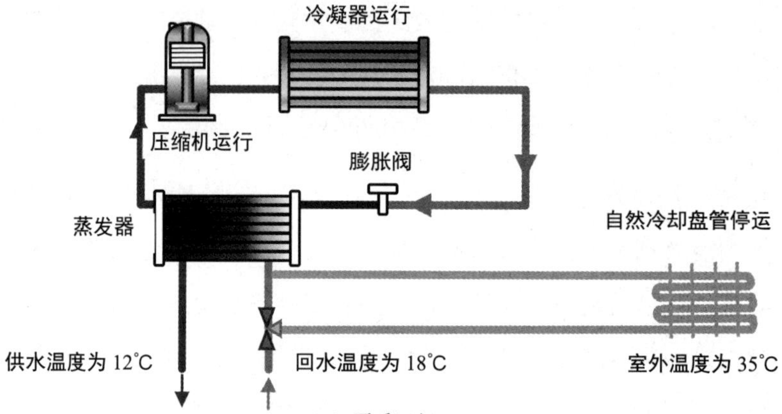

（a）夏季运行工况

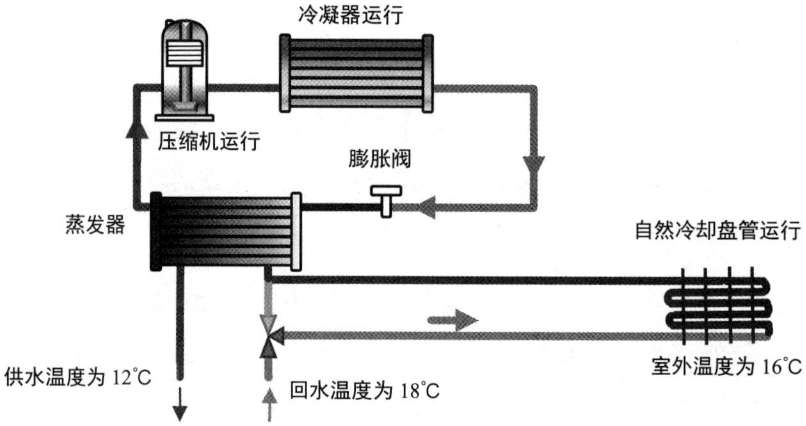

（b）过渡季运行工况

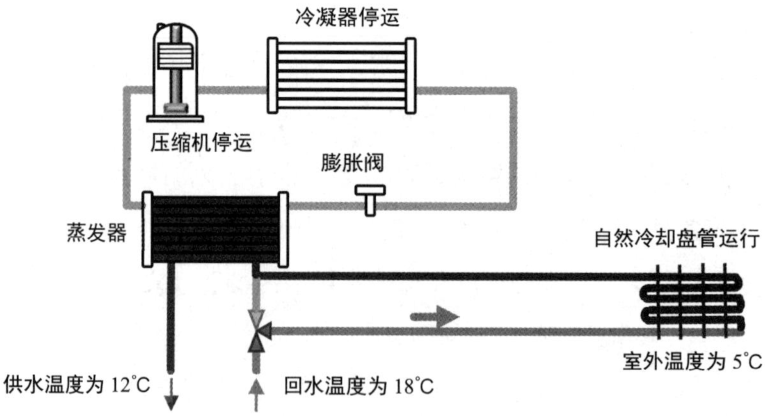

（c）冬季运行工况

图 4-6　风冷冷冻水系统三种运行模式的示意图

↗ 水冷冷冻水系统运行模式。

水冷机组的制冷工作原理与风冷机组完全相同，都是通过制冷剂来传递热量的，室内的热量进入室外，从而使室内的温度下降。风冷机组与水冷机组都是常规的机械制冷，区别在于冷凝器处的冷却方式不同。风冷机组利用风机送入的自然冷风来冷却从压缩机出来的高温高压的制冷剂；水冷机组利用开式或闭式冷却塔提供的冷却水与制冷剂进行换热，携带热量的冷却水进入冷却塔进行换热降温后，再次回到冷凝器进行新的冷却循环。带自然冷却功能的水冷系统在冷却水和冷冻水回水之间增加一组水-水换热器，可以在不同季节利用自然冷源，达到节能的目的。

水冷机组在不同气候条件下，也具有三种运行模式，根据冷却塔逼近度（室外空气湿球温度与冷却塔出水温度之差值）计算方法计算：假设机房空调的供水温度设定为 12℃，在室外湿球温度 tsh 高于 30℃（与冷水供水温差约为 18℃）时，比如夏季，只有机械制冷提供冷量；在室外湿球温度 tsh 低于 8℃（与冷水供水温差约为 4℃）时，比如春秋过渡季节，冷冻水回水首先与冷却塔通过水-水换热器进行部分冷量交换，然后剩余冷量再通过冷水机组机械制冷来提供，实现部分自然冷却；在室外湿球温度 tsh 低于 2℃（与冷水供水温差约为 10℃）时，比如冬季，冷冻水回水可以与冷却塔通过水-水换热器提供所有冷量，实现完全自然冷却。水冷冷冻水系统三种运行模式的示意图如图 4-7 所示。

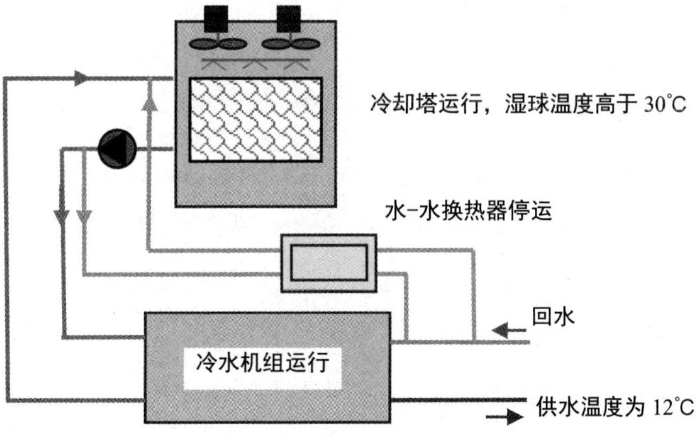

（a）夏季运行工况

图 4-7　水冷冷冻水系统三种运行模式的示意图

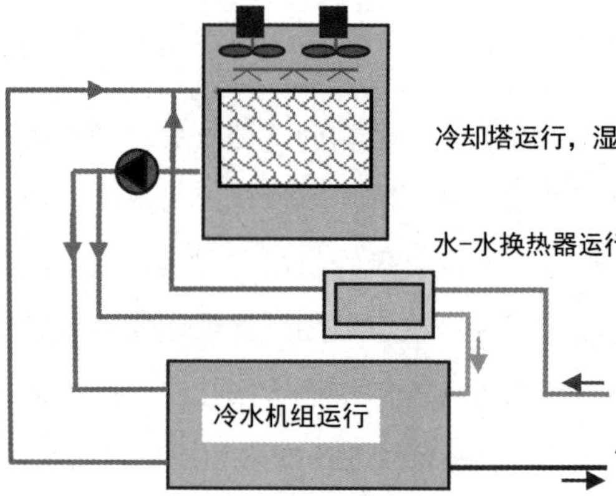

（b）过渡季运行工况

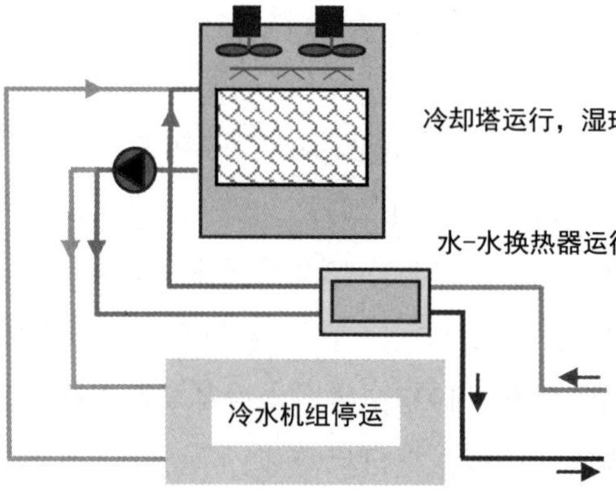

（c）冬季运行工况

图 4-7　水冷冷冻水系统三种运行模式的示意图（续）

（2）水系统。

大型数据中心的水系统一般为两级泵+蓄冷水系统，如图 4-8 所示。两级泵+蓄冷水系统支持在线维护，一、二级水泵均 N+1 备份，系统管路一般采用环网设计或双管路，当管路发生泄漏时，通过操作阀门隔离故障点，确保系统正常运行，另外，在冷源侧和负荷侧中间配置蓄冷罐，充分发挥二级泵的控制优势。这种设计体现了数据中心连续制冷的特点，可靠性较高，投资较少，是目前数据中心优先考虑采用的方案。

（3）风系统。

数据中心的风系统主要包括空调风系统、新风系统和通风系统。

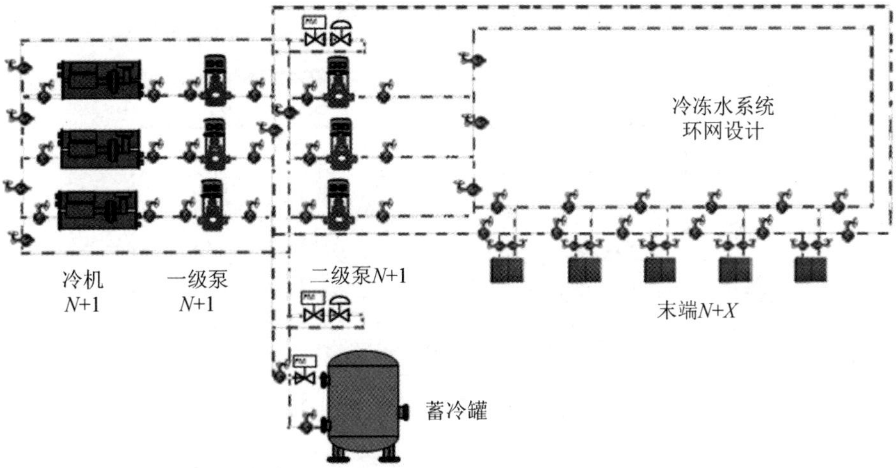

图 4-8　两级泵+蓄冷水系统

房间的温湿度由空调风系统（见图 4-9）来保证。由于 IT 机柜的不断发热，导致房间内温度持续升高，此时负责该房间的空调末端会通过送、回风的形式使房间降温，热空气被吸入空调，通过空调冷却降温后送出冷空气，冷空气再被 IT 机柜吸入，通过 IT 机柜放热后送出热空气，热空气再被空调吸入冷却后吹出冷空气，如此往复循环，最终使房间温度控制在要求的范围。

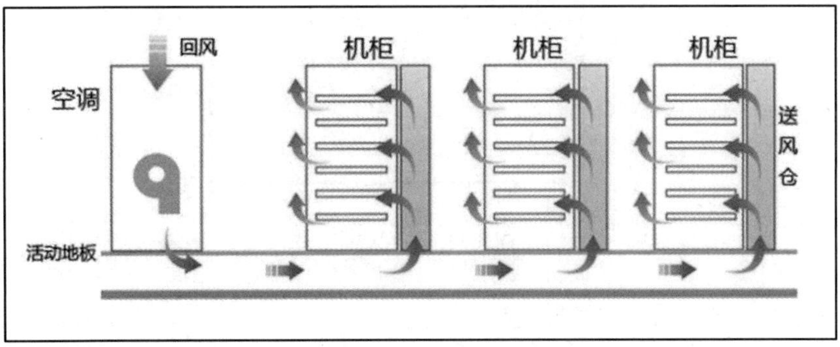

图 4-9　空调风系统

房间的正压由新风系统（见图 4-10）来保证。为了保证机房内空气品质（悬浮粒子浓度），需要向机房内送入充足的新鲜空气来保证房间正压。此时负责该房间的新风机组从室外吸入空气，经过新风机组处理（过滤段、冷却或加热段、风机段），通过风机段的风机将处理后的新鲜空气输送到各机房内，当气流达到一定平衡时，房间将维持在一定的正压范围，来满足机房内空气品质的要求。

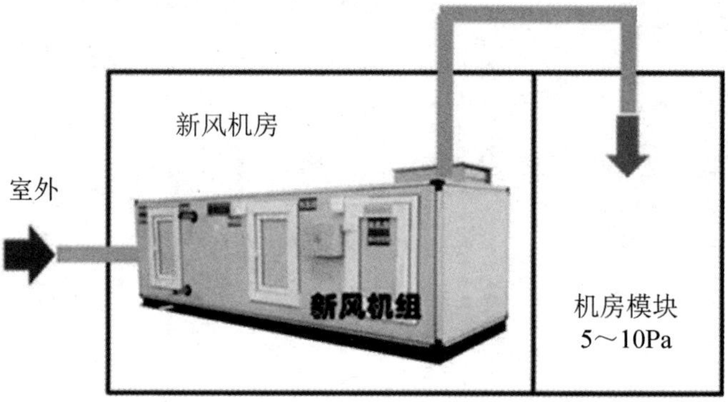

图 4-10　新风系统

房间的负压由通风系统（见图 4-11）来保证。由于电池室内放置电池设备，有可能散发氢气等有害气体，电池室需要保持负压来防止有害气体溢散到其他房间。此时负责该房间的排风机将室内空气吸入，再通过风机排放到室外，当气流达到一定平衡时，房间将维持在一定的负压范围，来满足房间的负压要求。

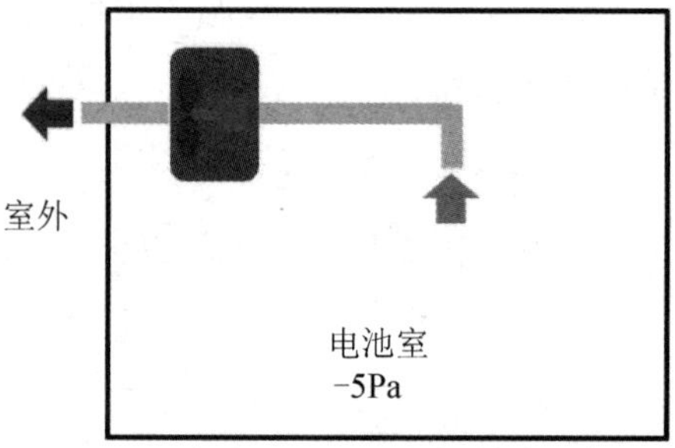

图 4-11　通风系统

2）数据中心暖通系统的发展趋势

为了保障数据中心暖通系统的高可用性，在暖通系统的设计中，可用性、绿色节能、动态制冷、高密度制冷将是未来的发展趋势。

（1）可用性。

数据中心对可用性的要求远远高于普通的商业楼宇，暖通系统同样如此；目前对其可用性的要求一般分为 A 级和 B 级，需要暖通系统有冗余设计，出现故障要有应急方案。传统的分散式暖通系统可用性比较高，在设置冗余后，单台机组不会影响数据中心的正常运行。大型数据中心应用的集中冷源系统，对可用性带来更多的挑战，多个节点需要设计能备份的冗余方案。

（2）绿色节能。

随着绿色数据中心概念的深入人心，建设具备节能环保特点的绿色数据中心已经成为数据中心建设和使用及设备供应商的共识。在低碳化潮流下，数据中心急需有所作为。制冷系统是数据中心的耗电大户，约占整个系统能耗的 30%～45%，制冷系统的节能受到了前所未有的关注。优化送风方式、冷热通道合理布局、冷热通道隔离、智能群控、利用室外自然冷源等方案已经呈现出百花齐放的现象，还有数据中心采用热回收装置产生热水，用于生活、洗澡、游泳池等，可降低整个系统的碳消耗。

在温湿度设定方面，《数据中心设计规范》（GB 50174—2017）规定的冷通道或机柜进风区域的温度范围为 18～27℃，露点温度范围为 5.5～15℃，同时相对湿度不大于 60%。如果在规定范围内对温湿度放宽要求，那么可以在保证机房设备正常运行的同时，又达到降低机房暖通系统能耗的目的。

在机房空调设备节能方面，变容量压缩机、高效 EC 风机、节能智能控制、利用自然冷源等技术的应用使得机房空调机组的能效和适应性越来越强。

对于水的关注也逐步进入了大家的视野，WUE（水分利用率）、水的消耗、循环水应用和雨水的应用也在数据中心的设计中得到重视。

（3）动态制冷。

在新型数据中心的建设和应用中，“按需制冷”或“动态制冷”也成为数据中心冷却方案中一项很重要的评价标准。所谓“按需制冷”，指的是数据中心空调的冷量输出伴随着 IT 热负荷的变化而变化，是一个动态、可调节的输出。随数据中心发热密度的不断增大，数据中心空调除了提供稳定、可靠、绿色冷却，如何防止其出现局部热点也成为冷却方案需要重点考虑的需求之一。

数据中心虚拟化的发展使得服务器等设备的发热量有更大波动，包括不同时间及不同空间的变化，机房内不同的 IT 设备所需的冷却温度是不同的，甚至不同年代的同类型设备所需的冷却温度也是不同的。这就相应地要求制冷系统适应这种发展趋势，要能提供动态的制冷方案，满足不同时间、不同空间的需求。因此，动态制冷更能适应虚拟化需求。

目前，动态制冷主要应用的技术有风量智能调节技术（温度控制或静压控制）、变容量压缩机技术、智能控制系统等。采用动态智能制冷技术就是为了区别对待数据中心机房不同设备的冷却需要，动态智能制冷技术通过建置多个传感器群组的感应器来监控温度，根据散热需求有针对性地动态供应冷却气流，其风量大小可以根据需要随时调节，从而达到节能目的。

冷源利用率的提升也是提高数据中心冷却效率的另外一个重要途径，并被业界所重视。在气流组织优化方面，从最初的大空间自然送风方式，逐渐升级到如地板送风、风道送风等一些粗放型的有组织送风方式，再到当前的机柜送风或者封闭通道冷却方式的运行，甚至有了更前沿的针对机柜、芯片、散热元件的定点冷却方式的应用。

（4）高密度制冷。

随着数据中心单位用电量不断增加，机房的发热量越来越高，而高功率密度机架服务器、刀片服务器等高密度设备的应用，造成机房的单个机柜功率不断提高，单位面积热量急剧上升，因此一些高密度的机房问题逐渐涌现出来。

经过大量的实验验证发现，当单个机柜（服务器）的热负荷过高时，如果还是采用传统方式的机房专用空调来解决，就会造成以下问题：机房环境温度控制得不理想，会有局部“热点”存在；由于设备需要通过大量的循环风来带走如此多的热量，采用传统的机房暖通系统会占用大量的机房空间；上送风机组需要采用风管的截面积尺寸非常巨大，下送风机组的架空地板的高度需要提高很多，会造成很多已经运行的机房将无法继续使用。

因此，机房暖通系统也必须做出相应的改进。高密度制冷系统在解决机房内局部过热方面，成为暖通系统的重要组成部分。目前，在高密度制冷方面，应用较成熟的技术主要有封闭冷热通道、列间制冷，而背板冷却、芯片冷却等新技术则是未来发展的方向。

2．常用设备

现在大型数据中心暖通系统的常用设备包括制冷机组、冷却塔、蓄冷罐、板换、水泵、精密空调、新风机、通风机、除湿加湿设备。

1）离心式冷水机组

目前大型数据中心的冷水机组的压缩机通常采用离心式压缩机。离心式冷水机组包括四个主要组成部分：离心式制冷压缩机、蒸发器、冷凝器、主电动机。

离心式制冷压缩机一般由电动机通过齿轮增速带动转子旋转。自蒸发器出来的制冷剂蒸气经吸气室进入叶轮。叶轮高速旋转，叶轮上的叶片驱动气体运动，并产生一定的离心力，将气体自叶轮中心向外周抛出。气体经过这一运动，速度增大，压力得以提高。显然，这是作用在叶轮上的机械能转化的结果。气体离开叶轮进入扩压器，由于扩压器通道面积逐渐增大，又使气体减速而增压，将其动能转变为压力能。为了使制冷剂蒸气继续提高压力，可利用弯道和回流器再将气体引入下一级叶轮，并重复上述压缩过程。被压缩的制冷蒸气从最后一级扩压器流出后，又由蜗室将其汇集起来，通过排气管道输送至冷凝器，这样就完成了对制冷剂蒸气的压缩。往复循环，从而实现了机组制冷制热的效果。

2）冷却塔

冷却塔是水冷冷水机组系统的重要组件，是一种塔状设备，负责冷却数据中心并把废弃的热量排放到大气中。冷却塔使用冷却水或者仅仅使用空气消耗数据中心废弃的热量。

根据空气与水的流向，可以将冷却塔分为横流塔和逆流塔。根据空气是否与冷却水系统直接接触，可以将冷却塔分为开式和闭式两种。

冷却塔的基本工作原理较容易理解。通风的空气从正确的角度吹向滴下来的水，当空气通过这些水滴的时候，一部分水就蒸发了，由于蒸发水滴的热量降低了水的温度，剩余的水就被冷却了。这种方法的冷却效果依赖于空气的相对湿度及压力。

3）板换

板换是由一系列具有一定波纹形状的金属片叠装而成的一种新型高效换热器。各种板片之间形成薄矩形通道，通过板片进行热量交换。板换是液-液、液-汽进行热交换的理想设备，具有换热效率高、热损失小、结构紧凑轻巧、占地面积小、安装清洗方便、应用广泛、使用寿命长等特点。在相同压力损失的情况下，其传热系数比列管式换热器高 3～5 倍，占地面积为管式换热器的 1/3，热回收率高达 90%以上。

4）水泵

数据中心的常见水泵类型包括给水泵、消防水泵、冷冻水一次泵、冷冻水二次泵、冷却水泵、冷冻水补水泵、冷却水补水泵、排污泵等。

5）精密空调

数据中心机房的精密空调系统按类型来分，主要有风冷型精密空调与水冷型精密空调。

风冷型精密空调：从房间中吸取的热量通过冷凝器传递到室外空气中。

水冷型精密空调：从房间中吸取的热量通过内置水冷冷凝器传输到制冷剂中。冷却水需要供水管道、冷却塔或者水井供应。

精密空调系统按精密空调的部署方式来分，主要有房间级精密空调、行级空调和顶置冷却单元，主要是送风方式的不同。

房间级精密空调：主要采用上送风、下送风等方式，下送风往静电地板下送风，一般需要专门送风管道，而上送风则是平行送风，有一定的距离限制，若机房过大，则容易散热不均，影响制冷效果。

行级空调：也称列间空调，主要应用于高热密度数据中心、机房局部热点区域，以及低 PUE 值要求的机房等，可以有效保障机房服务器机柜均温，解决局部过热等问题，从而确保机房服务器机柜运行的可靠性及降低能耗。行级空调采用紧贴热源设计，缩短了气流路径，可以直接处理机房服务器机柜产生的热量，防止了冷热风交汇，并可以做到对机房热源的实时监测，从而精确调节送风量和制冷量，实现更有针对性的制冷，有效解决局部过热和高密度热量。

顶置冷却单元：与行级空调系统制冷循环很相似，但顶置冷却单元仅由表冷盘管、水路调节装置、温湿度传感器等组成，设备本身不再配置风机，表冷盘管设置于机柜顶部。IT 机柜风扇将排出的热空气聚集到封闭的热通道内，通过热压的作用，热空气自然上升，经过机柜顶部的顶置冷却单元表冷盘管降温后，因热压作用开始下降，再由 IT 机柜风扇吸进 IT 设备降温，实现垂直方向的空气循环。顶置冷却单元因其本身就没有配置风扇，热压作用维持了空气的自然流动循环，使得空调末端设备的能耗消耗降低至 0。

从房间级精密空调到行级空调，再到顶置冷却单元，不难发现，空调末端越来越向热源靠近，目的就是减少冷却媒质输送的能耗，以输送低温冷冻水替代输送冷空气，提高冷却效率。目前服务器级的液冷冷却方案已经开始应用于数据中心，这种方案利用冷却介质的相变就可以实现服务器的冷却，由于减少了介质转换温差，冷源侧可以减少机械制冷或者不使用机械制冷，这将大大降低制冷系统能耗。

4.3.1.3　智能化系统

1．系统介绍

1）智能化系统对数据中心的作用

一直以来，智能化系统是智能建筑的一个重要组成部分。它是以建筑物为平台，基于对各类电子信息技术的综合应用，集软件技术、硬件技术、通信技术为一体，具有采集、传输、存储、分析、判断、执行、人机交互和可视化等功能的综合系统。智能化系统以建筑物的运营、安全和管理为目标，为建筑物提供安全、高效、便利和可持续发展的功能。

数据中心有着区别于其他建筑物的特殊性。在数据中心内运行的是成百上千台的交换机、服务器和存储设备，这些设备的运行状态决定着 IT 系统的稳定性，一旦宕机将会造成不同程度的经济损失和社会秩序混乱。

在数据中心的智能化系统的规划、设计和应用中，同样是以数据中心的运营、安全和管理为目标。智能化系统可以为数据中心内的各类机电系统和设备提供自动化的监控管理，为数据中心物理安全防范提供有效的防护，减少来自内部和外部的威胁，提高数据中心的安全等级和安防等级，并为数据中心的运营和决策带来帮助。

因此，数据中心智能化系统首先应本着防范潜在威胁的目的进行设计。监测供配电系统、暖通系统、消防系统等基础设施的运行情况。另外，数据中心智能化系统还需要提升空间和能源的使用效率，降低能耗，增加自动化程度，减少人力成本。通过监测到的供电和制冷等数据，智能化系统可以分析数据中心的 PUE 值等关键耗能指标，并实时查看 IT 设备和基础设施的能耗情况，根据设备的运行需要进行调整，比如利用自动控制、设备轮询、自动休眠、智能送风等方法来节约能耗。

2）智能化系统的组成

《数据中心设计规范》（GB 50174—2017）中规定：数据中心智能化系统设计内容一般包括环境和设备监控系统、网络与布线系统、电话交换系统、小型移动蜂窝电话系统、火灾自动报警及消防联动控制系统、背景音乐及紧急广播系统、视频安防监控系统、入侵报警系统、出入口控制系统、停车库管理系统、电子巡更管理系统、电梯管理系统、周界防范系统、有线电视系统、卫星通信系统、大屏幕显示系统、扩声系统、中控系统、KVM 系统、资产管理系统、数据中心气流与热场管理系统等，各数据中心可根据实际需求，确定实际采用的子系统。

不同的数据中心有不同的基础条件和应用方式。数据中心的智能化系统应根据具体需求进行规划和设计，主要内容是监控各类机电设备运行，具备监测和分析能耗的功能，并与公共安全系统相关联，实现对数据中心遥测、遥信、遥控、遥调的管理功能，满足数据中心运维管理需要。数据中心智能化系统主要由前端采集设备、执行机构、传输网络、数据处理设备、数据存储设备、系统软件、显示设备、告警设备及其集成的子系统共同组成。

数据中心智能化平台是一个数据采集、加工处理、统计分析的数据管理平台。它需要对数据中心内的供配电系统、UPS 电源系统、防雷接地系统、暖通系统、通风系统、消防系统、安防系统等设备的运行状态，数据中心内的环境温湿度、洁净度、能源使用情况等进行实时监控和记录，利用采集到的数据，反映数据中心的运行状态，为运维人员发现问题、解决问题提供依据，为数据中心的安全运行提供保障。

对大型数据中心来说，为了建立完善的基础设施监控系统，通常会组成展示层、基础设施管理平台、监控子系统和底端采集四层结构，如图 4-12 所示。

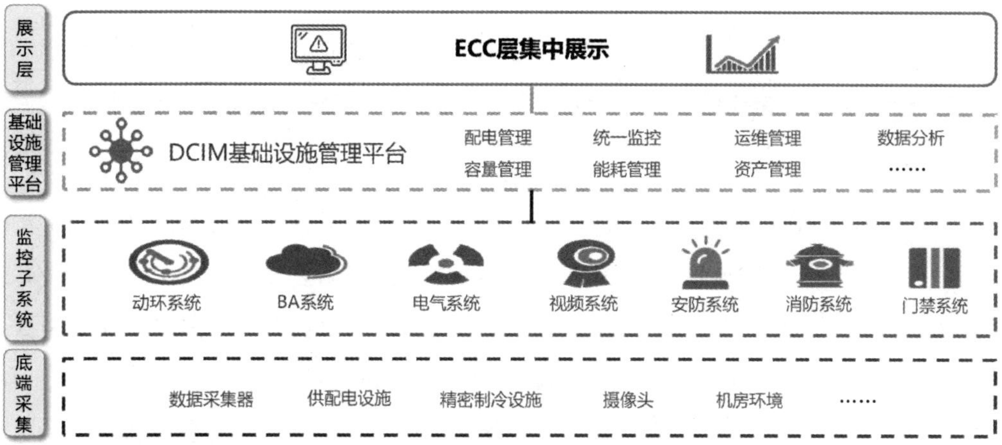

图 4-12　数据中心基础设施管理系统逻辑架构

- 底端采集：通过主要设备设施自带的信号采集功能，以及另外部署的数据采集设备，实现对数据中心基础设施运行状态和运行环境的最直接监控。
- 监控子系统：一般包含楼宇自动化控制（BA）系统、动力环境（动环）监控系统、安全防范（SPS）系统、消防（FPS）系统和其他设备或监控系统。
- 基础设施管理平台：DCIM 旨在实现对 BA、动环、安防、消防系统和其他设备或监控系统进行集成，实现数据中心基础设施不同专业的分散集中监控、集中维护、集中管理、及时预警、智能报警，并通过数据的分析和聚合，最大化地提升数据中心的运营效率，提高其可靠性。
- 展示层：进行基础设施的集中展示和综合信息指挥管理。

2．典型系统

数据中心典型的智能化系统包括数据中心的动力环境监控系统、楼宇自动化控制系统、数据中心基础设施管理（DCIM）系统。

1）动力环境监控系统

动力环境监控系统的监控范围主要包括开关柜、行间配电、不间断电源、高压直流输电机组、蓄电池、备用发电机、空调机、温湿度、漏水告警等。动环监控系统由前端的数据采集层、后端的管理层及联系前后两端的交互层组成，实现数据中心设备监控、事件告警、能耗的实时展示功能，以及数据、日志、双机热备等管理功能。

2）楼宇自动化控制系统

楼宇自动化控制系统的监控范围主要是与水冷（风冷）冷机空调系统相关的设备，数据中心全域照明、电梯、新风机、抽排水泵等民用电气设备的自动控制。小型数据中心通常不使用冷冻水机组空调，没有冷冻站及其配套设备，其民用电气设备自动控制的监控可由动环监控系统完成。因此，只有在规模较大的数据中心和大型数据中心园区，楼宇自动化控制系统才是基础设计监控系统的组成部分。

3）数据中心基础设施管理系统

数据中心基础设施管理系统以整合、互联、共享、互控为核心，将数据中心 IT 基础设施和场地基础设施所有关联系统的信息与管理进行整合，通过三维可视化，二维可视化，监控仪表，数据分析与统计报告、报表等多种展现形式，进行数据的抽取与呈现，提高工作效率和业务决策的准确度。DCIM 是近年来逐步发展、普及、应用起来的数据中心基础设施监控管理平台与工具。

3．常用设备

1）现场控制器

DDC（Direct Digital Control）通常称为 DDC 控制器，是以微处理器为基础的可编程直接数字控制器，接收传感器等现场仪表及开关输出的信号并进行数字运算，逻辑分析判断后自动输出控制信号，控制执行机构动作。DDC 是整个控制系统的核心，具有 AI、AO、DI、DO 四种输入/输出接口，可方便灵活地与现场的传感器、执行器直接连接，对各种物理量进行测量。

- AI：模拟量输入接口，可用作仪表检测输入，如温度、压力、流量等，一般为 0～5V、0～10V 或 4～20mA 的直流信号。
- AO：模拟量输出接口，用于操作控制阀、执行机构等，如电动阀、三通阀、风阀执行器等，不需要外部电源，可输出 4～20mA 或 0～10V 的直流信号。
- DI：数字量输入接口，即液位开关、触点、限位开关的闭合与断开，一般用于检测设备状态、报警接点、脉冲计数等。

☞ DO：数字量输出接口，用于控制风机、水泵等的运行。

2）传感器和执行器

传感器是指装设在受控设备现场的各种敏感元件、变送器、触点和限位开关，用来检测现场设备的各种参数（如温度、湿度、压差、液位等）。

执行器是指装设在受控设备现场，接收 DDC 输出指令信号，并调节控制现场运行设备的机构，如电动阀、调节阀等。

由于传感器和执行器需要定期校正，而且其性能参数对自控策略的执行和运行能耗有直接影响，因此在运行和维护中应定期检查以满足其运行要求。随着使用时间（冬、夏和过渡季）和使用人员等情况的变化，必要时需对控制程序中的参数进行优化调整，对于节省运行能耗和延长设备使用寿命等有重要的作用。

4.3.1.4　消防系统

数据中心是信息系统运行的核心，数据中心基础设施及其支撑的 IT 设备不但对火灾的预防要求高，还要求灭火后所产生的破坏最小化。数据中心消防系统除了要保障人员的安全，还要保证 IT 设备及核心数据的最小损失。如何及早发现火灾隐患并选择适用、有效的灭火方式是数据中心消防系统建设的关键，因此数据中心消防系统与民用建筑采用的消防系统有一定的差异，其建设造价也要高于普通民用建筑。

1．系统介绍

数据中心的消防系统主要包括火灾自动报警系统、消防灭火系统、防排烟系统、人员安全疏散系统等。

1）火灾自动报警系统

火灾自动报警系统是探测火灾早期特征，发出火灾报警信号，为人员疏散、防止火灾蔓延和启动相关消防设备提供控制与指示的消防系统。火灾自动报警系统由触发器件、火灾报警控制器、火灾报警装置、消防控制设备、消防应急广播及消防电话等装置组成。

数据中心设置火灾自动报警系统，要符合《数据中心设计规范》和《火灾自动报警系统设计规范》的有关规定。由于数据中心的空调系统需要快速地排出机房内的热量，吹散火灾初期烟雾、过滤烟雾的颗粒，所以，如何及早发现火灾是数据中心消防系统的关键，应格外注意对探测器敏感性的关注。

2）消防灭火系统

数据中心机房灭火系统的选择应遵照有效性、安全性和经济性统一的原则。有效性体现在能将火灾及时地扑灭，而不是提倡控制火灾。安全性要求灭火系统应最大限度地减少对被保护数据中心的损害，包括对 IT 设备产生的腐蚀破坏及短路破坏，同时尽量避免灭火系统对被保护人员和周边环境的伤害。

数据中心建筑由于不同功能区的机房安全等级不同，其防护要求也不尽相同。合理设计数据中心的灭火系统，有效控制火灾规模，并及时扑灭火灾是消防设计中的重点。针对不同的防护区采取不同的灭火系统至关重要。灭火系统包括自动灭火系统、消火栓系统和灭火器，其中数据中心常用的自动灭火系统有预作用式自动喷淋灭火系统、IG541 气体灭火系统、七氟丙烷气体灭火系统、细水雾灭火系统。

3）防排烟系统

防排烟系统包括防烟和排烟两个系统，其主要目的是控制火灾烟气的蔓延，为人员安全疏散和灭火救援提供相对安全的室内环境。按防排烟形式划分，防排烟系统可分为机械防烟系统、自然防烟系统、机械排烟系统、自然排烟系统。防烟系统一般用于疏散楼梯间，排烟系统一般用于可燃物较多或人员较多的场所。设置了气体灭火系统的场所，不应设置排烟系统，而应设置排风系统。

4）人员安全疏散系统

人员安全疏散系统包括疏散路径、应急照明与疏散指示标志、消防应急广播三部分。除此之外，人员的安全疏散还与火灾自动报警系统、防排烟系统密切相关。

2．常用设备

消防系统的组成部件有很多，下面简要介绍核心的部件。

1）气体灭火控制器

气体灭火控制器用于接收火灾探测器的火警信号、发出声光报警、启动联动设备、发出释放灭火剂的启动信号、接收喷洒反馈信号并亮起喷放指示灯等，具有火灾报警、消声、复位、紧急启动、手动/自动转换、故障报警、主备电源自动切换等功能，如图 4-13 所示。在工程应用上，气体灭火控制系统与火灾自动报警系统是两个互相独立的系统。气体灭火控制器把防护区的动作信号发送到消防控制中心，这些信号包括火灾信息捕获、灭火动作、手动/自动转换、系统故障等。防护区内需要联动的开口封闭装置、通风机械、防火阀等可由火灾自动报警系统或气体灭火控制器控制，这些消防联动控制设备的动作状态应在消防控制中心显示。

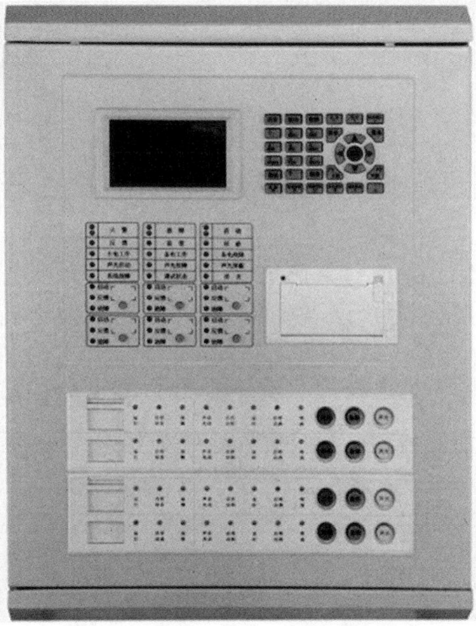

图 4-13　气体灭火控制器

2）灭火钢瓶与集流管

灭火钢瓶（见图 4-14）是气体灭火系统中用于储存气体灭火剂的装置，常用容量有 70L、80L、90L 和 100L。在安装时，要求在钢瓶正面标明设计规定的灭火剂名称和钢瓶编号，瓶头阀上的压力表面向操作面安装。集流管是气体灭火系统中用于汇集来自灭火钢瓶组的灭火剂的装置，是钢瓶与钢瓶之间连接的主要部件。

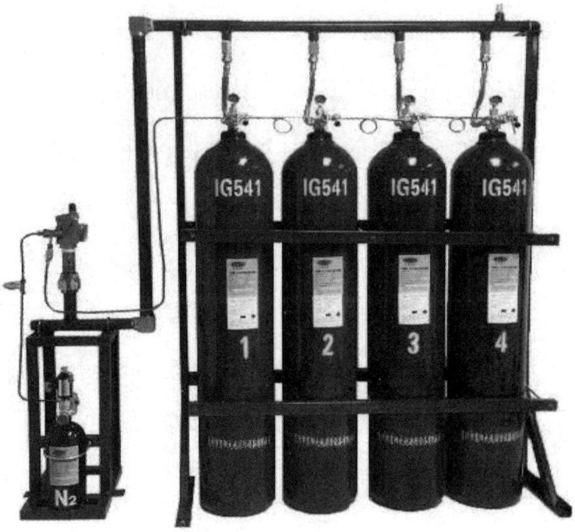

图 4-14　灭火钢瓶

4.3.2　网络子系统

网络子系统是数据中心的重要组成部分，是连接数据中心大规模服务器进行大型分布式计算的桥梁。近年来，随着虚拟化技术的广泛运用和云计算等新兴应用模式的发展，数据中心网络得到了迅速发展。一个现代数据中心通常可达上万乃至上百万台服务器的规模，为了适应数据中心网络发展的新要求，许多新型的网络结构相继涌现，如采用虚拟化技术，提供多路径连接及多用户共享使用网络资源等。

4.3.2.1　网络的规划和设计

数据中心网络系统应根据用户需求进行规划和设计，包括业务发展战略对数据中心的网络容量、性能和功能的需求，应用系统、服务器、存储等设备对网络通信的需求，同时结合网络系统新技术、新标准、新模型等。

1．常见网络系统架构

数据中心常见网络系统架构有三层网络架构和二层网络架构：三层网络架构包括核心层、汇聚层和接入层；二层网络架构也称矩阵架构，这种架构可为任意两个节点交换机提供低延迟和高宽带的通信，可以配合高扩展性的模块化子集设计。根据数据中心的用户行业特点，互联网数据中心对灵活性、可扩展性要求比较高，金融数据中心追求高可靠性、安全性，所以互联网数据中心更多地采用云计算扁平化大二层网络架构，金融数据中心更倾向于采用传统三层的改进型网络架构，如采用双活模式的数据中心网络架构。图 4-15 和图 4-16 分别是国标图集 18DX009《数据中心工程设计与安装》三层网络架构图和矩阵网络架构图。

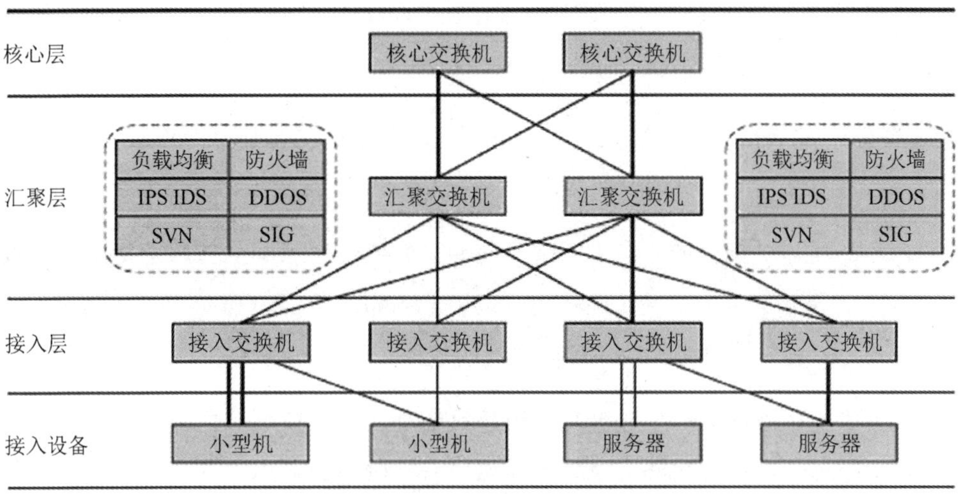

图 4-15　三层网络架构图

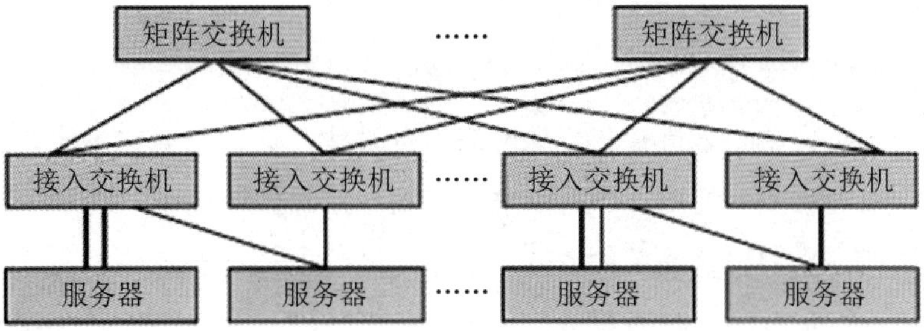

图 4-16　矩阵网络架构图

2．网络架构设计原则

为保证数据中心网络的高可用、易扩展、易管理，在进行数据中心网络架构设计的同时，应遵循结构化、模块化和扁平化的设计原则。

1）结构化

结构化的网络设计是把整个网络的层次结构化，使整个网络结构的层次清晰明了。在数据中心，一般规划为两层或三层的结构化网络。结构化的网络设计便于上层协议的部署和网络的管理，提高网络的收敛速度，实现网络的高可靠性。数据中心网络结构化的设计体现在适当的冗余性和网络的对称性两个方面。引入冗余可以消除设备和链路的单点故障，但是过度的冗余同样会使网络过于复杂，不便于运行和维护，因此采用双节点、双归属的架构设计网络结构的对称性，可以使得网络设备的配置简化、拓扑直观，有助于协议设计分析。

2）模块化

构建数据中心基础网络采用模块化的设计方法，将数据中心内部按照业务系统的不同划分为不同的功能区域，用于实现不同的功能或部署不同的应用，使得整个数据中心的架构具备可伸缩性、灵活性和高可用性。例如，数据中心中的某个服务器将会根据服务器上部署的应用或者用户访问特性的功能不同，部署在不同的区域中。

在进行模块化设计时，尽量做到各模块之间松耦合，这样可以很好地保证数据中心的业务扩展性，在扩展新的业务系统或模块时不需要对核心或其他模块进行改动。同时模块化设计也可以很好地分散风险，在某个模块（除核心区外）出现故障时不会影响其他模块，将数据中心的故障影响降到最小。

采用模块化的架构方法可以在数据中心清晰地区分不同的功能区域，并针对不同功能区域的安全防护要求来进行相应的网络安全设计。这样的架构设计具有很好的伸缩性，根据未来业务发展的需要，可以非常容易地增加新的区域，而不需要对整个架构进行大的修改，具备更好的可扩展性。每个区域的安全功能都是根据其特性进行定义的，因此可以在不影响其他应用或者整个区域的情况下单独进行安全部署，在一次性建设投资或分阶段建设的情况下，很好地进行网络安全的部署。

按照模块化的设计原则，需要对业务系统进行分区，分区优先考虑访问控制的安全性，单个应用访问尽量在一个区域内部完成，单个区域故障仅影响一类应用，尽量减少区域间的业务耦合度。

3）扁平化

传统的数据中心网络通常采用三层架构进行组网，三层架构可以保证网络具备很好的扩展性。传统三层架构一般采用核心层、汇聚层、接入层三层架构。接入层和汇聚层一般部署动态路由和 VRRP+MSTP 结构来保证网络的可靠性、可用性。但三层架构网络设备较多，不便于网络管理，运维工作量大，同时组网成本相对较高，协议部署和网络管理比较麻烦，不利于工作的开展，更不能够把网络设备的使用率提到最高。

随着网络交换技术的不断发展，交换机的端口接入密度也越来越高，网络设备虚拟化发展愈加成熟，二层组网的扩展性和密度已经能基本满足数据中心服务器接入的要求，同时在服务器虚拟化技术应用越来越广泛的趋势下，二层架构更容易实现 VLAN（Virtual Local Area Network，虚拟局域网）的大二层互通，满足虚拟机的部署和迁移。

3．数据中心之间的互联方式

网络三层互联也称数据中心前端网络互联，所谓“前端网络”是指数据中心面向企业园区网或企业广域网的出口。不同数据中心（主中心、灾备中心）的前端网络通过 IP 技术实现互联，园区或分支的客户端通过前端网络访问各数据中心。当主数据中心发生灾难时，前端网络将实现快速收敛，客户端通过访问灾备中心以保障业务的连续性。

网络二层互联也称数据中心服务器网络互联。在不同的数据中心服务器网络接入层，构建一个跨数据中心的大二层网络，以满足服务器集群或虚拟机动态迁移等场景对二层网络接入的需求。

4.3.2.2　网络核心设备

交换机是数据中心网络的重要组成设备。整个数据中心网络，除了网络出口要放置路由器，内部网络几乎都要部署交换机设备，所以数据中心对交换机的采购量很大。通过交换机可以实现所有服务器的互联、互访，也可以实现内外部网络的互访。数据中心交换机具有端口密度高、带宽容量大、转发效率高等特点。这些年来，随着数据中心的应用越来越复杂，交换机的功能特点也在不断更新变化。不同类型的交换机有其独特的特征，如果使用得当，能更好地优化整个网络。

1．三层网络交换机

传统三层企业网络交换机主要分为三个基本类别：核心交换机、汇聚交换机和接入交换机。

1）核心交换机

核心交换机的主要任务是三层的路径选择及二层的数据转换。核心交换机是高通量、高性能包和帧的搬运工。

2）汇聚交换机

汇聚交换机端口密度高于核心交换机。汇聚层是企业网络的主力，负责处理一套新的数据转换需求。汇聚交换机必须有足够的CPU速度和内存来高速执行所有的任务。

3）接入交换机

接入交换机是唯一能够直接与最终用户交互的设备，因此接入交换机通常是所有交换机类型中端口密度最高的。接入交换机为终端设备提供了许多特别的功能。此外，从安全角度来看，接入交换机能够更好地与终端交互。

2．数据中心级交换机

随着存储区域网络和虚拟化的持续发展，数据中心服务器架构发生了变化，随之出现了新一代高性能交换机，暂称之为数据中心级交换机（见图4-17），目前主要被大型企业和虚拟化云提供商所使用。

数据中心级交换机提供应用系统所需的物理端口容量和吞吐量，用以处理南北和东西流量。它允许使用标准局域网、以太网协议和存储区域网络（SAN）协议，如 FCoE。数据中心级交换机具备更广泛的高可用性，软、硬件中的内置容错系统可保证关键应用程序的正常运行时间。数据中心级交换机具备更好的部署灵活性。分布式数据中心级交换机的所有组件能够进行统一界面管理，具备更优的易用性。

那么，数据中心级交换机能给企业带来效益的应用场景有哪些呢?

图 4-17　数据中心级交换机

☐ 场景一：与日俱增的虚拟化。

标准局域网交换机在处理现代虚拟化数据中心所需要的端口速度方面变得吃力。通常，高容量的以太网端口是必要的，数据中心级交换机填补了这一需求。虚拟化减少了数据中心中单个端口容量需求，同时增加了吞吐量需求。如果需要统一、高通量的接口来连接刀片服务器，一个强大的数据中心级交换机将发挥作用，因其提供了现下刀片服务器和存储阵列所需要的最高密度的高带宽。

☐ 场景二：合并局域网络和存储区域网络。

长期以来，存储区域网络和局域网络是相互独立的，网络管理员不得不管理两个单独的网络基础设施，这让管理成本翻了一倍。数据中心桥接（DCB）的出现给出了一个更好的解决办法：经授权的 DCB 数据中心将独立的局域网络和存储区域网络合并成一个混合网络，借用数据中心级交换机合二为一后，局域网和存储区域网络所需的物理开支将大幅减少，同样降低的还有运营支出。

☐ 场景三：日益增加的数据中心东西向流量。

东西向流量的陡然增加让很多网络管理员措手不及。随着虚拟化和大数据的不断发展，东西向流量的增加也将持续下去。处理这种巨大的信息传输，企业网络基础设施可能就需要数据中心级交换机了，只有高容量和多功能的数据中心级交换机可以提供一个基架来处理大规模增加的东西向流量。

⬀ 场景四：数据中心网络交换机的集中管理。

管理多个网络交换机对大型数据中心来说是一个艰巨的任务。一台新型数据中心级交换机可以部署在物理架顶式设计中，其中每个独立架中都部署了小型1U交换机，并通过高速上行链路返回至一台聚合交换机。这些较小、分布式的架顶式交换机只是上游数据中心聚合交换机的延展，由聚合交换机进行集中化管理。

4.3.2.3 网络虚拟化

随着网络新技术的发展和数据中心业务规模的扩大，网络虚拟化在数据中心已经被广泛应用开来，目前比较成熟的网络虚拟化可以分为网络设备虚拟化、网络链路虚拟化和虚拟网络。

1．网络设备虚拟化

网络设备虚拟化（Network Device Virualization）是指将物理上独立的多台设备整合成一台单一逻辑上的虚拟设备，或者将一台设备虚拟化成多台逻辑上独立的虚拟设备，前者是多虚一技术，后者是一虚多技术。通过将多台设备虚拟化成单台网络设备，可以使设备可用的端口数量、转发能力、性能规格都倍增。同时实现了网络设备的简易管理，提高了运营效率，在管理维护时只需要登录虚拟化设备，就可以直接管理虚拟化为一体的所有设备，简化了网络管理。当部署一虚多技术时，可以将设备的网络功能在物理上分离为几个独立的单元，以供不同的用户使用。不同用户的不同业务虽然都由这一台设备完成，但是网络之间是完全隔离的，业务完全不能互访，保证了用户数据的安全。网络设备虚拟化技术在数据中心已经开始被广泛应用，逐渐成为数据中心网络的标准配置，替代了传统网络中两个主设备的备份业务设计，大大提升了设备的利用率，虚拟化的设备同时运行，可以最大限度地提供网络服务，同时提高了网络运行的可靠性。网络设备虚拟化主要分为网卡虚拟化和硬件设备虚拟化。

（1）网卡虚拟化。网卡虚拟化包括软件网卡虚拟化和硬件网卡虚拟化。软件网卡虚拟化主要通过软件控制各个虚拟机共享同一块物理网卡实现。硬件网卡虚拟化主要用到的技术是单根 I/O 虚拟化。

（2）硬件设备虚拟化。硬件设备虚拟化主要有两个方向：在传统的基于 x86 架构机器上安装特定操作系统，实现路由器的功能，以及传统网络设备硬件虚拟化。

2．网络链路虚拟化

链路虚拟化是日常使用最多的网络虚拟化技术之一，常见的技术有链路聚合和隧道协议。

1）链路聚合（Port Channel）

链路聚合是最常见的二层虚拟化技术。链路聚合将多个物理端口捆绑在一起，虚拟成为一个逻辑端口。当交换机检测到其中一个物理端口链路发生故障时，就停止在此端口上发送报文，根据负载分担策略在余下的物理链路中选择发送报文的端口。链路聚合可以增加链路带宽，实现链路层的高可用性。

2）隧道协议（Tunneling Protocol）

隧道协议指一种技术/协议的两个或多个子网穿过另一种技术/协议的网络实现互联。使用隧道传递的数据可以是不同协议的数据帧或包。隧道协议将其他协议的数据帧或包重新封装后通过隧道发送。新的帧头提供路由信息，以便通过网络传递被封装的负载数据。隧道可以将数据流强制送到特定的地址，并隐藏中间节点的网络地址，还可根据需要，提供对数据加密的功能。一些典型的使用到隧道的协议包括 Generic Routing Encapsulation（GRE）和 Internet Protocol Security（IPSec）。

3．虚拟网络

虚拟网络是由虚拟链路组成的网络。虚拟网络节点之间的连接并不使用物理线缆连接，而是依靠特定的虚拟化链路相连。典型的虚拟网络包括 VPN 网络和在数据中心中使用较多的虚拟二层延伸网络。

1）虚拟专用网（VPN）

VPN 是一种常用于连接中、大型企业或团体与团体间的私人网络的通信方法。虚拟专用网通过公用的网络架构（如互联网）来传送内联网的信息。利用已加密的隧道协议来达到保密、终端认证、信息准确性等安全效果。这种技术可以在不安全的网络上传送可靠、安全的信息。需要注意的是，信息加密与否是可以控制的，没有加密的信息依然有被窃取的危险。

2）虚拟二层延伸网络（Virtual L2 Extended Network）

虚拟化从根本上改变了数据中心网络架构的需求。虚拟化引入了虚拟机动态迁移技术，要求网络支持大范围的二层域。一般情况下，多数据中心之间的连接是通过三层路由连通的，而要实现通过三层网络连接的两个二层网络互通，就要使用到虚拟二层延伸网络。

传统的 VPLS（MPLS L2VPN）技术，以及新兴的 Cisco OTV、H3C EVI 技术，都是借助隧道的方式，将二层数据报文封装在三层报文中，跨越中间的三层网络，实现两地二层数据的互通。也有虚拟化软件厂商提出了软件的虚拟二层延伸网络解决方案，如 VXLAN、NVGRE，在虚拟化层的 vSwitch（虚拟交换机）中将二层数据封装在 UDP、GRE 报文中，在物理网络拓扑上构建一层虚拟化网络层，从而摆脱对底层网络的限制。

4.3.3 计算子系统

计算子系统是数据中心的重要组成部分，随着计算机硬件技术的快速发展及计算机体系结构的不断创新，计算机硬件系统综合处理能力不断增强。然而，计算能力的快速增长并未带来计算资源利用效率和灵活性的相应提升，反而使计算系统日趋复杂，软件支撑环境类型多、版本多、管理配置困难，这给数据中心计算技术的发展带来了巨大挑战。所以需要有效地组织现有的、不断发展的计算设施及资源，在快速发展的硬件系统、多种类型和版本的软件环境及多样化的应用需求之间寻找新的平衡点，探索新型计算架构是数据中心计算技术发展的重点。本部分从云计算和高性能计算两个方面讨论数据中心计算子系统的架构，并对作为数据中心主要计算载体的服务器进行介绍，最后介绍计算虚拟化相关技术。

4.3.3.1　计算架构

当前物理 CPU 正遵循摩尔定律稳定地高速发展，然而人类对计算能力的要求更高，一方面要求应用对计算能力的要求超过摩尔定律的速度，另一方面要求提高计算能力的使用效率，这都离不开软件的协助，离不开不断发展的计算架构。云计算和高性能计算作为主流计算架构，代表着两个不同的发展方向，其中，云计算将计算分布于大量廉价的不同计算机之上，而高性能计算则将多台计算机整合成一台逻辑上的高性能虚拟计算机来使用。

1. 云计算

云计算近些年来呈现迅速发展的趋势，极大地改变了 IT 服务的交付方式，使客户可以按需、自助地使用 IT 资源。那么，在企业环境下，云计算到底是什么？简单地说，云计算是一种 IT 交付模式，通过一种自助服务式、按使用量付费的访问模式，把大规模、共享的基础架构和计算资源作为一种服务来提供。

从架构上讲，目前大家比较公认的云架构划分为基础设施层、平台层和软件服务层三个层次（见图 4-18），对应名称分别为 IaaS、PaaS 和 SaaS。

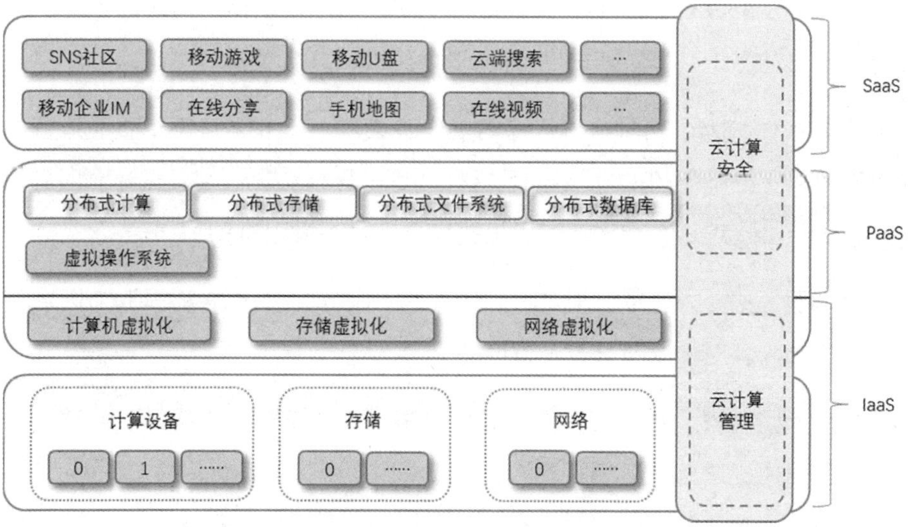

图 4-18　云计算架构示意图

IaaS（Infrastructure as a Service，基础设施即服务）主要包括计算机服务器、通信设备、存储设备等，能够按需向用户提供计算能力、存储能力或网络能力等 IT 基础设施类服务，也就是能在基础设施层面提供的服务。IaaS 能够得到成熟应用的核心在于虚拟化技术，通过虚拟化技术可以将形形色色的计算设备统一虚拟化为虚拟资源池中的计算资源，将存储设备统一虚拟化为虚拟资源池中的存储资源，将网络设备统一虚拟化为虚拟资源池中的网络资源。当用户订购这些资源时，数据中心管理者直接将订购的份额打包提供给用户，从而实现 IaaS。

如果以传统计算机架构中“硬件+操作系统/开发工具+应用软件”的观点来看待，那么云计算的平台层应该提供类似操作系统和开发工具的功能。实际上也的确如此，PaaS（Platform as a Service，平台即服务）是通过互联网为用户提供一整套开发、运行和运营应用软件的支撑平台。

简单地说，SaaS（Software as a Service，软件即服务）就是一种通过互联网提供软件服务的软件应用模式。在这种模式下，用户不需要再花费大量投资用于硬件、软件和开发团队的建设，只需要支付一定的租赁费用，就可以通过互联网享受到相应的服务，而且整个系统的维护也由厂商负责。

从技术上讲，云计算具有以下几个主要特点：

（1）基础架构共享。如今的企业数据中心需要满足众多用户对资源不断变化的需求，云计算能够动态地共享企业 IT 资源，以便经济、高效地满足需求。

（2）可扩展性。为了应对与日俱增的工作负载需求，并支持整个企业运营，云计算必须具有可以大幅扩展的 IT 资源的灵活性。可扩展性和灵活性让云计算服务提供商可以兑现或者至少接近这个承诺，可以根据需要交付不受限制的 IT 服务。

（3）自助服务式。云计算让用户可以通过基于服务的解决方案访问 IT 资源。IT 资源及创建的详细内容对于用户来说是透明的。

（4）按使用量付费。由于云计算资源可以根据工作负载的需求添加或移除，用户只要为实际使用的资源付费。当服务需求降低后，甚至无须付费。

2．高性能计算

高性能计算（High Performance Computing，HPC）通常是指使用很多处理器（作为单个机器的一部分）或者某一集群中组织的几台计算机（作为单个计算资源操作）

的计算系统和环境。高性能集群上运行的应用程序一般使用并行算法，把一个大的普通问题根据一定的规则分为许多小的子问题，在集群内的不同节点上进行计算，而这些小问题的处理结果，经过处理可合并为原问题的最终结果。由于这些小问题的计算一般是可以并行完成的，从而可以缩短问题的处理时间，通常用于解决科学、工程或商业领域的重大问题。

高性能集群在计算过程中，各节点是协同工作的，它们分别处理大问题的一部分，并在处理中根据需要进行数据交换，各节点的处理结果都是最终结果的一部分。高性能集群的处理能力与集群的规模成正比，是集群内各节点处理能力之和，但这种集群一般没有高可用性。高性能计算的分类方法很多，从并行任务间的关系角度可以分为高吞吐计算和分布计算。

（1）高吞吐计算（High-throughput Computing）。有一类高性能计算，可以分成若干并行的子任务，而且各子任务之间没有什么关联。因为这种类型应用的一个共同特征是在海量数据中搜索某些特定模式，所以把这类计算称为高吞吐计算。所谓的 Internet 计算也属于这一类。按照 Flynn 的分类，高吞吐计算属于 SIMD（Single Instruction Multiple Data，单指令流多数据流）的范畴。

（2）分布计算（Distributed Computing）。此类计算刚好和高吞吐计算相反，它们虽然可以被分成若干并行的子任务，但是子任务间联系很紧密，需要大量数据交换。按照 Flynn 的分类，分布式的高性能计算属于 MIMD（Multiple Instruction Multiple Data，多指令流多数据流）的范畴。

4.3.3.2　服务器设备

1．服务器的基本概念

服务器指的是一种管理资源并为用户提供服务的计算机设备。从广义上来讲，服务器是指网络中能为其他机器提供某些服务的计算机系统；从狭义上来讲，服务器特指某些高性能计算机，通过网络对外提供服务。

同时，普通用户之所以不常见到服务器，是因为服务器大多在专门的机房或者数据中心托管，有严格的使用和散热规范。

2．服务器的组成

服务器系统的硬件构成与我们平常所接触的电脑有众多的相似之处，主要的硬件构成仍然包含如下几个主要部分：中央处理器、内存、芯片组、I/O 总线、I/O 设备、电源、机箱和相关软件。这也成了我们在选购一台服务器时主要关注的指标。

3．服务器的分类

1）按体系架构分类

（1）非 x86 服务器。非 x86 服务器包括大型机、小型机和 UNIX 服务器，它们是使用 RISC（精简指令集）或 EPIC（并行指令代码）处理器，并且主要采用 UNIX 和其他专用操作系统的服务器。RISC 处理器主要有 IBM 公司的 POWER 和 PowerPC 处理器，SUN 公司与富士通公司合作研发的 SPARC 处理器；EPIC 处理器主要有 Intel 公司研发的安腾处理器等。这种服务器价格昂贵、体系封闭，但是稳定性好、性能强，主要用在金融、电信等大型企业的核心系统中。

（2）x86 服务器。x86 服务器又称 CISC（复杂指令集）架构服务器，即通常所讲的 PC 服务器，它是基于 PC 机体系结构，使用 Intel 或其他兼容 x86 指令集的处理器芯片和 Windows 操作系统的服务器。价格便宜、兼容性好、稳定性较差、安全性不太高，主要用在中小企业和非关键业务中。

2）按外形分类

（1）机架式服务器。机架式服务器的外形看来不像计算机，而像交换机，有 1U（1U=1.75in=4.445cm）、2U、4U 等规格。机架式服务器安装在标准的 19in 机柜里面，这种结构的多为功能型服务器。4U 机架式服务器如图 4-19 所示。

图 4-19　4U 机架式服务器

（2）刀片式服务器。刀片式服务器（见图 4-20）指在标准高度的机架式机箱内可插装多个卡式的服务器单元，实现高可用性和高密度。每一块“刀片”实际上就是一块系统主板，它们可以通过“板载”硬盘启动自己的操作系统，如 Windows NT/2000、Linux 等，类似于一个个独立的服务器，在这种模式下，每一块母板运行自己的系统，服务于指定的不同用户群，相互之间没有关联，因此相较于机架式服务器和机柜式服务器，单片母板的性能较低。不过，管理员可以使用系统软件将这些母板集合成一个服务器集群。在集群模式下，所有的母板可以连接起来提供高速的网络环境，并同时共享资源，为相同的用户群服务。在集群中插入新的“刀片”，就可以提高整体性能。而由于每块“刀片”都是热插拔的，所以，系统可以轻松地进行替换，并且将维护时间减少到最小。

（3）塔式服务器。塔式服务器（见图 4-21）的外形及结构都与我们平时使用的立式 PC 差不多，当然，由于服务器的主板扩展性较强、插槽也较多，所以体积比普通主机大一些，因此塔式服务器的主机机箱也比标准的 ATX 机箱要大，一般都会预留足够的内部空间以便日后进行硬盘和电源的冗余扩展。由于塔式服务器的机箱比较大，服务器的配置也可以很高。

图 4-20 刀片式服务器

图 4-21 塔式服务器

（4）整机柜。在一些高档企业服务器中由于内部结构复杂，内部设备较多，有的还具有许多不同的设备单元或几个服务器都放在一个机柜中，这种服务器就是整机柜服务器（见图 4-22）。整机柜服务器通常由机架式服务器、刀片式服务器再加上其他设备组合而成，具备高性能的计算能力。对于证券、银行、邮电等重要企业，应采用具有故障自修复能力的系统，关键部件应采用冗余措施，对于关键业务使用的服务器也可以采用双机热备份高可用系统或者是高性能计算机，这样系统的可用性就可以得到很好的保证。

图 4-22　整机柜服务器

3）按应用层次分类

按应用层次来划分是依据整个服务器的综合性能，特别是所采用的一些服务器专用技术来衡量的，可将服务器分为入门级服务器、工作组级服务器、部门级服务器、企业级服务器。

（1）入门级服务器。这类服务器是最基础的一类服务器，也是最低档的服务器。随着 PC 技术的日益提高，也有部分人认为入门级服务器与 PC 服务器等同。

（2）工作组级服务器。这类服务器是一个比入门级高一个层次的服务器，但仍属于低档服务器行列。它只能连接一个工作组（50 台左右）的用户，网络规模较小，稳定性一般。

（3）部门级服务器。这类服务器属于中档服务器行列，一般都是支持双 CPU 以上的对称处理器结构，具备比较完全的硬件配置，如磁盘阵列、存储托架等。部门级服务器的最大特点就是，除了具有工作组级服务器的全部特点，还集成了大量的监测及管理电路，具有全面的服务器管理能力，可监测如温度、电压、风扇、机箱等状态参数，结合标准服务器管理软件，使管理人员及时了解服务器的工作状况。同时，大多数部门级服务器具有优良的系统扩展性，能够满足用户在业务量迅速增大时及时在线升级系统，充分保护用户的投资。它是企业网络中分散的各基层数据采集单位与最高层的数据中心保持顺利连通的必要环节，一般为中型企业的首选，也可用于金融、邮电等行业。

（4）企业级服务器。这类服务器属于高档服务器行列。企业级服务器至少采用 4 个以上 CPU 的对称处理器结构，有的高达几十个。一般还具有独立的双 PCI 通道和内存扩展板设计，具有高内存带宽、大容量热插拔硬盘和热插拔电源、超强数据处理能力和群集性能等。企业级服务器的机箱较大，一般为机柜式的，有的还由多个机柜组成，像大型机一样。企业级服务器产品除了具有部门级服务器的全部服务器特性，最大的特点就是它还具有高度的容错能力、优良的扩展性能、故障预报警功能、在线诊断和关键器件可热插拔的功能。有的企业级服务器还引入了大型计算机的许多优良特性。这类服务器所采用的芯片也都是几大服务器开发或生产厂商独立开发的独有 CPU 芯片，所采用的操作系统一般也是 UNIX（Solaris）或 Linux。

企业级服务器适合运行在需要处理大量数据、对处理速度和可靠性要求极高的金融、证券、交通、邮电、通信行业或大型企业。企业级服务器用于联网计算机在数百台以上、对处理速度和数据安全要求非常高的大型网络。企业级服务器的硬件配置最高，系统可靠性也最强。

4.3.3.3　计算虚拟化

1．计算虚拟化的概述

计算虚拟化即服务器虚拟化，就是将服务器物理资源抽象成逻辑资源，让一台服务器变成几台甚至上百台相互隔离的服务器，不再受限于物理上的界限，让 CPU、内存、磁盘、I/O 等硬件变成可以动态管理的“资源池”，从而提高资源的利用率，简化系统管理，实现服务器整合，让 IT 对业务的变化更具适应力。

现如今的 x86 服务器的设计存在局限性，每次只能运行一个操作系统和应用，这为 IT 部门带来了挑战。因此，即使是小型数据中心也必须部署大量服务器，而每台服务器的容量利用率只有 5%～15%，无论以哪种标准来衡量，都十分低效。虚拟化使用软件来模拟硬件并创建虚拟计算机系统。这样一来，企业便可以在单台服务器上运行多个虚拟系统，也就是运行多个操作系统和应用，而这可以实现规模经济及提高效益。

2．计算虚拟化的优势

服务器虚拟化的应用为云数据中心带来了很多现实、明显的优势，具体体现在以下方面：

（1）提高硬件资源使用效率。

（2）避免应用或服务直接的软件冲突。

（3）实现负载均衡、动态迁移、故障自动隔离，减少关机事件。

（4）便于管理，降低管理成本。

（5）更快地重新部署、更简单地备份。

（6）通过动态资源配置提高 IT 对业务的灵活适应力。

（7）支持异构操作系统的整合，支持老应用的持续运行。

（8）启动、重启速度快，启动过程可以远程控制。

3．VMware vSphere

VMware vSphere 是业界领先且最可靠的计算虚拟化平台。vSphere 将应用程序和操作系统从底层硬件中分离出来，从而简化了 IT 操作。VMware vSphere 的两个核心组件是 ESXi 和 vCenter Server。

ESXi 是用于创建和运行虚拟机的虚拟化平台，它将处理器、内存、存储器和资源虚拟化为多个虚拟机。通过 ESXi 可以运行虚拟机，安装操作系统，运行应用程序及配置虚拟机。配置包括识别虚拟机的资源，如存储设备。

vCenter Server 是一种 Windows 服务，安装后自动运行，充当连接到网络的 ESXi 主机的中心管理员。vCenter Server 可用于将多个主机的资源加入资源池中并管理这些资源。vCenter Server 还提供了很多功能，用于监控和管理物理和虚拟基础架构。

4.3.4　存储子系统

在数据中心的各子系统中，存储子系统承担着数据存储的重要工作，是数据中心数据访问的最终承载体。数据中心从最初的孤立系统企业级应用发展到混合云基础设施的应用，以及新基建所带来的海量数据将推动数据中心向超大规模发展，这对数据中心存储架构、存储设备和存储技术提出了更高要求。

4.3.4.1　存储架构

大规模云计算服务的存储架构在不断发展。从满足关键系统的性能与容量需求，到以虚拟化架构来整合数据中心存储资源，提供按需的存储服务和自动化运维，并进一步向存储系统的智能化、敏捷化演进。竖井式存储、存储虚拟化、云存储和软件定义存储等多种架构并存是当前现状，其中，软件定义存储架构代表目前存储领域的全新发展方向。

1．竖井式存储架构

对于早期的系统，在主机架构下，数据和逻辑是一体的，采用面向过程的设计方法，每个应用都是一个孤立的系统，维护相对容易，难于相互集成。即使是云时代的企业数据中心，因为某些系统独特的技术要求，这种竖井式存储架构也会长期存在。

2．存储虚拟化架构

随着业务发展，数据中心存储不可避免地形成了大量的异构环境，标准化的管理流程难以实施。存储虚拟化架构实现了对不同结构的存储设备进行集中化管理，统一整合成一个存储池，向服务器层屏蔽存储设备硬件的特殊性，虚拟化出统一的逻辑特性，从而实现存储系统集中、统一且方便的管理。同时，存储资源的自动化管理为用户提供更高层次策略的选择。

3．云存储架构

云存储架构伴随着大规模云计算数据时代的到来，将存储作为云的服务提供，不论是企业私有云还是公有云的存储，都着重于大量存储数据的创建和分布，并关注快速通过云获得数据的访问。云存储架构需要支持大规模的数据负载的存储、备份、迁移、传输，同时要求巨大的成本、性能和管理优势。

云存储的技术部署是指通过集群应用或分布式文件系统等功能，将网络中大量各种不同类型的存储设备通过应用软件集合起来协同工作，共同对外提供数据存储和业务访问功能，保证数据的安全性，并节约存储空间。在大规模系统支撑上，分布式文件系统、分布式对象存储等技术，为云存储的各种应用提供了高度可伸缩、可扩展和极大的弹性支撑和强大的数据访问性能，并且因为这些分布式技术对标准化硬件的支持，大规模云存储得以实现低成本的建设和运维。

4．软件定义存储（SDS）

SDS 是由软件驱动的非专属系统，可以灵活地配置存储资源。

简单说来，SDS 就是指在任何存储上运行的应用都能够在用户定义的策略的驱动下自动工作。软件定义存储将存储服务从存储系统中抽象出来，且可同时向机械硬盘及固态硬盘提供存储服务。

这样定义和存储虚拟化非常类似，但并不是存储虚拟化。存储虚拟化可以将多个存储设备或阵列的容量组成一个池，使其看起来好像在一个设备上，并且存储虚拟化在多数情况下只能在专门的硬件设备上使用。许多厂商的存储虚拟化都是其量身定制的设备，或者是在特定服务器上加载的一款软件。

而 SDS 并不是将存储容量与存储设备剥离开来，而是将存储功能或服务，与存储设备剥离开来，其实现的目标就是将复杂的存储系统封装成为易操作的服务，用户可以通过一个软件或管理界面方便地管理自己所有的存储资源和内容。

具体来说，SDS 主要从以下几个方面解决企业用户的存储需求：

（1）可靠性。传统存储主要通过备份来防止数据丢失，SDS 通过分布式算法将同一份数据的数据块分散存放在多个磁盘上，数据以 2 或 3 个副本存储，保证不同副本数据存储在不同节点上，当某副本数据损坏时，依然有完整数据可用，并能自动修复。

（2）性能。采用 SSD（固态硬盘）缓存技术实现写加速，热点数据缓存在 SSD 高速缓存中，在读取数据时请求优先从 SSD 高速缓存中读取，其次从 HDD（硬盘驱动器）磁盘中读取。

（3）可扩展性。SDS 性能随节点、容量的增长而线性增长，可划分资源池进行故障域隔离。支持单一物理集群 3～1024 个节点线性扩展，在线动态新增、移除节点或磁盘，系统能自动迁移和重新平衡存储资源。

4.3.4.2　存储设备

1．存储介质

生活中经常见到的存储介质有磁带、光盘、硬盘。到现在这个时代，磁带和光盘都用得不多了，这里不过多赘述，主要介绍一下硬盘。

（1）机械硬盘。机械硬盘由盘片、读写磁头、磁头臂等部件组成。在读写数据时通过磁头将数据读写到硬盘中，磁头臂摆动，控制读写的位置（扇区）。读写性能取决于盘体的转速和接口寻址、传输数据的速度。

（2）SSD。SSD 使用闪存颗粒进行读写，相比于机械硬盘使用盘片、读写磁头进行读写，SSD 的性能要秒杀所有机械硬盘，但是 SSD 的价格也高于所有机械硬盘。

2．企业级存储

一般企业进行存储都会购买企业级存储设备（见图 4-23），主要由控制框和硬盘框组成。

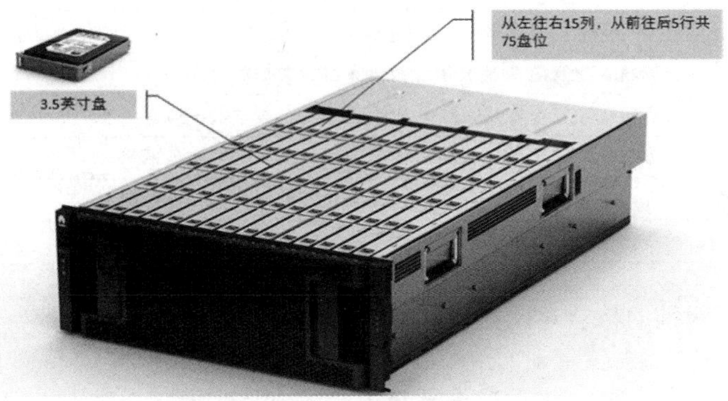

图 4-23　企业级存储设备

（1）控制框。控制框里面是处理器控制器，用于接收处理主机发来的指令，对数据进行操作，一般一个控制框中会有两个控制器，A 控和 B 控，避免单点故障。

（2）硬盘框。硬盘框中可以插入一个个硬盘，根据硬盘框大小可以放置不同数量的硬盘。在硬盘框放满了硬盘后还可以再加硬盘框放置硬盘。硬盘框的数据取决于控制框的处理能力，一般每个设备上都会标明最多支持多少个硬盘框。

4.3.4.3　存储技术

1．RAID 技术

独立硬盘冗余阵列（Redundant Array of Independent Disks，RAID）简称磁盘阵列，其主要原理是将多块硬盘逻辑化成一个存储空间，可以将一块硬盘的串行读写变成多块硬盘的并行读写，提高读写性能，并适当地起到冗余备份、保护数据的功能。

实现方式可以分为硬件 RAID 和软件 RAID。硬件 RAID 由专门的 RAID 卡来实现 RAID 功能，性能较好；软件 RAID 依赖 CPU 实现 RAID 功能，软件 RAID 会增加 CPU 负担，性能比硬件 RAID 差。

RAID 可以分为多种级别，不同类型的 RAID 在保护级别和价格之间进行平衡。保护措施越多，成本就越高。随着存储的发展，RAID 级别的数目也相应增加。主要 RAID 级别的应用场景如表 4-2 所示。

表 4-2　主要 RAID 级别的应用场景

RAID 级别	应用场景
RAID 0	迅速读写，安全性要求不高，如图形工作站等
RAID 1	随机数据写入，安全性要求高，如服务器、数据库存储等
RAID 5	连续数据传输，安全性要求高，如视频编辑、大型数据库等
RAID 6	随机数据传输，安全性要求高，如邮件服务器、文件服务器等
RAID 10	数据量大，安全性要求高，如银行、金融等领域
RAID 50	随机数据传输，安全性要求高，并发能力要求高，如邮件服务器等

主要 RAID 级别的特点对比如表 4-3 所示。

表 4-3　主要 RAID 级别的特点对比

RAID 级别	RAID 0	RAID 1	RAID 5	RAID 6	RAID 10	RAID 50
容错性	无	有	有	有	有	有
冗余类型	无	复制	奇偶校验	奇偶校验	复制	奇偶检验
热备盘选项	无	有	有	有	有	有

续表

RAID 级别	RAID 0	RAID 1	RAID 5	RAID 6	RAID 10	RAID 50
读性能	高	低	高	高	一般	高
随机写性能	高	低	低	低	一般	低
连续写性能	高	低	低	低	一般	低
最小硬盘数/块	2	2	3	4	4	6
可用容量	N • 单块硬盘容量	(1/2) • 单块硬盘容量	(N−1) • 单块硬盘容量	(N−2) • 单块硬盘容量	(N/2) • 单块硬盘容量	(N−2) • 单块硬盘容量

2．NVMe

NVMe（Non-Volatile Memory express，非易失性内存主机控制器接口规范）的官方定义将其描述为“一个开放的标准和信息集合，以充分释放非易失性存储在从移动端到数据中心的所有类型的计算环境中能够提供的优势。NVMe 从底层开始设计，为当前和未来的 NVM 技术提供高带宽和低延迟存储访问。”简单地说，它是一种协议，能够使 SSD 运行得更快，如今在企业用户中已越来越流行。

NVMe 除应用全闪阵列外，还会不断扩大在存储行业的应用范围。在支持数据中心内部的网络存储设备时，NVMe over Fabrics（NVMe-oF）支持把 NVMe 映射到多个 Fabrics 传输选项，主要包括 FC、InfiniBand（IB）、RoCE v2（RDMA 融合以太网）、iWARP（互联网广域 RDMA 协议）等，从而实现 NVMe 标准协议在 PCI-e 总线上的扩展。

伴随着 NVMe-oF 的推广，数据中心内的存储网络协议再次面临选择，是沿用 16GB/32GB 的 FC 协议缓慢发展，还是就此拥抱以太网/IB，走向 100GB 的世界。

3．离线存储的需求增加，磁带、光盘设备焕发第二春

随着大容量硬盘的不断涌现，每 GB 成本持续走低，再加上对象、纠删码等技术的加持，业界一度认为能够在线存储全部数据。但是，当前各类数据快速增长，尤其是非结构化数据呈几何级数增长，2019 年达到 41 个 ZB。考虑到资金、用电、散热、机房空间占用等问题，磁盘始终不是长期、低成本保有冷数据的最佳选择。

由此，磁带、光盘再次进入行业的视线。磁带和光盘价格低、容量大、保存时间长、技术成熟，是很好的离线存储介质，结合磁带库、光盘库等自动化设备，还能够实现海量数据的近线存储，将在温数据和冷数据的存储上发挥越来越大的作用。通过在产品生命周期管理和备份产品上设计对磁带库的支持，能够有效构建在线、近线和离线的多级存储管理机制。

4.3.5 安全子系统

在全球智能化浪潮的背景下，信息技术驱动产业升级的同时也带来了更为严峻的安全威胁和挑战。恶意程序猛增并越来越多地针对商业目标发起攻击；未知威胁带来的危害程度持续升级；黑灰产开始应用 AI 等新兴技术提升攻击能力和效率；DDoS 攻击事件频繁出现，规模越来越大。面对日益复杂的安全环境，大数据中心的安全问题呈现出系统性和全球性的新特点，安全正被提升到前所未有的重要程度。

4.3.5.1 数据中心安全概述

1．安全分类

数据中心的安全围绕数据为核心，从数据的访问、使用、破坏、修改、丢失、泄漏等多维度展开，一般来说包括以下几个方面。

（1）物理安全。主要指数据中心机房的安全，包括机房的选址，机房场地的安全，防电磁辐射泄漏，防静电，防火等内容。

（2）网络安全。数据中心网络自身的设计、构建和使用，以及基于网络的各种安全相关的技术和手段，如防火墙、IPS、安全审计等。

（3）系统安全。服务器操作系统、数据库、中间件等在内的系统安全，以及为提高这些系统的安全性而使用安全评估管理工具所进行的系统安全分析和加固。

（4）数据安全。数据的保存、备份、恢复设计。

（5）信息安全。完整的用户身份认证，安全日志审计跟踪，以及对安全日志和事件的统一分析和记录。

抛开物理安全的考虑，网络是数据中心所有系统的基础平台，网络安全成为数据中心安全的基础支持。因此合理的网络安全体系设计、构建安全可靠的数据中心基础网络平台是进行数据中心安全建设的基本内容。

2．网络安全威胁

影响网络安全的因素有四类：黑客、病毒、合法人员的失误，以及网络系统自身的脆弱性。细分起来，目前网络安全存在的威胁主要表现在以下几个方面。

1）合法人员自身的因素

在一个安全设计充分的网络中，人为因素造成的安全漏洞无疑是整个网络安全性的最大隐患。网络管理员或网络用户都拥有相应的权限，利用这些权限破坏网络安全的隐患也是存在的。例如，操作口令被泄露，磁盘上的机密文件被人利用，以及未将临时文件删除导致重要信息被窃取，都可能使网络安全机制形同虚设，从内部遭受严重破坏。

2）非授权访问

没有预先经过同意，就使用网络或计算机资源被看作非授权访问。例如，有意避开系统访问控制机制，对网络设备及资源进行非正常使用，或者擅自扩大权限，越权访问信息。非授权访问主要有以下几种形式：假冒、身份攻击、非法用户进入网络系统进行违法操作、合法用户以未授权方式进行操作等。

3）信息泄漏或丢失

敏感数据在有意或无意中被泄漏或丢失，它通常包括信息在传输中丢失或泄漏，例如，“黑客”们利用电磁泄漏或搭线窃听等方式截获机密信息，或者通过对信息流向、流量、通信频度和长度等参数的分析，推出有用信息，如用户口令、账号等重要信息；信息在存储介质中丢失或泄漏；通过建立隐蔽隧道等窃取敏感信息等。

4）破坏数据完整性

以非法手段窃得对数据的使用权，删除、修改、插入或重发某些重要信息，以取得有益于攻击者的响应；恶意添加、修改数据，以干扰用户的正常使用。

5）拒绝服务攻击

拒绝服务攻击是指不断对网络服务系统进行干扰，改变其正常的作业流程，执行无关程序使系统响应减慢甚至瘫痪，影响正常用户的使用，甚至使合法用户被排斥而不能进入计算机网络系统或不能得到相应的服务。

拒绝服务攻击是一种破坏性攻击，最早的拒绝服务攻击是“电子函件炸弹”。它的表现形式是用户在很短的时间内收到大量的垃圾电子函件，从而影响正常业务的运行。严重时会使系统关机、网络瘫痪，“信息炸弹”的攻击更具威慑力，信息炸弹一旦爆炸，就会引起网络系统瘫痪。

6）利用网络传播的病毒

计算机病毒被发现十多年以来，其种类以几何级数在增长，受害的计算机数量每年增加一倍，很多病毒的泛滥还带来了灾难性的后果。同时，病毒的机理和变种不断演变，并通过网络快速地传播。例如，病毒可以通过电子函件、软件下载、文件服务器、防火墙等侵入网络内部，其传输介质可以是光纤，电缆或电话线。它们动辄删除、修改文件，导致程序运行错误、死机，甚至毁坏硬件。人们虽然在单机环境中的病毒防治方面取得了很大的成绩，但计算机网络无疑为病毒防治工作提出了新的挑战。网络的普及为病毒的检测与消除带来了很大的难度，而且用户很难防范，成为计算机及其网络安全发展的又一大公害。

7）网络系统固有的脆弱性

Internet 从建设伊始就缺乏安全的总体构想，因而充满了安全隐患和固有的安全缺陷。例如，Internet所依赖的TCP / IP协议本身就很不安全。IP层协议的安全缺陷如下：

（1）应用层协议（如 Telnet、FTP、SMT 等协议）缺乏认证和保密措施。

（2）依靠软件配置 IP 地址，造成地址假冒和地址欺骗。

（3）IP 协议支持源路由方式（源节点可以指定信息包传送到目的节点的中间路由），提供源路由攻击的条件。

8）传输线路的安全与质量

尽管在同轴电缆、微波或卫星通信中窃听其中指定一路的信息是很困难的，但是从安全的角度来说，没有绝对安全的通信线路。无论采用何种传输线路，当线路的通信质量不好时，直接影响联网效果，严重的时候甚至导致网络中断。

3．网络安全建设原则

1）标准性原则

数据中心的网络安全建设必须符合安全建设的标准，做到安全风险可控的效果；能够提供防火墙、入侵防御、防病毒、抗 DDoS、负载均衡、审计、流量分析等安全资源模块，对安全资源可进行模块化选择，基于不同的租户选择不同的安全策略服务；对有安全管理需求的数据中心，必须提供独立的安全策略管理界面，方便租户进行按需的安全策略部署。

2）成熟性原则

应支持主流的虚拟化技术且安全可控，可根据业务需要进行灵活定制开发与功能扩展；在选择网络安全建设的提供方时，需要具备相关的网络安全应用案例与成熟配套的解决方案。

3）先进性原则

在实用和安全的基础上，平台设计要有一定的前瞻性，须考虑应用和需求的发展及技术的进步，从而确保系统具备可持续发展的能力；网络安全平台须支持虚拟化技术，能够将安全资源模块进行虚拟化部署，形成安全资源池，将安全资源与数据中心的虚拟主机业务深度融合，实现东西向的流量防护；主要安全设备须支持 TRILL、VXLAN、OpenFlow 等标准化协议，具备国际标准的 SDN 功能，兼容第三方标准的 SDN 控制系统，能够与其他软硬件系统配合使用。

4）扩展性原则

考虑到未来发展的需要，网络安全平台必须具备高扩展性，能在不影响现有业务正常使用的情况下平滑扩展；在建设完成后，随着业务需求的增长，后期可单独扩展对应的安全资源，使性能与容量都呈线性上升，并保证设备可以充分利用。

5）可用性原则

能通过对安全资源（如防火墙、入侵防御、防病毒、VPN、负载均衡、流量分析、审计等安全资源模块）实现简化管理、高效运维的目的；网络安全平台能提供丰富的监控管理界面与工具，实现统一管理，所有的安全日志统一收集、展示、存储。

6）安全性原则

网络安全设备选型须符合国家分级保护技术要求，系统安全可靠，建立完善的冗余备份和安全防范体系，保障平台高可靠和端到端的安全，具有多重安全防护，无单一崩溃点，应急手段丰富。

4.3.5.2 安全设备

为保障数据中心的运行环境安全、边际安全、数据信息安全及网络通信安全，在数据中心需要部署防火墙、入侵防御系统、数据库审计系统、漏洞扫描系统、防病毒系统等安全系统及设备来保障整个数据中心系统的安全运行。各安全系统及设备的功能如下。

1．网络安全

1）防火墙

通常，防火墙指的是一个由软、硬件设备组合而成，在内部网与外部网之间、专有网与公共网之间的界面上构造的保护系统，是一种获取安全性方法的抽象说法。它是一种计算机软、硬件的结合，在内部网与外部网之间建立起一个安全网关（Security Gateway），从而确保内部网免受非授权用户的入侵。防火墙主要由规则库、验证工具、数据包过滤和应用网关 4 部分组成。

目前网络安全最基本、最经济、最有效的手段之一就是防火墙。防火墙可以实现内部网与外部网之间或者不同信任域网络之间的分离，从而达到有效控制对网络访问的作用。

2）入侵防御系统

IPS（Intrusion Prevention System，入侵防御系统）是对防病毒软件和防火墙的补充，是一台能够监控网络和网络设备及网络数据传输行为的计算机网络安全设备。它能对网络数据流量进行深度预警感知和分析，能对一些不正常或具有伤害性的网络数据传输行为进行中断或隔离。

3）Web 防护

WAF（Web Application Firewall，网站应用级入侵防护系统）是针对 Web 防护而出现的一款应用级防护系统。它可以对 Web 进行应用扫描、木马检测、安全防护、访问控制和日志统计等，有效地保障网页、网站的安全。

2．系统安全

1）防病毒系统

防病毒系统的主要功能是防止病毒入侵主机并扩散到全网，实现全网的病毒安全防护。针对当前网络中病毒危害性大、传播速度快、新病毒出现比较快的特点，防病毒系统已成为数据中心必不可少的安全防护系统。

2）漏洞扫描系统

漏洞扫描系统的主要功能是对系统、网站、端口、应用软件、数据库等一些网络应用进行扫描检测，并对其检测出的漏洞进行报警，提示管理人员进行修复。最新一代漏洞扫描系统还具备智能识别功能，并通过风险的分布和级别进行分析预警，同时还可以对漏洞修复情况进行对比分析，以提高漏洞修复效率。

3．数据安全

1）数据库审计系统

数据库审计系统可以监控和审计用户对数据库中的数据表、视图、序列、包、存储过程、函数、库、索引、同义词、快照、触发器等的创建、修改和删除等，分析的内容可以精确到 SQL 操作语句一级。它还可以根据设置的规则，智能地判断出违规操作数据库的行为，并对违规行为进行记录、报警。

2）数据库防火墙

数据库防火墙部署于应用服务器和数据库之间。用户必须通过该系统才能对数据库进行访问或管理。数据库防火墙能够主动实时监控、识别、告警、阻挡绕过企业网络边界（防火墙系统、IPS 等）防护的外部数据攻击，以及来自内部的高权限用户（DBA、开发人员、第三方外包服务提供商）的数据窃取、破坏等，从数据库 SQL 语句精细化控制的技术层面，提供一种主动型安全防御措施，并且结合独立于数据库的安全访问控制规则，来应对内部和外部的数据安全威胁。

4.3.5.3 安全技术

数据中心安全防护涉及计算机系统的硬件设施、操作系统、软件应用等各方面，对应的安全防护策略包括 4 层：硬件安全防护技术、数据安全检测技术、数据隔离恢复技术和数据安全备份技术。

1. 硬件安全防护技术

硬件安全防护层当前主要采用的技术是防火墙，这种技术是位于互联网之间、内部网络之间及互联网与内部网络之间的计算机网络设备或者计算机中的一个功能模块，主要由硬件防火墙与软件防火墙按照一定的安全策略建立起来，目的在于保护内部网络或计算机主机的安全。

仅允许内部网络中符合相关安全策略的通信信息可以正常通信，其他数据被挡在防火墙外并被丢弃。防火墙的主要功能不仅仅是对于访问流量的过滤，还有利于数据中心资产的集中管理，各服务器、主机相关安全策略的执行，从而降低整体计算机网络的危险性，提高数据中心的安全性。

2. 数据安全检测技术

数据安全检测层包括数据包的入侵检测和数据安全审计两大功能，主要完成威胁数据、非法操作的监测、阻拦及事后的跟踪调查工作。

1）数据包的入侵检测

数据包的入侵检测总体来说是基于网络流量分析的一种主动型安全防护技术，该设备主要位于防火墙后，可以说是网络安全中的第二道阀门，入侵检测系统主要通过收集和分析用户的网络行为，对数据包内的入侵行为进行安全检测，使存在安全隐患的数据不能进入数据中心。通过安全日志、审计规则和数据记录网络中计算机系统的相关信息，检查进入数据中心及数据中心内部的操作、数据是否违反安全策略，以及是否存在被攻击的迹象，主要采用模式匹配、统计分析和完整性分析 3 种分析策略。

入侵检测系统可以根据对数据和操作的分析，检测出数据中心是否受到外部或内部的入侵和攻击。

2）数据安全审计

数据安全审计主要用于记录、检测用户对数据中心危害的操作和数据的进出。数据安全审计系统是数据中心的一个独立的应用系统，主要针对数据中心内部的各种安全隐患和业务风险，根据既定的规则对数据中心系统运行的各种操作和数据进行跟踪记录，采用误用检测技术、异常检测技术及数据挖掘技术审计和检测数据中心存在的安全漏洞，以及安全漏洞被利用的方式。

数据安全审计系统的目标是随着数据入侵检测技术的不断进步，安全审计系统的知识库、规则库及审计数据库不断完善。

3．数据隔离恢复技术

数据隔离恢复层是对数据中心的安全威胁、威胁数据或用户非法操作进行的相关处理，包括数据隔离和数据恢复，主要目的是将隐患、不安全数据和操作赶出数据中心，以保证数据中心的安全。

1）数据隔离

为了避免安全威胁、威胁数据或用户非法操作造成的系统安全危害不断扩大，在发现数据中心存在安全威胁、威胁数据或用户非法操作时，系统及时进行相关数据隔离，禁止所有用户对相关数据的请求，在数据修复之后再解除隔离，对其进行及时遏制。

2）数据恢复

自我恢复性是数据隔离恢复层所必备的特征之一，主要是为了保证在数据库内的数据被篡改之后，能够尽快得到相应的恢复，以保证数据中心系统的稳定性和数据的完整性。

4．数据安全备份技术

数据的安全备份是数据中心容灾的基础，主要是指为了防止数据中心的数据由于操作失误、系统故障或恶意攻击而导致的丢失，将数据全部或部分复制的过程。为了保证数据的安全，在数据中心通常使用两个或多个数据库，互为主备，包括数据库的实时同步和备份两个方面。

1）实时同步

数据库的实时同步主要是指根据需要使数据库的操作部分完全一致。数据库的实时同步是根据数据库中的访问日志，采用镜像技术使主用数据库与备用数据库中的数据保持绝对一致，当主用数据库发生故障或损坏时，备用数据库可以自动代替其功能，并作为恢复主用数据库的数据源。

2）备份

常用的数据备份方式有定期磁盘（光盘）备份数据、远程数据库备份、网络数据镜像和远程镜像磁盘。数据中心的建设主要采用网络数据镜像方式，网络数据镜像主要通过专业的数据存储管理软件结合相应的硬件和存储设备来实现。

4.3.6 大数据中心运维管理

4.3.6.1 大数据中心运维管理概述

数据中心运维是数据中心生命周期中历时最长的一个阶段。关于数据中心运维管理的含义行业内逐步形成共识：为提供符合要求的信息系统服务，而对与该信息系统服务有关的数据中心各项管理对象进行系统的计划、组织、协调与控制，是信息、数据服务有关各项管理工作的总称。简单地说，运维管理就是用好、管好已建设交付的数据中心。

运维管理主要肩负以下重要目标：可用性、合规性、经济性、服务性。

1）可用性

可用性要求数据中心在运维管理过程中能保证数据中心各功能组件保持既定功能的能力。这里要求数据中心在运维管理过程中能准确识别相关功能组件，了解该组件的设计能力，定义与该组件技术特点相匹配的监控指标，并通过主动与被动的管理，最大限度地保证数据中心各管理组件的可用性。

2）合规性

合规性要求数据中心在运维管理过程中能避免违反任何法律、法规、标准与合约文件等规定。这里要求数据中心在运维管理的管理框架的设计与执行全过程（包括人员使用、流程设计、产品部署与厂商管理等）中，能充分考虑有关文件的要求，并在运维管理过程中留下相应的记录，建立起相应的管理评估机制，以向利益相关方证明其能达到合规性的目标。

3）经济性

经济性要求数据中心在整个运维管理周期中实现数据中心预先要求的财务目标。这里要求数据中心在运维管理过程中，要建立 IT 财务机制，一方面通过合理的财务预算、会计、成本分析等手段准确、及时地分析、记录运维管理过程中的各项支出；另一方面要制定相应的计价模式，将数据中心运维过程中的成本合理地分摊。此外，要通过财务管理，使数据中心在运维管理上实现成本与其他管理目标的相对平衡。

4）服务性

服务性是指数据中心应建立服务导向型的运维管理框架。要从服务的角度出发，分析客户与数据中心的各种交互界面，以此为源头构建各种管理流程，最终形成整体管理框架。比如，数据中心在管理体系的设计上可以参考 ITSM（IT 服务管理体系）的要求，建立服务台、服务水平管理、业务关系管理等流程，以此来驱动后台运维管理工作。

4.3.6.2　大数据中心运维管理关注要点

传统的数据中心主要是基于 ITIL 的常规数据中心运维管理理念，大数据中心由于具有高性能计算、弹性业务处理、灵活快速扩展、降低运维成本、自动化资源监控等更多的特性要求，对于大数据中心的运维管理也将提出更高的要求。只有运维管理好一个大数据中心，才能实现大数据中心的价值最大化，使之更好地为业务提供强大的支持能力。大数据中心的运维管理关注要点如下。

1）运维对象

在探索大数据中心运维管理方式之前，必须要理清运维对象，才能针对特定的运维对象建立相应的管理模式。大数据中心运维对象共分成 5 类。

（1）基础设施部分。主要指为保障数据中心所管理的 IT 设备正常运行所必需的网络通信、电力资源、环境资源等。这部分设备对于客户来说几乎是透明的，因为大多数客户基本上只关注业务，并不会关注到数据中心的风火水电。但是，这类设备如果发生意外，对依托于该基础设施的 IT 应用来说，却是致命的。基础设施部分的主要内容包括供电设施、环境设施、安防消防、网络等。

（2）提供 IT 服务过程中所应用的各种 IT 设备。包括存储、服务器、网络设备、安全设备等硬件资源。这类设备在向用户提供 IT 服务过程中提供了计算、存储与通信等功能，是 IT 服务最直接的物理载体。

（3）系统与数据。包括操作系统、数据库、中间件、应用程序等软件资源；还有业务数据、配置文件、日志等各类数据。这类管理对象虽然不像前两类管理对象那样“看得见、摸得着”，但却是 IT 服务的逻辑载体。

（4）管理工具。包括基础设施监控软件、IT 监控软件、工作流管理平台、报表平台、短信平台等。这类管理对象是帮助管理主体更高效地管理数据中心内的各种管理对象，并在管理活动中承担起部分管理功能的软、硬件设施。通过这些工具，可以直观感受并考证到数据中心如何管理好与其 IT 直接相关的资源，从而间接地提升 IT 的可用性与可靠性。

（5）人员。包括数据中心的技术人员、IT 运维人员、管理人员及提供服务的厂商人员。人员一方面作为管理的主体，负责管理数据中心运维对象，另一方面也作为管理对象，支持 IT 的运行。这类对象与其他运维对象不同，具有很强的主观能动性，其管理的好坏将直接影响到整个运维管理体系，而不仅仅是运维对象本身。

2）明确定义各运维对象的运维内容

大数据中心资源管理所涵盖的范围很广，包括环境管理、网络管理、设备管理、软件管理、存储介质管理、防病毒管理、应用管理、日常操作管理、用户密码管理和员工管理等。要对每一个管理对象的日常维护工作内容有一个明确的定义，定义操作内容、维护频度、对应的责任人，要做到有章可循、责任人可追踪。实现对整个系统的全生命周期的追踪管理。

3）建立信息化的运维管理平台系统

大数据中心的运维管理应从数据中心的日常监控入手，即从事件管理、变更管理、应急预案管理和日常维护管理等方面全方位地进行数据中心的日常监控。实现提前发现问题、消除隐患，首先要有完整、全方位、实时有效的监控系统，并着重监控数据的记录和技术分析。

数据中心的业务可以概括为：通过运行系统来向客户提供服务。没有信息系统的支撑来运行 IT 系统就如同超市中仍然采用手工结账一样不能让顾客满意。信息化的数据中心运维管理平台系统包括如下方面：

（1）机房环境基础设施监控管理系统；

（2）IT 系统监控管理系统；

（3）IT 服务管理系统。

4）定制化管理

灵活性、个性化是云服务的显著特点，用户对应用系统有着千差万别的个性化需求，云服务提供商在保证共性需求的基础上，需要满足用户个性化定制需求，向用户提供灵活、个性化配置的云服务系统。云服务提供商要提供按需变化的服务，就要有反应敏捷的人、流程、工具来适应业务变化的需要。云计算服务下的运维需要更多的灵活性和可伸缩性，可以根据客户、合作伙伴的需要，快速调整资源、服务和基础设施。

5）自动化管理

IT 服务根据负载变化可以自动调整所需资源，以求在及时响应和节约成本上取得平衡；同时，计算能力规模越来越大，人工管理资源也越来越不实际。这些新特性对 IT 管理自动化能力提出了更高的要求，企业往往希望在不失灵活性的前提下可以得到更高程度的自动化。

为此，大数据中心需要部署自动化管理平台，集中管理虚拟化和云计算平台、提供自定义规则定制功能的自动化解决方案，用户通过使用事件触发、数据监控触发等方式来进行自动化管理，节约人力的同时提高响应速度。

6）客户关系管理

大数据中心是为多租户提供 IT 服务的，为了保留和吸引客户，在运维过程中客户关系管理非常重要。

（1）服务评审。与客户进行定期或不定期的针对服务提供情况的沟通。每次的沟通均应形成沟通记录，以备数据中心对服务进行评价和改进。

（2）客户满意度调查。客户满意度调查主要包括客户满意度调查的设计、执行和客户满意度调查结果的分析、改进 4 个阶段。数据中心可根据客户的特点制定不同的客户满意度调查方案。

（3）客户抱怨管理。客户抱怨管理规定数据中心接收客户提出抱怨的途径，以及抱怨的相应方式，并留下与事件管理等流程的接口。应针对客户抱怨完成分析报告，总结客户抱怨的原因，制定相关的改进措施。为及时应对客户的抱怨，应该规定客户抱怨的升级机制，对于严重的客户抱怨，按升级的客户投诉流程进行相应处理。

7）安全性管理

由于提供服务的系统和数据被转移到用户可掌控的范围之外，云服务的数据安全、隐私保护已成为用户对云服务最为担忧的方面。云服务引发的安全问题除了包括传统网络与信息安全问题，如系统防护、数据加密、用户访问控制、DDoS 攻击等问题），还包括由集中服务模式所引发的安全问题及云计算技术引入的安全问题，如虚拟机隔离、多租户数据隔离、残余数据擦除及多 SaaS 应用统一身份认证等问题。

要解决云服务引发的安全问题，云服务提供商需要提升用户安全认知、强化服务运营管理和加强安全技术保障等；需要加强用户对不同重要性数据迁移的认知，并在服务合同中强化用户自身的服务账号保密意识，提升用户对安全的认知；在服务管理方面，严格设定关键系统的分级分权管理权限并辅以相应规章制度，同时加强对合作供应商的资格审查与保密教育；加强安全技术保障，要充分利用网络安全、数据加密、身份认证等技术，消除用户对云服务使用的安全担忧，增强用户使用云服务的信心。

8）流程管理

流程是数据中心运维管理质量的保证。作为客户服务的物理载体，数据中心存在的目的就是保证服务可以按质、按量地提供。为确保最终提供给客户的服务是符合服务合同的要求，数据中心需要把现在的管理工作抽象成不同的管理流程，并把流程之间的关系、流程的角色、流程的触发点、流程的输入与输出等进行详细定义。通过这种流程的建立，一方面可以使数据中心的人员能够对工作有一个统一的认识，更重要的是通过这些服务工作的流程化使得整个服务提供过程可以被监控、管理，形成真正意义上的“IT 服务车间”。

数据中心建立的管理流程除了应满足数据中心自身特点，还应兼顾客户、管理者、服务商与审计机构的需求。由于每个数据中心的实际运维情况与管理目标存在差异，数据中心需要建立的流程也会有所不同。

9）应急预案管理

应急预案是为确保发生故障事件后，尽快消除紧急事件的不良影响，恢复业务的持续营运而制定的应急处理措施。应急预案的注意事项如下：

（1）根据业务影响分析的结果及故障场景的特点编写应急预案，确保当紧急事件发生后可维持业务运作，在重要业务流程中断或发生故障后可以在规定时间内恢复业务运作。

（2）应急预案除包括特定场景出现后各部门、第三方的责任与职责外，还应评估复原可接受的总时间。

（3）应急预案必须经过演练，使相关责任人熟悉应急预案的内容。应急预案应是一个闭环管理，从预案的创建、演练、评估到修订应是一个全过程的管理，绝不能是为了应付某个演练工作，制定后就束之高阁，而是应该在实际演练和问题发生时不断地总结和完善。

4.4　大数据中心建设的关键技术

众所周知，新基建的本质之一就是要求在数据中心层面融入更多高科技的数字化技术，这就决定了过去低水平、重复建设的数据中心建设模式和方法在未来必然没有市场空间。因此，数据中心要想避免重蹈低水平、重复建设的覆辙，发展与之匹配的新产品、新技术、新生态至关重要。

本节主要从数据中心的基础设施、服务器、网络系统三个方面来简单介绍当今几种对数据中心建设具有影响的新关键技术，主要介绍 BIM、高压直流（HVDC）供电技术、磷酸铁锂电池、液冷技术、间接蒸发冷却、微模块、整机柜服务器、定制化服务器、软件定义广域网 SD-WAN、400G 光互连技术。

4.4.1 BIM

BIM（Building Information Modeling，建筑信息模型）在建筑业已经较为熟知并被经常使用。BIM 是以建筑工程项目的各项相关信息数据作为基础，通过数字信息仿真，模拟建筑物所具有的真实状况而建立起来的模型。

当今，日益复杂的技术标准及紧缩的预算和工期对数据中心建设提出了更高的要求，更高效的沟通方式及工作流程管理已势在必行。而 BIM 技术恰恰可以深刻渗透和改变数据中心建设的生产管理方式。BIM 技术可以应用于数据中心全生命周期内的各个阶段，包括规划论证、计算设计、建设和运行维护。

- 第一阶段：规划论证。

BIM 技术为建设工程项目的技术经济可行性论证提供了帮助，提高了论证结果的准确性和可靠性。在项目规划阶段，业主需要确定建设项目计划是否具有技术和经济可行性，是否能满足类型、质量和功能的要求。这需要花费大量的时间、金钱和精力，才能得到可靠的结果。BIM 技术可以为数据中心的业主提供汇总模型，对建设项目方案进行分析和仿真，因此使用 BIM 技术降低成本，缩短工期，提高整个项目的质量。

- 第二阶段：计算设计。

在传统的 CAD 时代，建筑数据中心工程项目设计阶段存在着图纸冗余、出错率高、变更频繁、协同通信困难等问题。这些问题可利用 BIM 技术解决，BIM 技术带来的价值优势巨大。在项目设计阶段，BIM 技术使建筑设计从二维走向三维，这是建筑设计方法的一个重大变化。BIM 管线综合模拟示例图如图 4-24 所示。

通过使用 BIM 技术，建筑师不再困惑如何用传统的二维图形表达复杂的三维图形，进一步拓展了复杂三维图形的可行性。BIM 技术的一个重要特点是可视化，它使设计师能够实现“所见所闻”，使业主能够突破技术壁垒，随时了解自己的投资取得了什么样的成果。

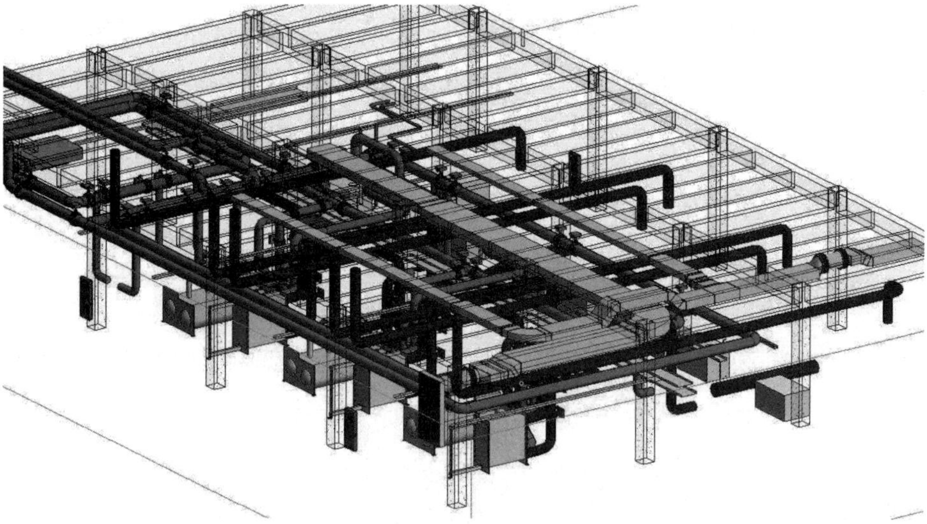

图 4-24 BIM 管线综合模拟示例图

第三阶段：建设。

在传统的 CAD 时代，建筑数据中心工程项目施工阶段存在着图纸可施工性差、施工质量无法保证、工期延误、工作效率低等问题，针对这些问题，BIM 技术显示出巨大的价值优势：在施工前纠正设计错误和漏洞，4D 施工模拟和优化施工方案使精益施工成为可能。在项目施工阶段，施工单位通过 BIM 建模与进度的数据集成，实现基于时间维度的 BIM 4D 应用。

由于采用了 BIM 技术，施工单位不仅可以逐日、逐周、逐月地查看数据中心机房工程的施工进度，还可以根据现场的情况进行实时调整，通过比较分析，看到不同施工方案的弊端，得出最佳的施工方案；同时，还可以对工程的重点、难点部位进行按时、分，甚至秒的模拟，如土建施工顺序的施工安装方案优化，材料运输和堆放安排，施工机械路线和作业空间，设备管线安装顺序等。

⮳ 第四阶段：运行维护。

在数据中心机房项目的运行阶段，BIM 技术也起着非常重要的作用。数据中心项目中各系统的信息对于业主掌握建筑物的实时使用，及时有效地维护和管理建筑物具有重要作用。

有没有一个平台可以向数据中心的业主提供建设项目中所有系统的信息呢？BIM 参数模型给出了明确的答案。在 BIM 参数模型中，在项目施工阶段做的所有修改都将实时更新，形成最终的 BIM 完工模型，该模型将用作设备管理数据库为系统维护提供依据。

4.4.2 高压直流供电技术

近几年有大量采用高压直流系统供电的数据中心相继建成及投产，同时相关的行业标准与规范也陆续出台。高压直流供电系统已被行业广泛接受和推崇，在数据中心领域已进入高速发展的阶段。

4.4.2.1 高压直流技术介绍

高压直流系统主要由以下几部分组成：交流柜、整流柜、直流柜、列头柜与服务器机架。这几个大的组件一起组成一个功能单元，将输入的 380V 三相交流电流转换为 IT 设备使用的 240V 高压直流电源，并送到各个服务器。高压直流系统原理图如图 4-25 所示。

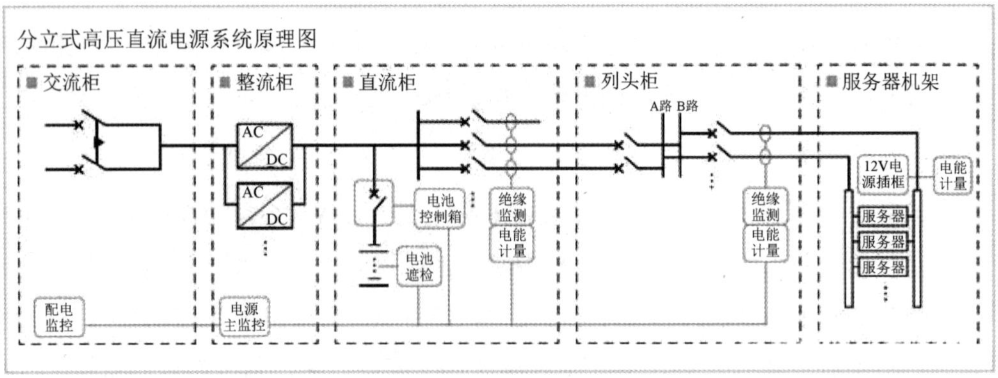

图 4-25 高压直流系统原理图

交流柜在其中就是起一个交流配电的作用，将输入的交流电分配到各个整流单元（15kW 的模块，一般每个单元是 8 个整流模块，对应于交流柜内部有一个 250A 的三相塑壳断路器），有输入切换功能（有手动与自动可选），并提供 C 级防雷器功能，交流柜集成有本地配电监控功能，可显示输入电压、电流、频率等信息，还有通信与告警功能。

整流柜是系统的核心，将 380V 交流电源整流成 240V 直流电源并输出到直流配电柜；整流柜集成有系统监控主机，可通过 RS485 接口与交直流配电设备、绝缘仪、电池检测仪通信，还可通过 Can 总线与整流模块通信。

直流柜是将整流柜铜排输入的直流母线分配到各个支路，从而输出到各列头柜或二级直流柜，再通过它们分配到各服务器机架，从而实现整个电源系统的功能。

4.4.2.2　数据中心应用高压直流供电技术的优点

高压直流供电技术和传统的 UPS 技术相比，主要的优点表现在下面几点。

（1）系统功率较高。采用功率 MOS 高频软开关技术的高压直流具有高达 96%的效率，比采用晶闸管或 IGB/T 的传统 UPS 技术效率更高，体积更小。高压直流的输入功率因数高、谐波小，且输出负载率比 UPS 技术大，可降低柴发容量等。节能休眠技术可以大大提升轻载下的系统效率，减少机房初期的运行能耗。

（2）系统稳定性高。电池直接挂在输出母线上，可靠性更高，且可在线扩容、不掉电割接等，拓扑简单，可靠性高。

（3）可维护性高。模块化设计，按需配置，边成长边投资。模块热插拔维护，可像更换硬盘一样更换故障模块，减少依赖厂家维保服务。

（4）安全性高。高压直流比传统 UPS 技术要更安全，因为输出浮地，即便误碰到单极母排电压，触电电压也只有 135V，比交流电压要低了近 1/2，且交流 220V 的正弦波峰值电压高达 314V，高于高压直流 270V 的电压。

另外，240V 高压直流可以直接使用在绝大多数标准交流设备上（380V 高压直流等其他电压等级则不行），IT 设备不用定制电源及改造设备，也较容易推广。

4.4.3 磷酸铁锂电池

4.4.3.1 数据中心电池应用现状

铅酸电池在通信行业领域数长期占主导地位，但铅酸电池循环寿命短、占地大、对机房承重要求高、生产过程容易造成环境污染，各国的铅酸电池发展都趋于萎缩，中国铁塔股份有限公司已经明确不再招标铅酸电池。

锂电池具有能量密度高、占地小、寿命长等铅酸电池不具备的优势。伴随着铅酸电池市场占有率的快速下降，锂电池在全球的应用急剧增加，5G 站点几乎全部被锂电池覆盖，国外一些大型的 ISP 客户也开始在数据中心规模使用锂电池。可以预测在未来 3～5 年，锂电池的市场份额将接近甚至超过铅酸电池，锂电池占据市场主导地位已经是必然趋势。

4.4.3.2 磷酸铁锂电池介绍

近年来，随着磷酸铁锂电池技术的进步和产能的扩大，磷酸铁锂电池的能量密度高、安全性强、高温性能好、功率输出高、寿命长和环保等优点被人熟知，引起了数据中心行业的关注。

磷酸铁锂电池内部结构可分为极板、隔膜、电解液、外壳、安全阀、端子等。磷酸铁锂电池内部结构如图 4-26 所示，左边是橄榄石结构的 $LiFePO_4$，是电池的正极，由铝箔与电池正极端子连接，右边是由碳（石墨）组成的电池负极，由铜箔与电池的负极端子连接，中间是聚合物隔膜，用于把正极与负极隔开，锂离子（Li^+）可以通过而电子（e^-）不能通过，电池的上下端之间是电池的电解质，为锂离子运动提供运输介质。

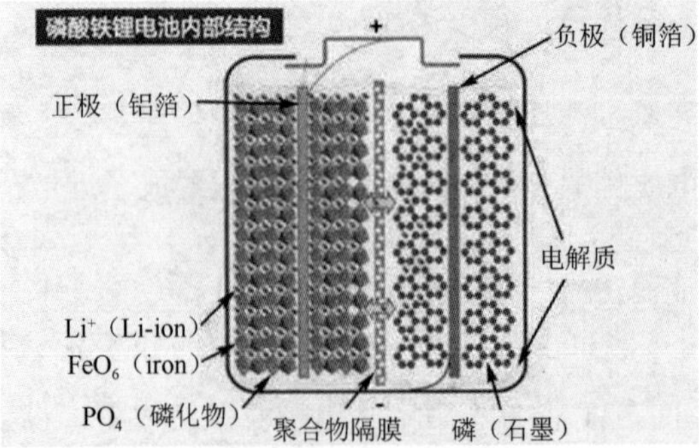

图 4-26 磷酸铁锂电池内部结构

磷酸铁锂电池在数据中心有以下应用优势。

1）提高机房空调温度，降低机房 PUE 值

降低机房能耗始终是机房建设的核心要求，磷酸铁锂电池具有优秀的高温存储、循环性能，因此可以根据机房的当地环境将数据机房空调温度提高至 30℃或更高，以此大幅降低空调制冷耗能，降低机房 PUE 值。

2）模块化系统设计，确保高效运维

模块化电池系统采用 364 个锂电池模块，构成 26 个电池簇，组成 4 个电池系统。在模块化设计时系统可以快速安装、快速运维，并且当部分模块出现故障时，不会影响整个系统正常运行，即使现场非专业人员也可以快速通过替换模块使故障系统恢复运行。

3）占地面积小，节约数据中心成本

磷酸铁锂电池储能备电系统占地不到 70m^2，至少比同等功率容量的铅酸电池节省 1/2 机房面积，可以有效节约用地成本。

4）智慧化管理，降低运维成本

模块化电池系统所有电池状态皆可实时可视化，电池电压、电流、温度、容量、健康状态、运行状态可以通过监控系统实时掌握，整个系统在运行期间无须维护，真正实现数据机房供电保障系统的智慧化管理，降低运维成本。

5）使用寿命长，可利用峰谷差削减系统成本

磷酸铁锂电池的使用寿命是普通铅酸电池的 4～8 倍，长循环寿命可以支撑系统在晚上谷电价时充电，在白天峰值电价时放电，从而降低数据机房的用电成本。以 1.8MW・h 功率计算，若将其中 60%电量应用峰谷循环，每年可减少约 20 万元电费支出。

数据中心行业需要对磷酸铁锂电池的特性进行深入研究和合理运用，在实际应用中检验磷酸铁锂电池的应用情况，使数据中心配电系统各组成部分相互匹配，提供综合效能。

4.4.4 液冷技术

随着数据中心高密度设备的快速发展，服务器级的冷却技术开始出现并被使用，其中最典型的就是液冷技术。液冷技术是指通过液体将设备发热元件产生的热量直接带走。采用液冷技术，可以实现服务器等设备的自然散热，相对于传统的制冷系统，更为高效、节能。

液冷技术常用的冷却液有水、矿物油和氟化液。其中水是一种优秀的散热媒介，价格低廉无污染，有良好的比热容，但由于水并非绝缘体，只能应用于非直接接触型液冷技术中。矿物油是一种价格相对低廉的绝缘冷却液，单相矿物油无味、无毒、不易挥发，是一种环境友好型介质，但是矿物油黏性较高比较容易残留，在特定条件下有燃烧的风险。氟化液由于具有绝缘且不燃的惰性特点，不会对设备造成任何影响，是目前最理想、应用最广泛的浸没式冷却液，但其价格较为昂贵。

按照液体与发热器件的接触方式，可将液冷技术大致分为冷板式液冷（间接接触）、喷淋式液冷和浸没式液冷（直接接触）。

1）冷板式液冷

冷板式液冷是指将冷板固定在服务器的主要发热器件上，依靠流经冷板的液体将热量带走，从而达到散热的目的。冷板液冷解决了服务器中发热量大的器件的散热，其他发热量小的器件还得依靠风冷散热，所以采用冷板式液冷的服务器也称气液双通道服务器。冷板的液体不接触被冷却器件，采用导热板传热，安全性高；缺点是采用冷板式液冷后，机房还需要继续安装房间级空调来保证机房温度。冷板式液冷原理图如图 4-27 所示。

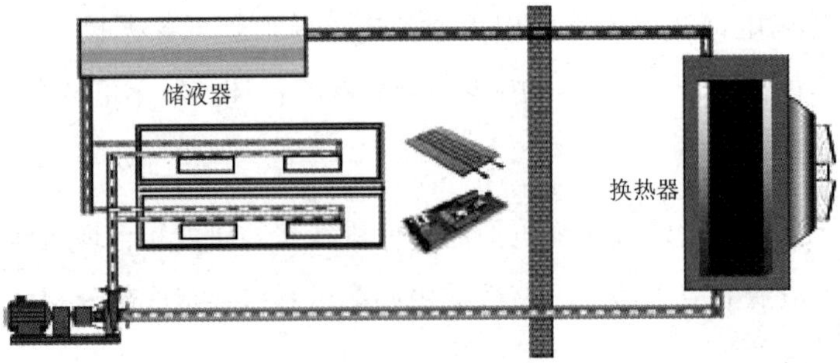

图 4-27 冷板式液冷原理图

2）喷淋式液冷

喷淋式液冷根据发热体位置和发热量大小不同，让冷却液对发热体进行喷淋，达到冷却设备的目的，如图 4-28 所示。喷淋的液体和被冷却器件直接接触，冷却效率高；缺点是液体在喷淋过程中遇到高温物体，会有少量蒸发现象，雾滴和气体沿机箱孔洞缝隙散发到机箱外面，使机房环境清洁度下降或对其他设备造成影响。

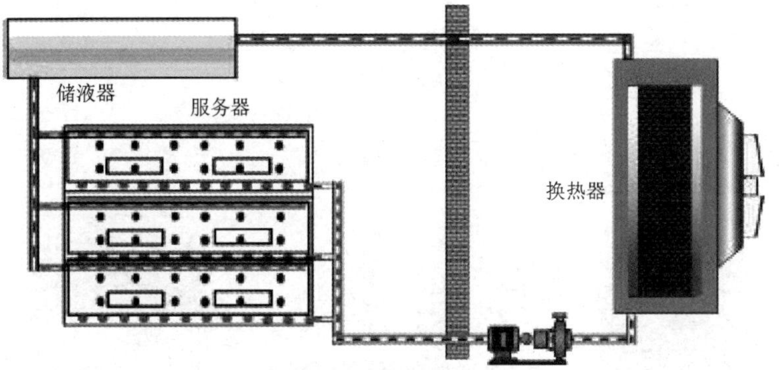

图 4-28　喷淋式液冷原理图

3）浸没式液冷

将发热元件直接浸没在冷却液中，依靠液体的流动循环带走服务器等设备运行产生的热量。浸没式液冷由于发热元件与冷却液直接接触，散热效率更高，相对于冷板式液冷，噪声更低，是典型的直接接触型液冷技术。

浸没式液冷分为两相液冷和单相液冷。常用的为单相液冷，散热方式可以采用干冷器和冷却塔等形式。单相液冷中的冷却液在循环散热过程中始终维持液态，不发生相变，故单相液冷要求冷却液有较高沸点，与 IT 设备的元器件兼容性较好，根据应用场景规范，可以采用氟化液配合干冷器（见图 4-29）或者配合冷却塔+板换散热（见图 4-30）的方式。

两相液冷中的冷却液在循环散热过程中发生了相变。两相液冷传热效率更高，但是控制相对复杂，相变过程中压力会发生变化，因此两相液冷对容器要求很高，且在使用过程中冷却液易受污染，实际应用较少。

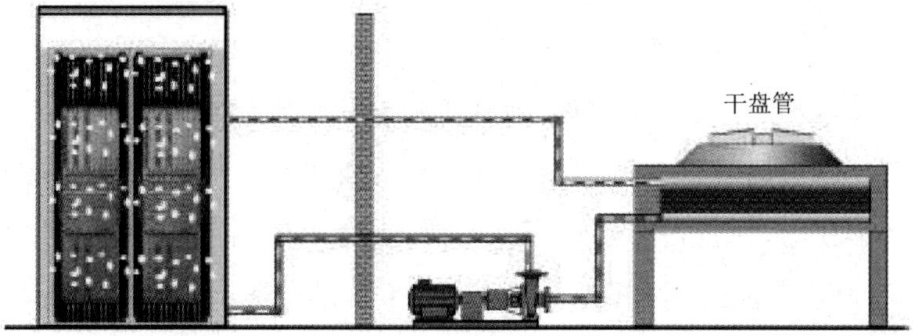

图 4-29　氟化液配合干冷器模式

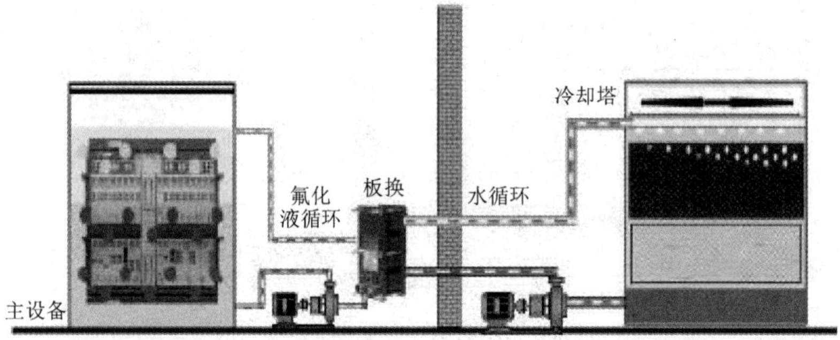

图 4-30　冷却塔+板换散热模式

以往液冷技术主要应用于高性能计算领域，但是随着现在数据中心向着高密高电的方向发展，传统的风冷技术已经不能完全满足其散热需求，这促使液冷技术下沉。相比于风冷技术，液冷技术可以大幅度降低数据中心的能源消耗，比如很多浸没式液冷数据中心的 PUE 值甚至可以达到 1.03～1.05。但是相同规模的风冷系统数据中心，其 PUE 值为 1.3～1.5。

液冷技术得益于更高的散热效率、对建筑物的依赖度更低，以及静音安全的特点，那些对场地、电力要求较高的数据中心也会逐渐考虑采用这种冷却方式。除了传统的大规模数据中心，随着边缘计算时代的来临，未来的边缘计算数据中心会有大概 20%采用液冷技术。

虽然液冷技术优势很多，但目前仍然存在着一些制约因素，具体来说有如下几点。

1）缺乏相应的标准支持

目前浸没式液冷还没有在行业内形成趋势，缺乏大规模应用的案例。国家或者行业对其技术的规范还处于空缺状态。

2）改建成本过高

采用液冷技术的数据中心在设计方式上和传统采用风冷的数据中心迥异，比如楼梯的承重、机房的层高等。如果贸然更换冷却方式，除了空间利用率会受到影响，人员维护及再建设成本都将是一笔不小的支出。

3）腐蚀风险

如前文所述，水是导电的，而矿物油和氟化物在与空气接触后会被其他物质污染，从而对服务器等 IT 设备带来腐蚀的风险，因此防范成本很高。

液冷技术虽然存在很多问题，但得益于其明显的优势，在数据中心建设中必然会有用武之地。

4.4.5　间接蒸发冷却

数据中心将会向高密度化演进，包括电源、电池、空调设备的高密度化将会加速制冷、配电、模块化、运维技术的应用。例如，在制冷方面，随着数据中心单机架功率密度越来越大，对于制冷的要求也日趋严格，为了降低 PUE 值，近几年数据中心新型末端冷却方式不断涌现，如顶置对流空调、热管、水冷背板、液体冷却和间接蒸发冷却等。

在当前的大背景下，液冷数据中心需求处于上升期，但作为一种新的技术，液冷要想完全成熟还需要一段时间，现在成本控制是其主要障碍。目前，大型的云计算数据中心越来越多选择在北方气候较寒冷的地区部署，以降低散热能耗和运营成本，对数据中心最大限度地采用自然冷源成为主流。间接蒸发冷却是现阶段最理想的技术方案之一。

4.4.5.1　间接蒸发冷却原理及工作模式

间接蒸发冷却（Indirect Evaporative Cooling，IEC）为蒸发冷却的一种独特的湿降温方式，其基本原理是：利用直接蒸发冷却后的空气（二次空气）和水，通过换热器与室外空气进行热交换，实现新风（一次空气）冷却。由于新风不与水直接接触，其含湿量保持不变，新风变化过程是一个等湿降温过程。间接蒸发冷却示意图如图 4-31 所示。

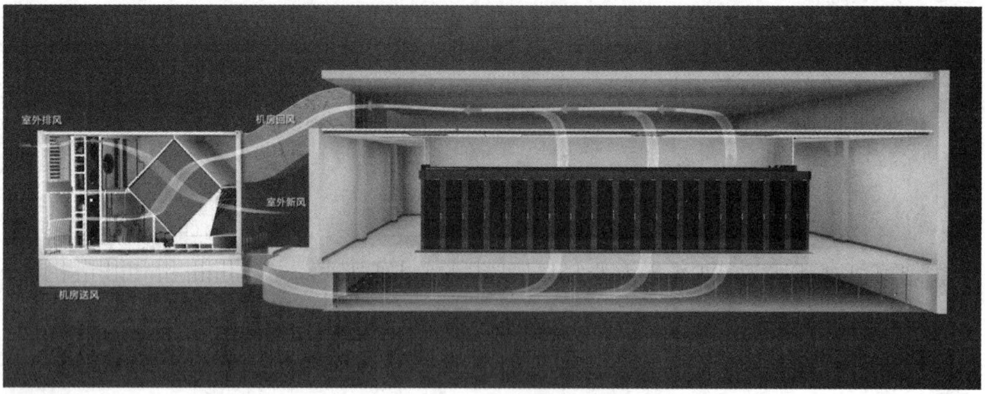

图 4-31　间接蒸发冷却示意图

间接蒸发冷却系统由喷淋装置、换热芯体、室内风机、室外风机、机械制冷补充装置、控制系统等组成。间接蒸发冷却基于干湿球温差制冷，注重环境干球温度和湿球温度，主要存在三种工作模式。

1）干模式

在冬季室外温度低（如干球温度≤16℃）的情况下，上部室外侧气流进入机组，先进行空气过滤，因为室外空气温度低，室外空气中的冷量足够在换热器内冷却服务器机房回风。经过换热器后，吸收热量的室外空气回到上部，并由室外风机墙排放到室外。在机组下部分，机房内部的热回风先经过过滤，再在热交换器中和室外空气进行热交换。冷却后的机房回风，经过室内风机墙被送入服务器机房，如图 4-32 所示。

2）喷淋模式

在春、秋季室外温度较低（如干球温度＞16℃且湿球温度≤19℃）的情况下，上部室外侧气流进入机组，先进行空气过滤，因为室外空气温度不够低，需要通过高压微雾喷淋进行绝热蒸发制冷来补充制冷量。室外空气在换热器内冷却服务器机房回风，吸收热量的室外空气回到上部，由室外风机墙排放到室外。在机组下部分，机房内部的热回风先经过过滤，再在热交换器中和室外空气进行热交换。冷却后的室内空气，经过室内风机墙被送入服务器机房，如图 4-33 所示。

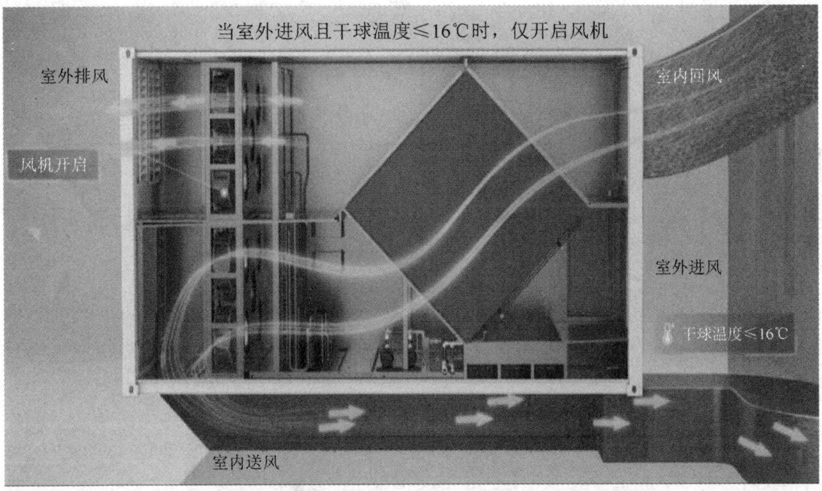

图 4-32　干模式：自然冷却模式，仅开启风机

图 4-33　喷淋模式：仅开启风机/水泵

3）混合制冷模式

在夏季室外温度高（如湿球温度＞19℃）的情况下，上部室外侧气流进入机组，先进行空气过滤，再通过高压微雾喷淋进行绝热蒸发制冷来补充制冷量。室外空气在换热器内冷却服务器机房回风，吸收热量的室外空气回到上部，由室外风机墙排放到室外。在机组下部分，机房内部的热回风先经过过滤，再在热交换器中和室外空气进行热交换。因为室外空气温度高，经过换热器冷却后的室内空气温度仍然未到达送风

温度要求，还需要进行机械制冷。经过室内风机墙后，因为机械制冷风阀关闭，机房回风只能再经过机械制冷盘管进行制冷，然后达到设定送风温度，被送入服务器机房。在温湿度特殊的情况下，还需要开启 DX 系统，如图 4-34 所示。这种混合工况要求后备的冷源系统冷量可调，建议采用变频压缩机。

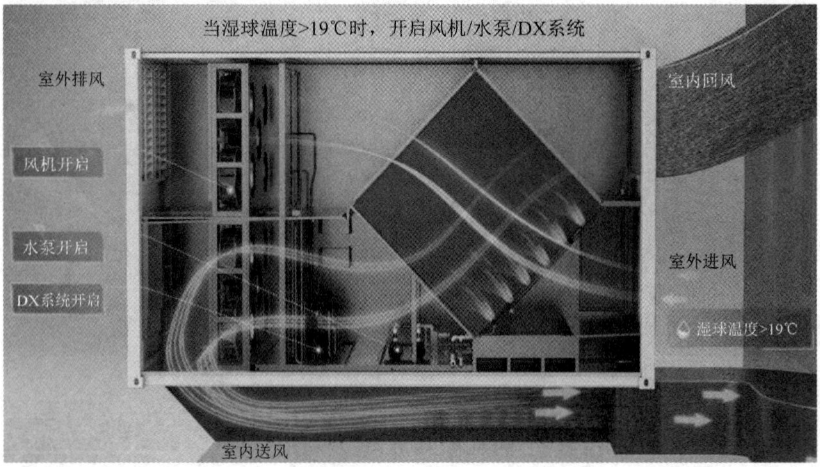

图 4-34　混合制冷模式：开启风机/水泵/DX 系统

4.4.5.2　间接蒸发冷却的优势

与传统制冷方案和其他自然冷却方案相比，间接蒸发冷却方案有着如下优势。

（1）耗水量低。间接蒸发空调节约了宝贵的水资源，其耗水量不足传统开式冷却塔的 10%。

（2）自然冷源利用效率高。以北京地区为例，如采用间接蒸发冷却，每年自然冷却时长 6342h，比板换（冷冻水水温 15～22℃）方案多 1000h。

（3）换热链路短，高效换热。水冷冷冻水方案通常需要 4 次换热，风冷方案需要 2 次换热，而间接蒸发冷却仅需要 1 次换热。

（4）集成度高，环境要求简单。间接蒸发冷却对大气和环境要求低，无须复杂的深化设计、现场管路连接等，简单高效。

更长的自然冷却时长、更短的制冷链路，以及广泛的适用性，使得间接蒸发冷却成为绿色数据中心的首选方案之一。

4.4.6 微模块

4.4.6.1 微模块简介

微模块将一定数量的机柜通过底座和顶板组合在一起，每个模块内部为一个空间，可提供多个标准机柜、行级空调、走线槽、走线梯、活动天窗、监控屏、精密配电柜、模块化UPS、通道门，如图4-35所示。通过冷热通道隔离，形成有效气流组织，满足IT设备运行要求，满足数据中心机房环境相关技术规范。

图4-35　微模块的组成

微模块数据中心系统由高性能机柜系统、配电列头柜系统、热交换机散热系统、消防冷通道系统、综合走线系统及综合监控管理系统组合而成。采用了独特的冷热循环通道设计，整个机房内部的冷热气流交换都在内部封闭空间内完成，与机房外部不联通；其中通道走廊内为冷通道区，机柜后部（200mm）为热通道区，通过交换机的冷热循环交换实现对设备的制冷和散热，使得整个制冷系统更高效、节能、环保。

微模块数据中心的综合管理系统包括动力监控、环境监控、安保监控、远程监控、多媒体报警五大监控管理功能，使得整个数据中心机房内所有的物理环境、微环境因素得到了实时监控管理，机房管理者能在第一时间掌握数据中心机房的运行数据情况。

另外，整个微模块数据中心还配备了智能电源管理系统（列头柜）、消防联动顶板系统、自动移门系统、综合走线系统，让整个数据中心配套设施更完善，各项实际应用功能更齐全，为网络设备的安装使用和维护提供了完整可靠的机房综合解决方案。

4.4.6.2 微模块数据中心的优势

相比传统数据中心建设周期长、管理复杂、难以适应新业务发展需要、能耗高、运维成本居高不下等问题，微模块数据中心的优势主要体现在以下方面。

1）快速部署，缩短建设周期

微模块数据中心仅需要根据具体 IT 需求，部署比典型的传统系统设备数量更少的小型基础设施，进一步缩短各部署阶段所需时间。传统数据中心实施阶段需 7～8 个月，采用微模块建设仅需 2～3 个月。

2）方便扩展，分期建设

采用微模块架构，数据中心可根据需求分期建设一个微模块到几十个微模块。例如，在景安网络，不管未来客户需要多少台机柜、什么样的供电等级，或要求短时间增加业务等，微模块数据中心都是最佳选择。

3）标准模块，稳定可靠

微模块数据中心采用模块化、标准化和高整合设计，整个系统稳定度更高。同时，依据客户需求，可在电力备援方案上提供 N、N+1、2N 等配置方案，满足 ANSI/TIA-942 最高 Tier 4 水平。

4）绿色、节能

数据中心在使用期间的电力成本是总拥有成本中最大的一项。用户只需要为所需设备提供微模块，因此电力成本的节约非常可观。另外，微模块数据中心采用机柜式（列间）空调，不仅制冷更为精准，还可避免额外损耗，相比传统机房制冷效率至少提升了 12%；同时与水冷系统、自然冷却系统结合后，PUE 值可降至 1.5 以下。

4.4.6.3　微模块数据中心的应用前景

微模块化数据中心是数据中心建设领域最为火热的概念之一，模块化的建设方式能够大大缩短数据中心的建设周期，节约成本，同时使得数据中心施工变得简单快捷，国内近几年新建的数据中心开始大规模采取微模块的建设模式。

国外企业：IBM、微软、谷歌等互联网企业已率先采用微模块数据中心。

国内企业：百度、阿里巴巴和腾讯等互联网企业客户在新建数据中心时，纷纷采用微模块数据中心产品，均在建设周期、能耗及成本方面获得收益。

如今互联网企业是数据中心建设和应用的大户，所以它们在 IDC 的探索上一定程度地代表了这个产业的发展方向。微模块数据中心公开的运营结论显示，采用微模块的方式建设数据中心，颗粒度更小、更为灵活，而且不再受到集装箱内狭小空间的限制，运维和搬迁等更为灵活和方便，当然，不管是微模块数据中心还是其他数据中心建设形式，一个快速部署、绿色节能和高效资源利用的数据中心是企业所期待的。

4.4.7　整机柜服务器

整机柜服务器就是将原有机架+机器分离的架构进行融合，打包成为一个独立的产品，以一个整机柜为最小颗粒度进行交付的服务器。

近几年来，AI 计算发展迅速，云化需求愈演愈烈，边缘计算如火如荼。整机柜架构的设计与布局需要结合新的应用场景谋求创新与突破。

（1）随着登纳德缩放定律与摩尔定律减速，CPU 处理器向着高功率的方向不断发展，伴随着定制化模式的不断成熟，高算力、高功耗的 CPU 处理器不断被应用于定制化服务器当中。

（2）AI 赋能、Training 和 Inference 的应用场景更加普及，对于 AI GPU 服务器的整机柜功耗及机柜供电架构来说，散热模式带来了新的挑战。

（3）业务的灵活、快速部署、搬迁混插功能实现等需求强烈，整机柜要更加灵活弹性。

4.4.7.1 天蝎整机柜服务器介绍

众所周知，2011 年以 Facebook 为主导的 OCP（开放计算项目）启动，并在 2012 年推出了其首台 OpenRack。而在国内，BAT 也在同年成立了天蝎联盟（后升级为 ODCC），整机柜服务器开始本土化。OCP 推出的 OpenRack 和 ODCC 的天蝎开放标准成为整机柜服务器的实施标准。

2012 年，天蝎 1.0 发布，首次实现商用；2014 年，天蝎 2.0 发布，制定了更规范的标准，并在数据中心开始规模部署。随着天蝎整机柜服务器应用规模的不断扩大，天蝎联盟逐步开始关注数据中心的技术和产业发展，致力于推进我国服务器和数据中心的自主化，保障信息安全，促进民族企业发展。2019 年，天蝎 3.0（见图 4-36）发布，架构全面升级。

图 4-36 天蝎 3.0 整机柜服务器

天蝎 3.0 在以下技术方面实现了关键突破。

（1）节点子系统：节点支持 1SU 和 2SU 形态，更高的功率密度，更好的弹性和灵活，充分考虑了 CPU、GPU、FPGA 等处理器核心部件的适配，预留了新部件的弹性扩展能力。

（2）散热子系统：节点独立散热，标准化规格，实现了节点灵活布局与弹性搬迁；引入了虹吸热技术，实现了高功率 CPU 的高效能风冷散热；机柜设计充分考虑了液冷模组的预留支持与设计。

（3）供电子系统：定义了 48V PSU+BBU 集中供电，具备更高的机柜供电能力，承接未来 AI 算力的挑战。

（4）机柜子系统：机柜归一化设计，兼容 19 寸、21 寸内宽节点。

4.4.7.2　整机柜服务器的优势

1）集中供电

整机柜服务器实现电源的整合和池化后的优点非常明显。

（1）电源数量大大减少，对比传统的单个服务器 N+1 或 2N 电源的冗余设计，整机柜服务器形成了模块化电源集中供电，PSU 的数量减少比例可达 90%。

（2）极大地降低了采购的成本和难度，电源的设计过于冗杂会导致部署服务器的难度变大，仅配置少量的 PSU 不仅可以解决安装和运输问题，还可以节省大量成本。

（3）在简化电源设计后，随着电源数量的降低，故障点也大大减少，在运维时无须再分散处理，可以直接统一管理。

（4）通过测量，发现 PSU 的工作负载率在 50%左右时转化效率最高，而传统机架服务器的供电配置冗杂，工作负载率普遍较低，简化的整机柜供电设计可以提升供电效率。

2）集中散热

集中散热也是整机柜服务器的设计亮点之一，与传统的单独散热相比，这样设计也有明显的优势。

（1）形成风扇墙池化散热，减少了风扇的数量，以 16 台 2U 服务器的散热部署为例，若单独散热，每台服务器需要采用 96 个 60mm 风扇（每台 6 个）或 80 个 80mm 风扇（每台 5 个)。但如果采用天蝎整机柜的风扇墙设计，每 4SU 的高度横置 3 个 140mm×38mm 的风扇，这样 16 台 2U 服务器只需要 24 个风扇，大大减少了风扇的数量和能耗。

（2）集中散热同集中供电一样，也具备减少故障点、集中管理等优势，大口径风扇的散热效率远胜于一个个小风扇的散热效率。

3）结构优化

整机柜服务器在提升结构后，最显著的成效就是解决了数据中心服务器“交付难”的问题。按照目前国内通用服务器的交付速度，每天大约可交付 500 台，但目前国内大型的互联网公司年采购量可达十几万台，即交付时间为几百天。随着业务和应用的大幅提升，服务器的需求量还会高速增长，几百天的交付时间意味着需要大量的人工成本，而且交付的繁杂也会影响后续的测试和上线工作，进而影响日常业务的开展。

采用整机柜服务器，能大幅提高交付速度。早在 2013 年，天蝎整机柜就创下了单日单机房 3000 个节点的交付纪录，这个数字还在不断攀升，目前已经超过单机房 5000 个节点/日的交付。

4.4.7.3 整机柜服务器的应用前景

5G 时代，移动互联网规模还会进一步扩大，物联网会迎来真正的大发展，这将推动下一代云数据中心技术的发展，数据中心规模还将大幅增长，成本也将大幅降低，尤其是单位负载的处理成本。整机柜服务器这种形态正在快速成长为服务器领域的主流，必将在未来的数据中心发挥更大的作用。

4.4.8 定制化服务器

在新基建时代，数据中心将朝着大型数据中心和边缘计算数据中心两个完全不同的形态发展，而用户需求也将日趋多样，整机柜、液冷、高压直流等新技术也将逐步落地。传统标准化的服务器对于满足用户多样化的需求将力不从心。在这样的背景下，定制化服务器能够更好地满足各类客户对服务器产品的个性化需求，将逐渐成为主流。

4.4.8.1 定制化服务器的含义

顾名思义，定制化服务器是基于传统服务器，根据不同业务的实际需求进行研发、设计、生产的新型服务器。

相比于标准服务器，定制化服务器针对诸如 AI、大数据、IoT 等业务场景的应用，对 CPU、GPU、FPGA、内存、芯片组、I/O 总线、I/O 设备、电源、机箱等进行了专门的研发设计，因此更加适用于特定的工作负载。除了进行硬件配置，还可以提供外观定制、文档定制、软件定制、特殊部件定制、生产定制及认证定制等多种定制化内容，同时提供专业的咨询和运维能力。

4.4.8.2　定制化服务器的主要优势

作为定制化最明显的特性，“按需配备”的服务器能够使应用场景与业务流程要求更加配对，效率更高、更加可靠，同时让用户的使用成本更低。

（1）更好的性能。对于业务种类繁多的企业而言，标准服务器往往不能满足所有场景的应用需求，而定制化服务器完全按照企业不同的场景进行相应研发、配置和软件调优，使得其与业务能够得到更好的融合，从而提供更好的性能。

（2）更加稳定可靠。由于定制化服务器专门针对特定的应用研发设计，在研发过程中会对特殊场景应用下的工作负载进行调优。因此，相比于传统服务器，负载更加均衡，稳定性和可靠性更胜一筹。

（3）节省能源成本。在服务器各项支出中，用于散热的成本无疑是重头戏。相关数据表明，假定一个数据中心使用年限为 10 年，在该数据中心的总拥有成本构成中占比最大的是电力成本，达到 20%；而在电力耗能上，41%用于数据中心冷却。因此，通过定制化服务器，不仅能改善整个系统的散热状况，还能使服务器运作更加稳定。

（4）更低的总拥有成本。虽然定制化服务器的采购成本要高一些，但定制化使服务器的计算性能与业务更加匹配，资源效率更高，这也意味着用更少的服务器便可支撑相同的业务。另外，更少的服务器数量及专门优化的散热效率，代表着企业能够用更少的电力成本来支撑业务的发展，同时运维管理的成本也更低。因此，相比标准服务器，定制化服务器的总拥有成本更低。

总的来说，定制化服务器是指服务器厂商利用自己的研发和规模生产的优势，来满足某位客户的某种或者多种特殊需求，通过定制化，保障用户的服务器成本可控、产品可靠、性能稳定。一套专业的服务器定制方案不仅能帮用户节省构建成本，还能加速应用、提升用户体验。虽然定制化服务器有着诸多的优势，也逐渐被用户认可，但企业在采购定制化服务器时，一定要坚持高可用性、高可靠性、高安全和高性能原则，因为再个性化的服务器需求都是对产品性能、可用性和可靠性的不懈追求。只有坚持以此为出发点，才能做到为不同的应用场景按需定制适合的服务器产品，真正服务于业务本身。

4.4.9 软件定义广域网 SD-WAN

SD-WAN（Software-Defined WAN，软件定义广域网）是将 SDN 技术应用到广域网场景中所形成的一种服务。简单来说，SD-WAN 是一种能够取代传统广域网线路（MPLS-VPN、IPSec-VPN 等）的新技术，这种技术不仅能解决传统互联网线路不稳定、专线造价昂贵的问题，还能满足未来对线路应用的即时性和实时性。

SD-WAN 近年来被应用于连接广阔地理范围的企业网络、数据中心、互联网应用及云服务，旨在帮助用户降低广域网的开支和提高网络连接灵活性。随着越来越多的大中型企业构建自己的数据中心，或者以运营商的数据中心为基础搭建自己的企业 IT 架构，数据中心互联的场景成为 SD-WAN 的一类重要应用场景。

4.4.9.1 SD-WAN 的技术架构

SD-WAN 的技术架构主要包括数据转发层、控制层、业务编排层、服务层，如图 4-37 所示。

（1）SD-WAN 数据转发层。广域范围内存在的物理设备或者虚拟设备，以及连接这些设备之间的链路组成了 SD-WAN 的数据转发通道。SD-WAN 数据转发层需要具备的特征如下：具备网络资源虚拟化的部署能力；具备流表/标签/VLAN/VRF 等逻辑资源隔离的转发能力；具备可开放的网络功能调用的接口，支持控制层的集中管理和资源配置；具备网络边缘设备和广域 WAN 节点的区分，可以支持网络边缘设备选择不同的广域 WAN 节点，即选择不同的 WAN 资源，满足不同业务转发的质量要求。

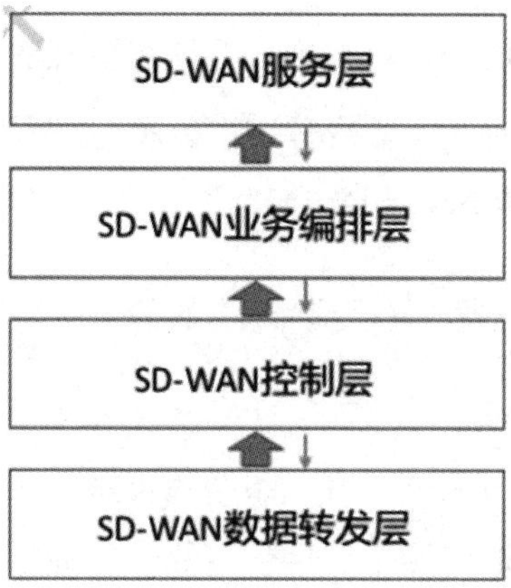

图 4-37　SD-WAN 的技术架构

（2）SD-WAN 控制层。SD-WAN 控制层是 SD-WAN 的核心组成部分，通常包括两类主要功能：第一类功能是自动采集和获取数据转发层的网络拓扑、网络状态和网络资源数据，将物理网络资源抽象成可以独立提供给不同用户或应用的逻辑网络；第二类功能是对 SD-WAN 数据转发层的集中控制和管理，支持按照不同的用户或者上层应用需求，选择和配置不同的网络资源和路径，以提供高性价比且使用灵活的网络连接服务。当底层网络资源不足或者因故障不可用时，支持自动或者人工干预的方式进行路径切换，提高业务层连接的可靠性、可用性。

（3）SD-WAN 业务编排层。SD-WAN 业务编排层是将 SD-WAN 数据转发层和控制层的能力集成开放的功能层，通常支持各种底层网络功能的集成。例如，多种边缘接入方式（固网宽带、4G 网络、专线接入等）的选择和集成；支持多种骨干网络的部署集成，包括骨干传输网、MPLSVQN 网络或者 SDN 骨干网；支持不同云服务的集成，包括公有云服务、私有云服务及行业云服务等专属云服务。业务编排层提供业务数据的采集和统计，支持 SD-WAN 服务的计费话单、业务流量统计等数据的输出。业务编排层的核心特征是具备可开放的北向接口，支持用户服务、上层应用或者云应用的能力开放和调用。

（4）SD-WAN 服务层。SD-WAN 服务层是 SD-WAN 各类服务的展示层，对于运营商而言，SD-WAN 服务层可以提供可视化的 SD-WAN 网络资源的统一管理和控制，使运营商具备灵活的运维管理和运营服务能力；对于用户而言，SD-WAN 服务层可以提供可视化的业务管理视图，用户可以自主进行网络节点的管理和监控，自助开通、变更和关闭 SD-WAN 服务。同时，SD-WAN 服务层可以与用户的自有 IT 系统、应用系统对接，通过能力开放的 API 或者 SDK 支持各种 SD-WAN 应用的集成。

4.4.9.2 SD-WAN 对数据中心互联网络的价值

（1）保障网络性能和可靠性。SD-WAN 综合利用多条公有和私有链路，具有多路由优化及冗余特性，连接的两端只要有一条路径可用，企业应用流量就不会中断，这一整网冗余的机制最大限度地保障了连接的可靠性。通过智能路径控制的方式灵活调整优质的链路承载客户的关键业务，进而保证其运行质量。

（2）简化管理运维。SD-WAN 的物理拓扑比传统网络更复杂，它具有更多的功能。但 SD-WAN 通过即插即用的部署方案和强大的集中管理系统，对全网可视可控，掩盖了网络大部分复杂性，大幅降低了客户的管理投入和对网络运维人员的能力需求，因此简化了网络运维，增加了管理效率。

（3）降低成本。Gartner 报告称，SD-WAN 部署比传统广域网架构节省了 2.5 倍费用。SD-WAN 方案利用现有基础设施进行流量传输，允许快速分支部署和实时访问，网络所有部署和管理均由集中控制系统进行，自动化运维减少了问题识别和相关补救成本，从各方面节省了硬件、软件和 IT 资源，尤其当分支机构较多时，采用 SD-WAN 方案节省成本的效果更加明显。

4.4.10 400G 光互连技术

数据中心网络作为互联网业务赖以生存和发展的基础设施，早已从最初的千兆、万兆网络，走到了“25G 接入+100G 互连”规模部署的阶段。要实现数据中心内部光网络互连，光模块是必不可少的，现代大规模数据中心对于光模块的需求量及光纤资源的需求量非常大，光互连的成本在网络成本中占很大比例，如何选择合适的技术同时兼顾技术发展和建设及运维成本是巨大的挑战。目前 100G 光互连技术在各大互联网公司新建的数据中心已普遍被采用，行业预测，在未来 2～3 年内 400G 光互连技术将大规模商用，200G 或成为临时过渡或被直接跳过。因此，400G 光互连技术成为业界关注的重点，也将深刻影响大数据中心的建设。

对于 400G 光模块的分类，从传输方式上区分，可以分为多模（MM）、单模（SM）；从光口速率上区分，可以分为 NRZ 和 PAM4 调制（目前以 PAM4 调制为主）；从光口上区分，可以分为 SR、DR、FR、LR、ZR；从封装形式上区分，可以分为 CDFP、CFP8、OSFP、QSFP DD 等。400G 光模块的技术分类如表 4-4 所示。

表 4-4　400G 光模块的技术分类表

光口	光口速率	传输方式	规范	电口速率	封装形式
400G-SR16	16×26.5Gbit/s NRZ	100m MM	802.3bs	16×26.5Gbit/s NRZ	CDFP/CFP8
400G-FR8	8λ×53Gbit/s PAM4	2km SM	802.3bs	8×53Gbit/s PAM4	QSFP DD/OSFP
400G-LR8	8λ×53Gbit/s PAM4	10km SM	802.3bs	8×53Gbit/s PAM4	QSFP DD/OSFP
400G-SR8	8×53Gbit/s PAM4	100m MM	IEEE802.3cm	8×53Gbit/s PAM4	QSFP DD/OSFP
400G-SR4.2	4×2λ×53Gbit/s PAM4	100m MM（2λ）	IEEE802.3cm	8×53Gbit/s PAM4	QSFP DD/OSFP
400G-DR4	4×106Gbit/s PAM4	500m SM	802.3bs	8×53Gbit/s PAM4	QSFP DD/OSFP
400G-FR4	4λ×106Gbit/s PAM4	2km SM	100G/λ MSA	8×53Gbit/s PAM4	QSFP DD/OSFP
400G-LR4	4λ×106Gbit/s PAM4	10km SM	TBD	8×53Gbit/s PAM4	QSFP DD/OSFP
400G-ZR	DWDM+59.8Gbd DP-16QAM	>80km DWDM	OIF	—	QSFP DD/OSFP

尽管 400G 光模块的应用模式不少于 10 种，但从数据中心的应用来看，未来数据中心 400G 光模块主流应用的模型主要为 SR8、SR4.2、DR4、FR8 四种类型。

1）400G-SR8

采用多模光纤单波长单向 8 通道，每个通道传输 50G。接口采用 16 芯专用 MPO 或采用 24 芯两排 MPO。多模光纤可以采用 OM3、OM4 及 OM5，支持的长度分别为 70m、100m 及 150m。这种应用的特点为每个接口需要 16 芯光纤，支持光纤量大，且单波长应用使得收发器成本低。

2）400G-SR4.2

采用 4 路并行传输技术和波分复用技术，每个通道传输双向 50G，共 100G。接口可以采用普通 12 芯 MPO，两侧 8 芯可以用于信号传输，多模光纤可以采用 OM3、OM4 及 OM5，支持的长度分别为 70m、100m 及 150m。这种应用特点为接口与 40G/100G 相同可以向下兼容，但由于采用波分复用技术，收发器成本相对单波长的收发器成本更高。

3）400G-DR4

采用单模光纤单波长并行传输技术，每个通道传输单向 100G。接口可以采用普通 12 芯单模 MPO，两侧 8 芯可以用于信号传输，支持应用长度为 500m。这种应用特点为接口与 40G/100G 相同可以向下兼容，有单波长应用，收发器成本相对采用波分复用技术的收发器成本有优势，比多模收发器成本要更高一些。

4）400G-FR8

采用单模光纤 8 波长波分复用技术，每波长传输 50G。接口可以采用普通单模 LC，支持应用长度为 2km。这种应用特点为支持距离长，只用一对单模光纤，接口可以采用普通单模 LC，采用 CWDM 应用导致收发器成本非常高。

5）400G-ZR

为了同时确保高带宽和高密度数据中心的互连，出现了 400G-ZR 技术。400ZR 标准使用密集波分复用（DWDM）技术和高阶调制，在最长达到 80km 的 DCI 链路上传输多个 400GE 承载。其目的是确保基于单载波 400G 的长距实施，这种单载波 400G 使用 16QAM 调制，其速率大约为 59 Gbaud。只有通过相干检测和高级数字信号处理（DSP）技术才能实现这一目标。400G-ZR 可以降低高带宽数据中心互连的成本和复杂性，并提高来自不同制造商的光模块之间的互操作性。尽管 400G-ZR 技术仍处于起步阶段，但一旦推出，它将对以下 3 个应用场景产生重大影响：超大型数据中心、分布式数据中心和电信运营商机房。

第5章

大数据中心建设要素

5.1 大数据中心建设流程

大数据中心建设是一项周密的系统工程，包括大数据中心选址、设计（初步设计和施工图设计）、施工、验收等。大数据中心建设需要考虑综合经济问题，而传统基础设施建设观念已不能适应，需要用新的观念指导大数据中心建设。

5.1.1 大数据中心选址

以全局观念规划建设大数据中心。确定大数据中心的选址涉及公司的发展战略，要根据项目的总拥有成本、短期和长期的目标来做出选址决定。现实中有许多因素影响企业数据中心的选址。而所有因素都应该从战略的角度来看，因为一个行业的重点可能会每隔 3～5 年发生改变，而每隔 7～10 年，需要更新技术或采用新的技术。

大数据中心并不仅是围墙内的一幢建筑，自成一体，而是天然受围墙以外的所有因素的影响，需要考虑当地的自然地理条件，远离地质灾害频发地带，尤其是地震带和泥石流多发地等，选择同一地区内海拔相对较高、地势平坦的地块，再通过地勘来了解地质条件。

关于大数据中心的选址在早年间都是围绕着网络产生的，哪个地方有流量、有网络资源，就近放服务器，北京、上海、深圳是典型的业务驱动选址。还有一类是广州、杭州、天津，都是围绕着巨大的都市圈旁边的副中心位置，像杭州和上海之间的关系，更多是平衡了业务需求和资源情况。这两类是典型的市场驱动，而且也是目前看来，最有卖方市场的大数据中心区域。

现在大数据中心的规模越来越大，我们要保留大数据中心的可扩展性（持续性），所以电和水非常关键，大数据中心的选址往往会受制于用能指标的限制，除此之外，我们还需要比较各种电力成本。也就是说，每千瓦时的动力源的成本要足够低，是否具备可替代的可再生能源，诸如太阳能、风能等，这将有助于企业打造更加绿色的企业形象。

比较理想的是，项目所在地的政策扶持大数据产业发展，地方负责解决能耗指标。

在确定地块前与地方电力局、水务公司等充分沟通，了解供应能力是否满足。如果新建配套设施，那么要考虑相关的路径规划和政策处理问题。同时还要与电信运营商（可能不止一家）沟通网络资源，确保路由充足且安全。其他地方政策支持也非常重要，购地优惠、配套设施、返税、人才政策等都是企业选址落户的重要因素。

交通运输便利也是影响选址的又一重要因素，大数据中心的建设和交付依赖相关的供应商是否能便捷到达大数据中心所在地。

5.1.2　大数据中心设计

设计一个好的大数据中心，要遵循人机并重的原则。一个合格的新型数据中心，应该是一个安全可靠、舒适实用、节能高效和具有可扩展性的大数据中心，设计应以运行条件、安全可靠作为首要的考虑因素，同时兼顾以下几个方面的内容。

1）高安全可靠性

为保证大数据中心能为用户提供连续不间断的 7×24h 服务，大数据中心必须具有高可靠性。在设计时应注意尽量减少单点故障的存在，对存在单点故障的环节，在设计上必须减少其对整个系统的影响。由于大数据中心内部应用系统涉及机密信息，泄密可能严重危害社会秩序，所以要保证大数据中心的安全性，保证用户的设备和系统不受侵害。

2）可扩展性

鉴于信息网络系统需求的不断发展和变化，技术也在不断提高，故在设计时应考虑这些变化对资源需求的改变，以使整个系统具有灵活的可扩展性，特别是精密空调、配电开关及配电柜、UPS 及供电母线等。

3）易于管理

通过使用先进和可靠的管理工具来实现系统的高质量管理，以节约人力资源。由于大数据中心内设备繁多，具有一定的复杂性。随着业务的不断发展，管理的任务必定会日益繁重。所以在设计时，必须建立一套完善的大数据中心管理和监控系统，实时监控整个数据中心的运行情况，从而可以迅速确定故障的位置，记录事件，提高可靠性，简化数据中心管理人员的维护工作。

4）高性能价格比

大数据中心所需设备的选型要以适用为主，合理选择材料与设备，不要造成资源浪费，也要保证数据中心的高可靠性。以较高的性能价格比设计数据中心，能以较低的成本、较少的人员投入来维持系统运转，提供高效能与高效益。

5.1.3 大数据中心施工

大数据中心施工工程不仅是一个建筑建设和装饰工程，更是一个集建筑装饰、供配电、暖通、弱电控制、消防、计算机等多学科、多领域的综合工程，有不同于其他行业的特点，所以大数据中心的施工管理应重点关注以下几个方面。

1）编制施工计划

施工计划的编制是大型建筑工程项目施工的重要内容，它确定了每个单项工程和单位工程在总体工程中所处的地位，包括开工、竣工日期，工期和系统之间的连接关系等；是安排各类资源计划的主要依据和控制性文件。由于施工内容较多，施工工期较长，故施工计划的项目综合性强，要多注重控制性。

首先确定总体进度计划目标，确定开工、竣工日期；然后对总体目标进行分解，分解为单位工程目标、分部工程目标，可通过里程碑事件进行控制。

2）保证施工质量

随着经济和科技的进步，当前施工的质量从整体来看是逐步提高的，但是仍然存在一些问题会严重影响施工的质量并危害大数据中心的正常运行，如建筑物倒塌、错位、变形、倾斜、渗水、下沉等。

建设大数据中心的目的就是为人们的生产生活服务，因此我们要严把质量关，在建设过程中解决可能影响大数据中心质量的问题。

3）控制施工成本

成本管理也是工程管理的一个重要方面，是企业生存发展的基础和核心。同样，大数据中心的施工建设要确保在质量合格的前提下，做到效益最大，所以我们必须加强大数据中心施工的成本控制和管理。一是提高成本管理意识，在管理工作中重视成本控制工作；二是完善施工管理体系，做好各项预算工作，制定合理的成本管理办法；三是加强施工过程中的成本控制，在施工过程中减少材料消耗，提高大数据中心建筑材料的使用效率，以此提高经济效益。

4）加强安全保障

安全管理是现场施工的基础，因此我们必须首先落实安全责任。制定科学的施工方案，严格执行。要想解决大数据中心施工的安全问题，应当从两个方面着手：提高施工从业人员的安全意识，对施工从业人员定期进行安全教育，严格落实员工培训制度，确保员工持证上岗；建立健全的施工安全管理制度，强化对安全生产工作的监督管理，适时进行安全检查，以便在发现安全隐患后及时采取措施，规范大数据中心建设行为。

5）提倡绿色施工

绿色数据中心的概念是现今社会所倡导的，所以我们应该把科学发展观、可持续发展思想运用到大数据中心的建设施工中来，在施工过程中，将节约资源与保护环境结合起来。

5.1.4 大数据中心验收

大数据中心验收是全面考核大数据中心建设工作，检查工程是否符合设计要求和工程质量的重要环节，它对促进大数据中心的及时投产、发挥投资效果、总结建设经验有重要作用。大数据中心验收是施工全过程的最后一道程序，是一个大数据中心在交付运营之前的最后一道关口，要想保证交付出来的大数据中心能够安全平稳运行，就需要在这个阶段将设计、施工中存在的问题及时发现并处理，把绝大多数问题在萌芽阶段就解决了。

1）完成收尾工程

做好收尾工程，必须摸清收尾工程项目，通过预验收进行一次彻底的清查。大数据中心工程项目的规模、工艺流程、工艺管线、生产设备、土地使用、建筑结构、建筑面积、内外装修、质量标准等，必须与设计文件、施工图纸和说明书、设备技术说明书、招标投标文件、工程合同、图纸会审记录、设计修改签证、技术核定单、现行的施工技术验收标准及规范、协作配合协议，以及施工单位提供的有关质量保证文件和技术资料等所规定的内容一致。供配电、暖通系统作为最主要的两大专业，要分户进行，弱电系统应利用设备巡检功能，覆盖所有末端。按设计图纸和合同要求，逐一对照，发现的问题要处理彻底，避免留尾巴。对于有的大数据中心建设项目（工程）基本符合竣工验收标准，只是零星工程和少数非主要设备未按设计规定的内容全部建成，但不影响正常生产，亦应办理竣工验收手续。对于剩余工程，应按设计留足投资，限期完成。

2）准备验收资料

验收资料和文件是大数据中心工程项目竣工验收的重要依据，从施工开始就应完整地积累和保管，在竣工验收时应编目建档。电气、暖通、消防系统中涉及政府、供水、供电及消防部门验收、检测的项目，具备验收条件的要及时报验，以免影响整体验收。

5.2 大数据中心建设法规要求

5.2.1 选址要求

数据中心的选址将很大程度地影响数据中心资源供给、安全生产、绿色节能及管理运行等目标的实现。目前，国内外与数据中心选址相关的规范主要如下：

GB 50174—2017《数据中心设计规范》；

GB/T 50314—2015《智能建筑设计标准》;

ANSI/TIA-942《数据中心电信基础设施标准》;

ASHRAE TC9.9—2015 Data Center Power Equipment Thermal Guidelines and Best Practies。

（1）《数据中心设计规范》（GB 50174—2017）要求数据中心的位置及设备的布置应满足：

- 水源充足，电力比较稳定可靠，交通通信方便，自然环境清洁；
- 远离产生粉尘、油烟、有害气体及生产或储存具有腐蚀性、易燃、易爆物品的工厂、仓库、堆场等；
- 远离水灾隐患区域；
- 远离强震源和强噪声源；
- 避开强电磁场干扰；
- 远离停车场、铁路和高速公路；
- 远离机场、有危险的实验室、化学工厂中的危险区域、掩埋式垃圾处理场、河岸、海岸和水坝；
- 远离军火库和核电站的危险区域；
- 远离有可能发生洪水的地区；
- 远离地震断层或有滑坡危险的区域。

（2）《数据中心电信基础设施标准》（ANSI/TIA-942）要求数据中心选址应满足：

- 不应靠近附近机场的飞行航线；
- 与铁路及高速公路的距离大于 800m，以保证降低化学物质溅落的危险；
- 与军事基地的距离大于 800m，与核设施、国防设施等的距离大于 1600m；
- 远离洪灾危险区域；

↗ 远离海岸和内陆水路。

通过对目前相关国际、国内标准的研读，可以看出，现有标准在数据中心选址方面尽量避免选择地理及地质灾害高发区，以及人为灾害污染多发区或具有较高安全隐患的地区。数据中心在以安全生产为首要前提下除满足相关选址规范条件外，应特别考虑资源经济性及可持续供应性，如电信、电力、水力、技术人员等。

5.2.2 设计要求

5.2.2.1 建筑与结构要求

数据中心整体建筑设计的合理性对数据中心全生命周期至关重要。作为建筑物，数据中心的建设具有建筑安装工程的一般性，必须严格执行建筑行业相关标准和规范；同时，数据中心作为为 IT 设备提供运行环境和支持环境的场所，其建设也有其特殊性，结合用户需求和工程的实际情况，合理确定数据中心的等级，充分满足 IT 设备和工作人员对机房的要求。数据中心的建筑与结构的设计要求，一方面和客户的需求直接相关，另一方面体现在相关标准和规范之中。在进行建筑与结构的设计时，所需要遵循或参考的相关标准和规范主要如下：

GB 50016—2014《建筑设计防火规范》；

GB 50222—2017《建筑内部装修设计防火规范》；

GB 50011—2019《建筑抗震设计规范》；

GB 50223—2019《建筑工程抗震设防分类标准》；

GB 50174—2017《数据中心设计规范》；

ANSI/TIA-942《数据中心电信基础设施标准》。

《建筑设计防火规范》（GB 50016—2014）主要从建筑的耐火等级、防火分区面积、防火间距、安全疏散、消防车道、建筑构造、消防给水和灭火设施、防烟与排烟、采暖通风和空气调节、电气、城市交通隧道等方面针对设计进行了详细的规定。

《建筑内部装修设计防火规范》（GB 50222—2017）主要从装修材料的分类和分级、单层和多层民用建筑、高层民用建筑、地下民用建筑、工业厂房等方面针对设计进行了详细的规定。按其使用部位和功能的不同，将装修材料划分为顶棚装修材料、墙面装修材料、地面装修材料、隔断装修材料、固定家具、装饰织物、其他装饰材料 7 类，按燃烧性能将装修材料划分为 4 级。其中，“民用建筑”要求大中型数据中心、中央控制室、电话总机房等放置特殊贵重设备的房间，顶棚和墙面应采用 A 级装修材料，地面及其他装修应采用不低于 B1 级的装修材料。“工业厂房”要求装有贵重机器、仪器的厂房或房间，顶棚和墙面应采用 A 级装修材料，地面和其他部位应采用不低于 Bl 级的装修材料。当厂房中房间的地面为架空地板时，其地面装修材料的燃烧性能等级应不低于 B1 级。

《建筑抗震设计规范》（GB 50011—2019）和《建筑工程抗震设防分类标准》（GB 50223—2019）规定基本的抗震设防目标是当遭受低于本地区抗震设防烈度的设防地震影响时，主体结构不受损坏或不须修理可继续使用，即当数据中心遭受低于本地区抗震设防烈度的设防地震影响时，可能发生损坏，但经一般性修理即可继续使用；当遭受高于本地区抗震设防烈度的罕见地震影响时，不致倒塌或发生危及生命的严重破坏。

数据中心对建筑方面的要求，主要包括主体结构、运输通道、出入口、建筑层高、门窗和管线路由等。

（1）主体结构。为了方便 IT 设备的布置和后期的调整扩展，以及扩大操作人员监控设备运行管理的视野，数据中心主体结构宜采用大开向、大跨度的柱网。分室宜采用轻钢龙骨隔断墙，并且有利于模块机房再改造时的可拆卸、移装的灵活性。主体结构应具有耐火、抗震、防火、防止不均匀沉降等性能。变形缝不应穿过主机房，以免造成对主机房环境条件的影响和安全隐患。机房围护结构的构造和材料的保温、隔热性能，应尽量满足计算机对场地条件中恒温、恒湿精度等级的要求。

（2）运输通道。数据中心建筑以 IT 设备、变配电设备及动力设备为主，应特别注意柴油发电机、变压器、水冷机组等大型设备的运输要求，同时运输通道应满足分期建设和故障维修时的运输要求，满足设备既可运输就位，也可运离出建筑的要求。

（3）出入口。由于机房的重要性和洁净要求，机房区宜设单独出入口，应避免人流、物流的交叉。机房建筑的入口至主机房应设通道，通道宽度不应小于 1.5m。机房安全出口不应少于 2 个，并且宜设在机房的两端。门应向疏散方向开启，走廊、楼梯间应通畅并有明显的疏散指示标志。

（4）建筑层高。目前数据中心建筑的层高主要受 IT 设备、变配电设备及动力设备等设备及管线高度影响。例如，柴油发电机房高度由设备高度、管线高度、进排风高度等因素来决定；IT 机房高度由 IT 设备机柜高度、机房内空调制冷形式及 IT 机房管线的高度等因素来决定。同时应考虑通道内的综合管线对整层高度的影响。实践经验表明，机房区域层高一般不低于 5m，机房净高一般不低于 3m。

（5）门窗。IT 机房对温度和湿度的要求相对较高，数据中心不宜设置外窗，若数据中心建筑内走道取消排烟管道则可设置外窗。数据中心建筑内的设备比较昂贵，重要房间通常为甲级防火门，同时应考虑设备运输高度。

（6）管线路由。电缆走线的布置力求满足信号线、交流电源线、直流电源线、光纤独立走线等线路短捷、力避迂回、便于维护、减少线路投资和通信故障的要求。垂直方向的电缆、线缆可通过强电井、弱电井或地板孔洞进行楼层沟通；空调的穿楼层管道可通过管井和水井贯穿。数据中心机房采用上走线方式，建议按主走线架、过桥走线架和列走线架分层设置，各层走线架之间相隔一定的距离，避免施工时出现走线架“交互打架”现象。

数据中心对结构方面的要求，主要是设定抗震设防类别、核算结构荷载等。

（1）设定抗震设防类别。依据《数据中心设计规范》（GB 50174—2017），A 级和 B 级机房抗震设防类别不低于乙类，C 级机房抗震设防类别不低于丙类。

（2）核算结构荷载。数据中心的结构荷载主要分为地面荷载和吊挂荷载，地面荷载由 IT 设备、变配电设备及动力设备等设备重量决定，吊挂荷载由管线重量决定，同时还应考虑重型设备运输通道的地面荷载。对数据中心机房地面荷载的要求如下：电力电池室、气体消防钢瓶间楼面均布活荷载一般要求不低于 16kN/m^2；主设备机房楼面均布活荷载一般要求不低于 8kN/m^2。对数据中心机房吊挂荷载的要求如下：机房内设备密度较大，对建筑楼板承重有特殊要求的，在机房的选址和设计时应核实机房位置的建筑承重；对于个别机房须考虑楼板的承重加固，特别是 UDS、电池、精密空调等大型设备重量较大，应在相应的机房内安装设备承重散力支架，在机房布局时，要重点考虑大型设备的承重，尽量把重型设备放置在机房的承重梁上。

通过对目前相关标准的研究可以看出，现有标准在数据中心的建筑结构方面除了客户需求，重点关注的是防火要求、抗震要求、荷载要求、疏散要求等。

5.2.2.2　平面布局要求

数据中心的平面布局同样要结合用户需求和工程的实际情况，合理确定数据中心的等级，充分满足 IT 设备和工作人员对数据中心的要求。

1）机房平面布局

（1）建筑面积。机房建筑面积的大小由灭火形式、疏散距离等多种因素决定，《气体灭火系统设计规范》（GB 50370—2017）规定“采用管网灭火系统时，一个防护区的面积不宜大于 800m^2，且容积不宜大于 3600m^3”“采用预制灭火系统时，一个防护区的面积不宜大于 500m^2，且容积不宜大于 1600m^3”。

（2）冷热通道。目前数据中心通常采用冷热通道的方式进行机柜的布置，机柜面对面为冷通道，宽度不小于 1200mm；机柜背对背为热通道，宽度不小于 1000mm。

（3）柱距。为了避免结构柱出现在机房冷通道、热通道或其他通道的中间，与机柜列平行的柱距应采用 2400mm 的倍数，如 7200mm、9600mm、12 000mm 等。

（4）结构降板。机房内是否设置高架地板取决于空调制冷形式，目前通常采用地板下送风，吊顶内回风的气流组织形式。地板的高度取决于机柜的散热量，通常机柜散热量越大，高架地板面积越大，对应结构降板高度越高。

2）辅助区平面布局

辅助区主要包括配电室，暖通空调、给排水、智能化等设备房间。配电室（高压配电室、低压配电室、UPS 室、电池室等）根据功能要求及《供配电系统设计规范》（GB 50052—2016）进行合理布局；暖通空调、给排水、智能化等设备房间根据功能要求及设备安装要求进行合理布局。辅助区建筑面积的大小由灭火形式、疏散距离、防火分区等因素决定，柱距应考虑大型设备的布置。

5.2.2.3 供配电系统要求

电气技术在我国发展较晚，1949 年前后，受临近发达国家的影响较大；改革开放以后逐步与世界接触，引入了很多更为先进的理念。

数据中心供配电系统遵循的国内标准和规范数量巨大，在此不一一列举，数据中心主要依据的国内标准和规范如下：

GB 50174—2017《数据中心设计规范》；

GB 50462—2015《数据中心基础设施施工及验收规范》；

GB/T 2887—2011《计算机场地通用规范》；

GB/T 9361—2011《计算机场地安全要求》。

其中《数据中心设计规范》（GB 50174—2017）要求 A 级数据中心供配电系统应符合下列规定：

（1）应由双路电源供电，并应配置 10kV 或 0.4kV 备用电源；备用电源可采用柴油发电机系统，也可采用供电网络中独立于正常电源的专用馈电线路。

（2）低压配变电系统宜采用 $M(1+1)$冗余（M=1,2,3,…）配置，系统主接线应采用单母线分段，并应设分段开关。

（3）低压配变电系统依据其工作特点可采用 DR、RR 系统配置。

- DR 配置有 3 组低压配变电系统互为备份，当其中 1 组系统出现故障时，利用剩余 2 组系统供电，保证后级设备的正常运行。
- RR 配置有 1 组低压配变电系统为其他几组系统冗余备份，当其中 1 组系统出现故障时，利用备份系统供电，保证后级设备的正常运行。

（4）不间断电源系统应采用 $2N$ 或 $M(N+1)$冗余（M=2,3,4,…）配置，当满足下列要求时，可采用不间断电源和市电电源相结合的配置方式。

- 当设备或线路维护时，应保证电子信息设备正常运行。

- 市电直接供电的电源质量应满足电子信息设备正常运行的要求。
- 柴油发电机系统应能承受容性负载的影响。
- 电子信息设备向电网注入的谐波量应符合国家标准的规定。

（5）不间断电源系统电池的后备时间不应小于 15min。不间断电源系统需要保证市电失电至发电机组正常供电时段的系统不间断运行。后备时间主要包括两路市电停电时间，发电机组延时启动、发电机组成功启动及并机完成时间，市电与发电机组转换时间。

（6）机房空调系统配电应由双路电源供电，冷冻水循环泵及末端空调宜采用不间断电源供电。

（7）容错配置的配变电系统、不间断电源系统等，应分别布置在不同的物理隔间内。

数据中心供配电系统参考的国际标准主要有行业组织的指定标准、欧洲和北美等区域性行业标准，目前国内数据中心行业比较认可的国际标准主要是由 Tier Standards、ANSI/TIA、IEEE、IEC、ISO、Uptime 等机构颁布的。

其中 Uptime 标准规定供配电系统不但要使自身满足要求，还要配合其他系统满足整体的要求。

在数据中心设计中，供配电系统是其中重要的环节之一，它要求为数据中心提供一个不间断、高质量的电源，以保证数据中心的可靠运行。所以要建一个好的数据中心，首先就是要将供配电解决好，符合用户需求，符合数据中心的等级，满足数据中心的供配电负荷及供电条件。

5.2.2.4　柴油发电机组要求

柴油发电机作为一种电气设备，其相关的标准和规范主要是从制造和规范产品的角度制定的。对于数据中心的用户，了解及掌握标准更多是从选用和应用的角度出发的。柴油发电机组遵循的标准以国内标准为主，也可参考国外相关标准，由于标准较多，本书只列出主要的标准要求。

《往复式内燃机驱动的交流发电机组　第1部分：用途、定额和性能》(GB/T 2820.1—2009，同 ISO 8528-1:2005）对交流发电机组的用途、定额和性能做了明确规定。该标准将交流发电机组的输出功率分为4种，即持续功率（COP）、基本功率（PRP）、限时运行功率（LTP）和应急备用功率（ESP），A 级及 AA 级数据中心的发电机组应带上所有的“*N*”负载连续不断地运行，应按照持续功率（COP）来选用柴油发电机容量。

Uptime 标准规定“自备发电机供电系统被当作数据中心的主要电源，市电电源是经济的替代品。市电电源停电不被视作系统故障，相反应视作必备的被预期的操作情形”。此规定有别于国标中的观点。

Uptime 标准规定“自备柴油发电机必须自动启动并且承担失去市电部分的负载”。这条规定明确要求，不但要自动地启动柴油发电机，而且要自动承担失去市电部分的负载，即自动完成从市电停电到由自备发电机供电系统供电的切换。因此，对于数据中心用户来说，电力系统供电的可靠性是必要的选择。

综上所述，柴油发电机组的选择应根据关键负载总容量确定柴油发电机容量及并机数量；应根据设计等级和供电系统要求，确定柴油发电机系统的架构和控制方案。

5.2.2.5　UPS 要求

关于 UPS 的相关标准，欧标和国标规范均参照国际标准 IEC 62040 进行编制和修订，以下均为关于 UPS 的国家强制性标准。

GB/T 7260.1—2008 为一般规定和安全性要求，明确要求保证操作人员和可能触及设备的外行人员安全，该标准旨在保证按制造商规定的方法安装、操作和维修 UPS 的安全。

GB/T 7260.2—2009 为电磁兼容性（EMC）要求，适用于接在工业或公共低压电网的单台 UPS，由数台 UPS 互连和相关控制器/开关装置组成的 UPS 系统，该标准是为了保证 UPS 在工业或公共场所具有适当的电磁兼容电平。

GB/T 7260.3—2003 为确定性能的方法和试验要求，适用于直流环节有电储能装置的电子间接交流变流系统，该标准规定了所有电力转换开关的形式，这些开关与 UPS

的输出相关，且是 UPS 不可缺少的构成部分。

除上述标准要求外，明确由 UPS 供电的关键负载，确定 UPS 容量，科学选择 UPS 类型，确定并机方案，合理配置电池都是 UPS 设计的基本要求，应予以充分考虑。

5.2.2.6　防雷接地系统要求

目前，数据中心防雷接地系统的设计遵循的标准和规范主要如下：

GB 50174—2017《数据中心设计规范》；

GB 50057—2010《建筑物防雷设计规范》；

GB 50343—2012《建筑物电子信息系统防雷技术规范》。

《数据中心设计规范》（GB 50174—2017）对防雷接地的相关要求如下：

（1）保护性接地和功能性接地宜采用一组接地装置，其接地电阻应按其中的最小值确定。对于功能性接地需要单独设置接地线的数据中心设备，接地线应与其他接地线绝缘，供电线与接地线宜同路径敷设。

（2）数据中心设备应进行等电位联结，等电位联结方式应根据设备易受干扰的频率及数据中心的等级和规模确定，可采用 S 型、M 型或 SM 混合型。在采用 M 型或 SM 混合型等电位联结方式时，主机房应设置等电位联结网格，网格四周应设置等电位联结带，并应通过等电位联结导体将等电位联结带就近与接地汇流排、各类金属管道、金属线槽、建筑物金属结构等进行连接。每台机柜应采用两根不同长度的等电位联结导体就近与等电位联结网格进行连接。等电位联结网格应采用截面积不小于 $25mm^2$ 的铜带或裸铜线，并应在防静电活动地板下构成边长为 0.6～3m 的矩形网格。

《建筑物防雷设计规范》（GB 50057—2010）是防雷接地系统的国家强制性标准，适用于新建、扩建、改建建筑物的防雷设计。

《建筑物电子信息系统防雷技术规范》（GB 50343—2012）是建筑物电子信息系统防雷接地的国家强制性标准，主要技术内容包括雷电防护分区、雷电防护等级划分和雷击风险评估、防雷设计、防雷施工、检测与验收、维护与管理等。

防雷接地系统贯穿在整个电力系统中，在电力系统绝缘、安全、保护等方面起着不可替代的作用。

5.2.2.7 空调系统要求

目前，数据中心空调系统的设计遵循的主要标准和规范如下：

GB 50174—2017《数据中心设计规范》；

ASHRAE TC 9.9—2015。

《数据中心设计规范》（GB 50174—2017）明确了数据中心主机房和辅助区内的温度、相对湿度等要求：主机房温度应控制在 18～27℃，相对湿度不宜大于 60%；辅助区温度应控制在 18～28℃，相对湿度应控制在 35%～75%；不间断电源系统电池室温度应控制在 20～30℃。

此外还要求在进行空调系冷的设计时，应根据当地气候条件，选择下列节能措施。

（1）大型机房空调系统宜采用冷水机组空调系统。

（2）北方地区采用水冷冷水机组的机房，冬季可利用室外冷却塔作为冷源，并应通过热交换器对空调冷冻水进行降温。

（3）空调系统可采用电制冷与自然冷却相结合的方式。

ASHRAE TC 9.9—2015 是由美国采暖、空调与制冷工程师协会（ASHRAE）出版的数据中心环境要求指南。该协会对市场主流服务器的实测表明，数据中心内的环境温度随着 IT 设备技术的发展，已经有了很大的提高，所以在 ASHRAE 指导手册中，对机房环境温、湿度的建议如下：机柜进风干球温度为 18～27℃；机柜进风露点温度为 5.5～15.5℃；机柜进风相对湿度不大于 60%。

数据中心是耗能大户，单体数据中心的规模也越来越大，数据中心机房环境温度的选取，对数据中心的能耗影响非常大。总体来讲，制冷空调系统的要求可以从两个不同的角度进行讨论分析：一是技术方面的因素，包括技术的成熟度、先进性、可行性等；二是经济方面的因素，包括数据中心的运行费用、生命周期成本等。

5.2.2.8　给排水系统要求

目前，数据中心给排水系统的设计遵循的标准和规范如下：

GB 50174—2017《数据中心设计规范》；

ANSI/TIA-942《数据中心电信基础设施标准》。

《数据中心设计规范》（GB 50174—2017）在给排水系统方面的要求：

（1）与主机房无关的给排水管道不应穿越机房。

（2）主机房地面应设置排水系统。

（3）有空调机和加湿器的房间，地面应设置挡水和排水设施。

（4）大数据中心机房内的给排水管道应采取防渗漏和防结露措施。穿越主机房的给排水管道应暗敷或者采取防漏保护的套管。管道穿过主机房墙壁和楼板处应设置套管，管道与套管之间应采取密封措施。当主机房和辅助区设有地漏时，应采用洁净室专用地漏或自闭式地漏，地漏下应设水封装置，并应采取防止水封损坏和返溢措施。数据中心机房内的给排水管道及其保温材料均应采用难燃材料。

《数据中心电信基础设施标准》（ANSI/TIA-942）要求在有水管进入的区域，提供排水设施，如地漏。每 $100m^2$ 设一个地漏或其他排水设施。所有给排水管道和地漏应远离设备设置，且不能直接放置在设备上方。

给排水系统同样是数据中心基础设施建设的重要子系统之一，其要求可以从确定水源、计算给水量、设计管径地漏等方面重点考虑，以确保空调冷冻水系统的安全可靠性。

5.2.2.9　新风系统要求

目前，数据中心新风系统的设计遵循的标准如下：

GB 50174—2017《数据中心设计规范》；

GB 50736—2016《民用建筑供暖通风与空气调节设计规范》。

《数据中心设计规范》（GB 50174—2017）要求主机房应维持正压。主机房与其他房间、走廊间的压差不宜小于 5Pa，与室外静压差不宜小于 10Pa。

空调系统的新风量应取下列两项中的最大值：一是按工作人员计算，每人 40m^3/h；二是维持室内正压所需风量。主机房内空调系统用循环机组宜设初、中效两级过滤器。新风系统或全空气系统应设初、中效空气过滤器，也可设置亚高效过滤器。末级过滤装置宜设在正压端。设有新风系统的主机房，在保持室内外一定压差的情况下，送排风应保持平衡。

《民用建筑供暖通风与空气调节设计规范》（GB 50736—2016）要求空调区、空调系统的新风量计算应符合下列规定：

（1）人员所需新风量。应根据人员活动和工作性质，以及在室内停留的时间确定，并符合规范要求。

（2）空调区的新风量。应按不小于人员所需新风量、补偿排风和保持空调区空气压力所需新风量之和，以及新风除湿所需新风量中的最大值确定。

（3）全空气空调系统的新风量。当系统服务多个不同新风比的空调区时，系统新风比应小于空调区新风比中的最大值。

（4）新风系统的新风量。应按所服务空调区或系统的新风量累计值确定。

达到新风系统的设计要求，包括计算新风量、控制温湿度和采取防冻措施，对保证数据中心运维人员的健康和数据中心内部干净的环境尤为关键。

5.2.2.10 防排烟系统要求

目前，数据中心防排烟系统的设计遵循的标准如下：

GB 50016—2014《建筑设计防火规范》。

《建筑设计防火规范》（GB 50016—2014）规定防烟楼梯间及其前室、消防楼梯间前室或合用前室应设置防烟设施。

防烟与排烟系统中的管道、风口及阀门都必须采用不燃材料制作。排烟管道应采取防火隔热措施或与可燃物保持不小于 150mm 的距离。

下列场所应设置机械加压送风防烟设施：

（1）不具备自然排烟条件的防烟楼梯间。

（2）不具备自然排烟条件的消防楼梯间前室或合用前室。

（3）设置自然排烟设施的防烟楼梯间的不具备自然排烟条件的前室。

防烟楼梯间内机械加压送风防烟系统的余压值应为 40～50Pa；前室、合用前室的机械加压送风防烟系统的余压值应为 25～30Pa。

综上所述，防排烟系统的设计要求主要包括确定防排烟区域、计算排烟量、确定管径等，以防止烟气进入人员疏散通道。

5.2.2.11　综合布线系统要求

目前，数据中心综合布线系统的设计遵循的标准和规范如下：

GB 50174—2017《数据中心设计规范》；

ANSI/TIA-942《数据中心电信基础设施标准》。

《数据中心设计规范》（GB 50174—2017）要求数据中心综合布线系统应符合如下内容。

（1）大数据中心综合布线系统所有线缆的两端、配线架和信息插座应有清晰、耐磨的标签。

（2）当大数据中心存在下列情况之一时，应采用屏蔽布线系统、光纤布线系统或采取其他相应的防护措施：

- 网络有安全保密要求。
- 安装场地不能满足非屏蔽布线系统与其他系统管线或设备的间距要求。

（3）当大数据中心综合布线系统与公用电信业务网络互联时，接口配线设备的端口数量和线缆的敷设路由应根据大数据中心的等级，并应在保证网络出口安全的前提下确定。

《数据中心电信基础设施标准》（ANSI/TIA-942）根据 4 个级别对数据中心综合布线

系统做了相应要求，其内容、要求和原则等基本上与《数据中心设计规范》（GB 50174—2017）的要求一致。

综合布线系统在设计时要基于标准设计开放式系统，纳入增长因素的高性能和高带宽，满足数据中心对系统高品质、高可靠性和可扩展性的要求。

5.2.2.12 消防系统要求

目前，数据中心消防系统的设计遵循的标准如下：

GB 50116—2018《火灾自动报警系统设计规范》；

GB 50370—2017《气体灭火系统设计规范》；

GB 50219—2014《水喷雾灭火系统设计规范》；

GB 50174—2017《数据中心设计规范》。

《火灾自动报警系统设计规范》（GB 50116—2018）适用于工业与民用建筑内设置的火灾自动报警系统设计。该标准从 8 个方面对火灾自动报警系统设计进行了规定：①系统保护对象分级和火灾探测器设置部位；②报警区域和探测区域的划分；③系统设计；④消防控制室和消防联动控制；⑤火灾探测器的选择；⑥火灾探测器和手动火灾报警按钮的设置；⑦系统供电；⑧布线。

《气体灭火系统设计规范》（GB 50370—2017）适用于新建、改建、扩建的工业与民用建筑中设置的七氟丙烷、IG-541 混合气体和热气溶胶全淹没灭火系统的设计。该标准从 4 个方面对气体灭火系统设计进行了规定：①设计要求；②系统组件；③操作与控制；④安全要求。

《水喷雾灭火系统技术规范》（GB 50219—2014）适用于新建、扩建、改建工程中生产、储存装置或装卸设施设置的水喷雾灭火系统的设计。该标准规定了水喷雾灭火系统可用于扑救固体火灾、闪点高于 60℃的液体火灾和电气火灾；可用于可燃气体和甲、乙、丙类液体的生产、储存装置或装卸设施的防护冷却。水喷雾灭火系统不得用于扑救遇水发生化学反应造成燃烧、爆炸的火灾，以及水雾对保护对象造成严重破坏的火灾。该标准从 5 个方面对水喷雾灭火系统设计进行了规定：①基本参数的设计和喷头的布置；②系统组件；③给水；④操作和控制；⑤水力计算。

《数据中心设计规范》（GB 50174—2017）要求数据中心消防系统应符合上述三个标准的要求，此外还要求：

（1）采用管网式气体灭火系统或细水雾灭火系统的主机房应同时设置两组独立的火灾探测器，火灾报警系统应与灭火系统和视频监控系统联动。

（2）对于采用全淹没方式灭火的区域，灭火系统控制器应在灭火设备动作之前，联动控制关闭房间内的风门、风阀，并应停止空调机、排风机，切断非消防电源。

（3）采用全淹没方式灭火的区域应设置火灾警报装置，防护区外门口的上方应设置灭火显示灯。灭火系统的控制箱（柜）应设置在房间外便于操作的地方，并应有保护装置，防止误操作。

（4）当数据中心与其他功能用房合建时，数据中心内的自喷水灭火系统应设置单独的报警阀组。

（5）凡设置洁净气体灭火系统的主机房，应配置专用空气呼吸器或氧气呼吸器。

综上所述，数据中心的消防系统在设计时必须严格遵守现行的国家相关标准，同时要符合所在地的地方标准，否则很难通过消防审核。消防系统的分区划分和系统容量都是考虑的重点，应根据数据中心的防火等级对这些方面进行重点设计。

5.2.2.13　监控系统要求

目前，数据中心监控系统的设计主要遵循如下标准：

GB 50174—2017《数据中心设计规范》。

《数据中心设计规范》（GB 50174—2017）要求数据中心监控系统应满足以下要求：

（1）监测和控制主机房和辅助区的环境温度、露点温度和相对湿度等环境参数，当环境参数超出设定值时，应报警并记录。核心设备区及高密度设备区宜设置机柜微环境监控系统。

（2）主机房内有可能发生水患的部位应设置漏水检测和报警装置，强制排水设备的运行状态应纳入监控系统。

（3）环境检测设备的安装数量和安装位置应根据运行和控制要求确定，主机房的环境温度、露点温度和相对湿度应以冷通道或送风区域的测量参数为准。

（4）监控系统宜对机电设备的运行状态、能耗进行监视、报警并记录。机房专用空调设备、冷水机组、柴油发电机组、不间断电源系统等设备自身应配置监控系统，监控的主要参数应纳入监控系统，通信协议应满足监控系统的要求。

综上所述，数据中心的监控系统的设计要以集中管理、分散控制、系统联动、优化运行为目标，按照标准要求确保数据中心内所有设备处于高效、节能、最佳运行状态。

5.2.2.14 安防系统要求

目前，数据中心安防系统的设计主要遵循如下标准：

GB/T 50314—2015《智能建筑设计标准》；

GB 50348—2018《安全防范工程技术标准》。

《智能建筑设计标准》（GB/T 50314—2015）是国家推荐性标准，适用于新建、扩建和改建的办公、商业、文化、媒体、体育、医院、学校、交通和住宅等民用建筑及通用工业建筑等智能化系统工程的设计，主要内容有智能化集成系统、信息设施系统、信息化应用系统、建筑设备管理系统、公共安全系统、机房工程、建筑环境等的设计标准。

《安全防范工程技术标准》（GB 50348—2018）是国家强制性标准，是为了规范安全防范工程的设计，提高安全防范工程的质量，保护公民人身安全和国家、集体、个人财产安全所制定的标准。其内容主要有一般规定，现场勘察，设计要素，功能设计，安全性设计，电磁兼容性设计，可靠性设计，环境适应性设计，防雷与接地设计，集成设计，传输方式、传输线缆、传输设备的选择与布线设计，供电设计，监控中心设计，以及高风险、普通对象的安防设计。该标准适用于新建、改建、扩建的安全防范工程。除一般规定和整体要求外，本标准根据防护对象的风险等级划分，安防系统按其防护能力由高到低定为一级防护、二级防护和三级防护。

参照上述各相关标准，结合数据中心特点，建议安防系统根据数据中心定位的不同及各功能区的重要性的不同分别设计。以确保在完全考虑经济因素的前提下，保障数据中心的安全。

5.2.2.15　装饰装修要求

数器中心装饰装修工程应根据用户提出的技术要求，依据国家有关标准和规范，结合数据中心各系统运行特点进行总体设计，做到业务完善、技术规范、安全可靠，保证数据中心场地工作人员的身心健康，延长 IT 设备的使用寿命。

数据中心室内装饰装修应符合《数据中心设计规范》（GB 50174—2017）的要求。

（1）吊顶。吊顶是数据中心装饰装修工程的重要内容。公共部分吊顶上部通常安装强电、弱电的线槽和管线，消防灭火系统的气体管路，新风系统的风管等。此外，吊顶面层通常会安装嵌入式灯具、风口、消防报警探测器、气体灭火喷头等。

吊顶应采用 A 级装修材料，若与上层地面温差过大，应采用 A 级保温材料。吊顶材料必须具有自重轻、防尘性能好、防火性能好、无有害气体释放、抗腐蚀、不变形、吸音性能好、有一定强度，以及具有良好的装饰效果等特点。常用的吊顶材料有铝合金板、铝塑板、钢板、矿棉吸音板、石膏板等。目前比较流行的是金属吊顶板材，因为金属材料很好地符合了消防安全的需要。

吊顶安装要集美观、防火、防潮等性能于一体，必须安装容易、拆卸方便，应做到吊顶的每一个单元可以单独拆卸，以利于后续使用、维修方便。顶棚表面应平整，减少积灰面，并应避免眩光。在安装吊顶前，对原顶面应进行防尘和保温处理，如机房原结构顶面粘贴保温板。

吊顶上部空间管线繁多，在设计上要综合考虑，使各系统管路纵横交错、排列有序。当吊顶以上空间用于敷设管线时，其四壁应抹灰，楼板底面应清理干净；当吊顶以上空间作为静压箱时，顶部应抹灰，并刷不易脱落的涂料，其管道饰面应选用不起尘的材料。

（2）墙。数据中心机房通常有建筑外围界墙和机房内部隔断墙两种类型。为了保证机房内少出现内柱，以提高机房空间使用率和后续使用调整的灵活性，数据中心建筑在设计时主体结构常采用大开间、大跨度的柱网。在实际使用过程中，为了满足防火、温湿度控制、数据中心管理等方面需要，根据 IT 设备的不同功能及其对环境的不同要求，常采用隔断墙将整个大空间分割成不同的机房模块和功能区域。

数据中心外围界墙应为耐火墙体，在土建施工时通常采用轻质土建隔断墙，材质为混凝土砌块，并在墙的两面用水泥砂浆抹平设置保温措施，应充分满足防火性能要求，并具有良好的隔热、隔音效果。

机房内在装修时，墙面应采用 A 级装修材料，若与墙外温差过大，应采用 A 级保温材料。目前，机房墙（柱）面装饰材料主要有无机涂料、金属复合壁板和铝塑板三种。

机房内部隔断墙耐火极限应满足防火规范的要求，并同时满足耐压要求，除钢瓶间外，隔断墙一般宜自重轻，有一定的可变性。墙、柱面应不起尘、防火、防水、易清洁、防静电。外墙内壁抹灰到顶板、梁下，避免积灰、起尘，以便装修吊顶板防尘洁净化处理。

机房应做好保温、隔热、防尘、防潮、防静电、防水、防鼠虫措施，封堵机房与其他区域、其他楼层相通的孔洞，在使用和施工过程中断开的空洞应及时进行封堵，进出机房的管、槽之间的空隙均应采取密封措施。

（3）门窗。机房外门窗多采用防火防盗门窗，机房内门窗一般采用不锈钢无框大玻璃门窗，这样既满足了安全、管理等方面的需要，又保证了机房内通透、明亮的效果，便于数据中心管理人员巡检，但由于普通玻璃的不耐火、易爆裂等特性，在数据中心采用时应满足防火要求。

根据消防系统要求，在两个防火外区之间的门应满足防火要求。常用的有钢制防火门、木制防火门（通常外包铝塑板）、防火玻璃门（不锈钢包框）等。其他无防火要求的门可以根据实际需要，安装无框玻璃门、木门等其他类型门。

（4）地。数据中心常用的地面装修材料有防静电活动地板、网络地板、防静电地板，水泥自流平等。在实践中，防静电活动地板的应用最为广泛，其满足以下要求：

- 安装简单、拆卸方便，有利于机房内设备的布置、维修和维护。
- 通过防静电活动地板下方形成的隐蔽空间，IT 设备可以方便地进行电线、电缆的敷设和连接，既有效保护了各种电缆、电线，又保持了机房的整洁、美观。

- 满足制冷系统的使用要求。目前制冷系统通常采用地板下送风，吊顶内回风的气流组织形式。防静电活动地板下方的空间形成了静压箱，从而有效保证了 IT 设备通过活动地板的出风口得到均衡、稳定的冷空气，保证了送风效果和效率。
- 通过防静电活动地板，并配以机房接地系统，有效地将静电电荷引入地下。
- 有效屏蔽电磁辐射。

主机房地面为防静电地板配出风地板；走廊及其他房间也铺设防静电地板，与主机房保持相同的标高；配电间、钢瓶间等辅助区，地面可设计为水泥自流平地面。监控中心、背投设备间、ECC（应急指挥中心）等支持区的地面可使用网络地板，上面铺设防静电地毯。

总体来说，数据中心装饰装修目的是满足数据中心对于防火、防水、防尘、防静电、隔热保温、屏蔽抗干扰、防雷、防鼠等要求，它涉及数据中心基础设施各专业的协调配合，有利于数据中心内各设施的合理安装。

5.2.2.16　云计算系统要求

云计算系统应符合《云计算技术金融应用规范　技术架构》（JR/T 0166—2018）的要求，此标准规定了云计算平台的技术架构要求，涵盖云计算的服务类别、部署模式、参与方、架构特性和架构体系等内容；规定了云计算技术应用的要求，涵盖基础硬件安全、资源抽象与控制安全、应用安全、数据安全、安全管理功能、安全技术管理要求、可选组件安全等内容；规定了云计算平台的容灾要求，包括云计算平台容灾能力分级、灾难恢复预案与演练、组织管理、监控管理、监督管理等内容。

5.2.3　施工要求

数据中心建设项目施工应符合《数据中心基础设施施工及验收规范》（GB 50462—2015）的要求，在数据中心的施工过程中，涉及数据中心施工管理的九大领域，分别是施工的整体管理、范围管理、时间管理、费用管理、质量管理、人力资源管理、沟通管理、风险管理和采购管理。

1）整体管理

统一并协调各施工管理过程中所需要进行的各种过程和活动，使施工管理计划从无到有、由浅入深，指导并管理施工活动的执行，并通过分析执行与计划之间的差异，对施工计划的差异和变更进行控制，并在过程中总结经验。

2）范围管理

明确数据中心建设项目的施工目标，界定工作内容，并将建设项目的施工目标分解到可以独立外包的程度，形成工作分解结构，并以此作为控制施工范围变更的基准。在范围管理方面，我们要强调在数据中心建设项目的施工过程中，完成且只完成确保数据中心建设项目顺利完工所必需的全部工作。同时应该避免和防止“镀金”和“范围蔓延”情况的发生。

3）时间管理

在明确数据中心建设项目的施工范围后，对施工目标进一步分解，完成项目进度表的制作，并以该进度表作为施工过程的时间基准，以进度表衡量施工过程中的进度绩效。通过进度控制系统所规定的程序对进度变更加以控制，其目的是确保数据中心建设项目按时完成。

4）费用管理

通过估算、整合形成项目管理费用基准，该基准是一条线，而非一个数值。通过该基准可以知道在数据中心建设过程中，每一个时间点应该花费的金额。对项目费用变更加以控制，目的是确保建设项目施工按照规定的预算完成。项目的进度和费用绩效都可以通过实现价值的技术进行测量，二者互为支撑，互相约束，加上数据中心建设项目的质量要求，就构成了项目管理的三大约束条件。

5）质量管理

质量管理的目的是达到施工项目既定的质量要求。质量管理是从技术层面指导施工项目工作的实施。质量管理大体上可以分为以下三个阶段：质量规划、质量保证、质量控制。

（1）质量规划阶段主要应该明确数据中心的建设适用的规范和标准，并且明确如何开展质量管理活动，建立质量管理工作流程，最终形成质量管理计划和质量基准，作为项目管理计划的一个组成部分和质量审计的依据。在质量规划阶段，正确选择和识别适用的规范和标准非常关键，一定要避免那些不适用的标准被包含在质量管理计划之中，增加质量管理的成本。

（2）质量保证阶段应该按质量管理计划开展质量管理工作，在这个过程中要严格遵守质量管理工作流程。实施质量保证可以由项目管理主体组织内部的相关部门来完成，也可以由组织外部的机构或人员来完成，如由监理公司承担该项工作。

（3）质量控制阶段的关键是及时发现施工过程中的低效和不合规项，实施质量改进和缺陷补救，避免将不合格的交付成果带入下一道工序或下一个项目阶段。可以根据项目的具体情况，适时组织和开展质量审计工作，以保证工程项目的质量不低于质量基准的要求。在质量管理的过程中，高级管理层必须重视质量管理，项目管理团队应认识到现代质量管理的一个基本准则：质量是规划出来的，而不是检查出来的；预防胜于检查，防患于未然的代价总是小于检查所发现错误的纠正代价。

6）人力资源管理

人力资源管理是一项针对项目施工管理实施主体——人及其组织的管理工作。

7）沟通管理

将施工项目的信息及时地传递给需要信息的人，确保信息上传下达的顺畅。

8）风险管理

风险管理不只是强调监控管理风险带来的威胁，还强调要从风险中看到机遇，对风险尽早识别、分析、应对，以及强调对风险征兆的管理，将风险带来的负面影响消除在萌芽状态，或使其向有利于项目的方向转化发展。

9）采购管理

采购管理要求能够利用组织外的资源满足数据中心建设项目的施工需求。

总结来讲，数据中心建设项目施工的三大目标就是质量、时间、成本。在制定这三个目标时一定要科学合理。质量目标的制定要切合实际，不应无谓追求最高质量标准，否则，建设成本将大幅增加；时间目标的制定应尊重自然规律和施工工序要求，尽量避免赶工，否则工程质量将受到影响，成本也会增加，要避免边勘探、边设计、边施工的“三边工程”；成本目标的制定必须依据项目的建设规模、系统的复杂性、建设材料和设备的档次、项目的建设周期，在建设资金受到限制时，不应以降低工程质量为代价。

5.2.4 验收要求

数据中心建设项目验收应符合《数据中心基础设施施工及验收规范》（GB 50462—2015）的要求，分为以下三个步骤。

5.2.4.1 中间验收

1）中间验收应当具备的条件

承建单位已经按设计要求和合同约定完成需要验收的分部工程。分部工程质量验评资料包括：

- 质量保证资料齐全、真实，并与工程进展同步。
- 有关原材料、半成品试验和评定合格。
- 施工形成的观测数据满足相关规范的要求。
- 分项工程自评资料齐全，评定结果符合要求。
- 监理工程师对分部工程质量验评资料签署合格。

2）中间验收程序

- 承建单位在完成分部工程后，必须先进行自评，自评完成后将分部工程质量验评资料提交监理工程师，申请进行中间验收。
- 监理工程师对分部工程质量验评资料进行审查，并参照有关验收规范和标准要求对分部工程现场观感质量进行测量和检查。

- 若符合验评标准，监理工程师应及时对分部工程质量验评资料进行签署，并通知项目组对分部工程进行中间验收；若不符合验评标准，监理工程师应向项目实施单位下发《整改通知单》，要求其整改完成后再重新申请中间验收。
- 在接到验收通知后，及时组织相关职能部门进行中间验收。
- 在中间验收通过后，验收参加人员应对其分部工程的质量做出最终评定，并对中间验收资料进行签认。对中间验收中存在的问题，项目管理部门发出《整改通知单》要求工程实施单位落实，并验证封闭。

3）中间验收依据

按现行的国家标准、行业标准及合同要求的质量标准规定进行中间验收，同时应符合国家现行的有关法律、法规、技术标准和设计文件的要求。

4）中间验收内容

中间验收的具体内容根据数据中心建设项目管理计划中的具体要求和监理执行大纲的要求，结合项目所包含的专业来确定。

5.2.4.2　系统测试

系统测试是将经过验收的单机或单系统形成一个完整系统来测试，它是检验数据中心基础设施是否确实能提供系统方案说明书中指定功能的有效方法。

系统测试的目的是对最终数据中心基础设施进行全面的测试，确保最终的系统满足运行需求。在系统测试过程中发现的所有缺陷必须及时消除。

系统测试工作从建设阶段就应该开始介入，到数据中心上线之前结束，是机房上线运行前的最后一道工序。按照实施的顺序，可以把系统测试分为厂验、到货及安装、功能元件测试、功能系统测试、系统联调及故障模拟五个阶段。

1）厂验

厂验是在设备发货之前，在设备原厂或第三方的实验室进行的设备运行和功率容量的基础验证。

厂验对象是机房的主要设备，包括发电机、UPS、冷水机组、空调等。这些设备对机房整体系统有至关重要的影响，所以在发货前必须按照厂家或行业标准的条件和步骤进行厂验，其目的就是验证设备的性能参数是否符合招投标文件，功能是否满足设计要求，避免设备在发货前就有无法弥补的缺陷。测试验证的机构需要全程参加厂验，测试报告由厂家提供，测试验证团队审核。

2）到货及安装

测试验证团队应该在设备到达安装现场时进行到货检查，检查对象包括发电机、UPS、冷水机组、空调等主要设备，检查目的是确认到货设备与厂验中的设备一致、无损坏、无更换。

在主要设备安装完成后，测试验证团队需要对安装质量进行检查，确保设备的安装满足设计、组装、使用、维护、人身安全和当地法规等要求。设备的安装质量直接影响以后的运行稳定性，很多设备故障都是由于安装不合格引起的。例如，在风冷空调的安装过程中，如果安装管路过长、落差过大就容易在运行中造成烧压缩机的严重故障，所以安装质量是测试验证过程中需要非常关注的内容。

可以说厂验、到货及安装检查是测试验证进入核心工作的必要前提。

3）功能元件测试

测试验证团队需要在功能元件测试阶段完成设备的性能测试和启动测试，并验证设备是否能够在基础负载下运行，这个阶段是针对单体设备的测试验证，为后面系统测试验证做准备。

由于数据中心的设备非常繁杂，这个阶段的测试验证关键就是要保证核心设备和核心系统的每个链条上的原件和路径都得到实际的测试和验证。对于主要系统功能元件的测试验证内容，将在按照验证对象的划分方式中详述。

4）功能系统测试

功能系统测试是针对由单体设备组成的子系统来进行的测试验证工作。主要内容包括验证子系统是否已经做好与其他系统联合运行并支持数据中心运转的准备。

在数据中心基础设施中对可用性及可靠性影响最大的子系统是供配电子系统。随着数据中心产生的热量日益增加，空调系统的重要性也随之上升。而安防监控的参数设置可能影响以上两个系统的动作，因此这三个子系统的测试验证也是数据中心验证的主要工作。

5）系统联调及故障模拟

系统联调及故障模拟是系统测试工作的最后一个环节，也是验证数据中心机房作为一个整体能否满足设计要求和运行要求的最主要手段。这个阶段要求测试验证机构对于机房的设计有深刻的理解，对于运行中可能出现的故障有丰富的经验，对于应对特殊情况的回退措施有充分的准备，是保证验证效果难度最大的阶段。

系统联调及故障模拟的主要工作包括验证数据中心的各子系统能否在不同设计负载的条件下正常匹配运行；验证各子系统对不同动作、维护工作或故障所做出的反应是否满足设计和运行要求；验证设备和系统对计划内或计划外的事件所做出的反应是否满足设计和运行要求。

5.2.4.3　竣工验收

竣工验收的主要目的是将建设项目按规定的程序进行移交，以结束项目。

1）单位工程竣工验收

在数据中心建设过程中，以单位工程或某专业工程内容为对象，独立签订建设工程施工合同的，当达到竣工条件后，可单独进行交工，发包人根据竣工验收的依据和标准，按施工合同约定的工程内容组织竣工验收，这样可以比较灵活地对项目进行管理。单位工程是单项工程的组成部分，需要有独立的施工图纸，原施工合同已有约定的，可进行分阶段验收。

2）单项工程竣工验收

在数据中心建设项目中，若一个单项工程或一个机房模块已按设计图纸规定的工程内容完成，能满足生产要求或具备使用条件，则根据施工合同的约定进行竣工验收。同时应重视竣工资料的完整性。

对于设备安装工程的竣工验收，要根据设备技术规范说明书和单机试车方案，逐级进行设备的试运行。在验收合格后应签署设备安装工程的竣工验收报告。

3）全部工程竣工验收

整个数据中心的建设项目已按设计要求全部建设完成，并符合竣工验收标准，业主应组织设计、施工、监理等单位和档案部门进行全部工程的竣工验收。全部工程的竣工验收应在单位工程、单项工程竣工验收的基础上进行。对已经交付竣工验收并办理了移交手续的单位工程（中间交工）或单项工程，不用再重复办理验收手续，应将单位工程或单项工程竣工验收报告作为全部工程竣工验收的附件加以说明。

全部工程竣工验收的主要任务有：审查建设工程的各环节验收情况；听取各有关单位（设计、施工、监理等）的工作报告；审阅工程竣工档案资料的情况；实地察验工程并对设计、施工、监理等方面的工作和工程质量、试车情况等做综合、全面的评价。承包人作为建设工程的承包（施工）主体，应全过程参加有关工程的竣工验收。

5.3 大数据中心建设合约规划

数据中心建设的合约规划是指依据审批通过的建设项目目标成本、项目开发计划，结合企业管理水平、市场因素和项目特点，事前规划出合同的结构体系、层次、数量、类型、内容属性、承包范围及方式等，并且分解出相对应的成本目标细项。合约规划是合同管理、成本管理的控制性指导文件，也是招标采购计划编制的指导性文件。

规划余量是指在数据中心合约规划中预先编列的，超出招标控制金额以外的规划金额，是对数据中心项目实施过程中可能发生的变化做出的提前谋划，是项目成本控制的“蓄水池”和“晴雨表”，通过其与费项级的“预警”和“强控”指标的对比可以反映成本控制的效果和未来成本使用的趋势。

5.3.1 合约规划的主要内容

数据中心合约规划的内容横向分类包括但不限于成本科目编号、成本科目名称、合同/费用编号、合同类别、合同属性、合同范围及界面描述、计算方式、核算对象、业态编码及名称、造价指标、面积类型、面积指标、规划金额、招标控制金额、规划余量、分摊规则、签约形式、招标方式、计价方式、承包方式等。扩充版合约规划还包括招标启动最迟时间、合约签订最迟时间、合同执行最迟时间。

合约规划的内容纵向一级分类包括但不限于土地费用、政府行政事业性收费、前期工程准备费、主体建筑工程费、主体安装工程费、园林环境工程费等。一级大类之下，再根据项目实际情况逐步细分至二、三级分类，原则上按三级分类编制合约规划。

5.3.2　合约规划的管理要求

数据中心建设的合约规划是根据目标成本的科目来进行成本分解和合约拆分的，其中成本科目必须严格遵守规定，原则上应采用扩展后的统一成本目标模板编制合约规划，或者采用统一制订的合约规划模板直接编制。在编制过程中可根据项目具体情况增减同一成本科目下的有关合约规划条目，但不得改变该级成本科目的定义范围。

编制合约规划一般遵循一个成本目标对应一个合约规划，一个合约规划对应一份合同的原则。编制合约规划的目的是将成本目标分解到每一份合同，在数据中心项目实施前期明确合同清单，通过管理合同来动态管理成本，实现成本目标管理与合同管理的业务体系协同。

在编制合约规划时遵循量价分离原则分解成本目标，而且必须注明量价计算依据或简要理由。

在编制合约规划时遵循成本科目和合同双维度的原则，数据中心项目的工程类成本基于合同与合约规划一一对应进行编制，而前期合同、营销合同等其他合同及费用则基于科目总金额进行编制。目标成本管理与合同管理之间的合约规划起承上启下的中心枢纽的控制作用，通过合约规划指导和控制合同签订来具体实现数据中心项目成本动态管控。

合约规划是在数据中心项目前期某时点编制的，因此必须随项目开发进展与动态成本目标同步做相应调整。

5.3.3 合约规划的过程控制

在招投标立项或招标文件和合同文本草案报批前，合同经办部门必须严格依据合约规划中的合约条目确定合同签订数量及内容，确保签订合同与合约规划一一对应。

在合约规划实施过程中发生重大变更时，可以根据需要预先将同一科目下的合约条目进行分解与合并，但不允许跨科目签订合同，更不允许跨项目签订合同，而且拟调整的合约规划必须在事前报项目部负责人审查批准后才可执行。

在合同定标呈批时，必须对照合约规划中该合同对应的成本目标，就成本方面做出说明（包括合同成本、对应的成本目标具体金额、成本节超情况），一旦合同金额超出目标成本，必须分析原因，并采取相应控制措施。

根据合同签订情况，及时更新合约规划中的相关数据，为项目的动态成本管理提供依据。

5.3.4 合约规划的动态控制

5.3.4.1 合同签订前管理

在数据中心建设项目招标采购启动前，合同经办部门根据合约规划，结合项目实际情况起草合同草案，明确合同金额、付款时间、付款方式，生成项目投资进度计划。同时将合同付款与项目进度计划中的工作项或工作成果一一对应，保证合同付款与实际工程项目进度相对应，避免发生合同款项超付的问题。

在合同签订前，各相关部门审查时必须对照合约规划审查费项规划余量，通过预警、强控指标进行对应管控，严禁规划余量被其他合同重复选用，杜绝已发生成本重复计算的现象。

当签订的合同金额小于合约规划中的对应规划金额时，各部门审查金额差距和产生原因，针对差距金额后续使用方式出具调整方案，修正合约规划。

（1）合同费用节约，相应金额进入费项规划余量，可调配给同费项其他合同，并出具费用节约单。

（2）合同范围变更，后续仍须签订额外合同，相应金额编制为另一个合约规划。

（3）合同金额压缩和风险规避，后续合同会产生相应变更，需要为合同编制预计变更金额。

当签订的合同金额大于合约规划中的对应规划金额时，各部门审查金额差距和产生原因，针对缺口金额出具解决方案，变更合约规划。

（1）如果属于合同范围变更，就调整相关的合约规划金额，补充为本合约规划金额。

（2）如果属于原先预算不足或外部环境变化导致的合同成本增加，需要查找规划余量，并从规划余量中划拨金额作为补充，同时出具项目成本超支单。

5.3.4.2　合同签订后管理

在合同执行过程中，发生合同变更（设计变更、现场签证）时，必须组织编制、审定工程预算并与合约规划中的预计变更金额对应，确保变更在可控范围内，超出部分金额从规划余量中划出。全程跟踪变更实施情况，动态监控成本目标执行情况并分析。

在分析项目成本构成及预判后续项目推进情况后，合理使用规划余量。

（1）部分费项规划余量有盈余，多出的规划余量可以调配到其他费项下使用，称之为成本结转。此时仅涉及项目内部成本调配，不影响项目总体成本。

（2）部分费项规划余量不足，导致后续该科目下合同无法签订，需要进行项目成本追加，此时影响项目总体成本，必须严格按照规定流程变更成本目标、具体项目及分部。

数据中心合约规划示例如表 5-1 所示。

表 5-1　数据中心合约规划示例

项目	序号	分部	规划容量				规划金额/万元
			分项		单位	数量	
装饰工程	一	建筑安装工程	1	机房架空地板	m^2	12 400	
			2	自流平	m^2	8020	
			3	隔墙	m^2	20 200	
			4	防火门	樘	200	
			5	保温工程	m^2	13 000	
			6	墙面乳胶漆	m^2	46 000	
			7	顶面乳胶漆	m^2	23 230	
			8	公共部位	m^2	2800	
			9	防水改造	m^2	12 400	
			10	照明工程	m^2	23 230	
				小计			
	二	工程建设其他费用					
	三	预备费					
	合计						
土建工程	一	建筑安装工程	1	内饰拆除	m^2	23 230	
			2	线路入户连接	项	2	
			3	屋顶拆除及新设防水	m^2	10 320	
			4	室内设备基础及开挖	m^3	355	
			5	室外设备基础及开挖	m^3	355	
			6	外墙修复	m^2	1	
			7	钢楼梯	部	3	
			8	集装箱钢架	m^2	420	
				小计			
	二	工程建设其他费用					
	三	预备费					
	合计						
机房工程	一	建筑安装工程	1	R18 微模块	套	116	
			2	R12 微模块	套	93	
			3	安装工程	项	1	
				小计			
	二	工程建设其他费用					
	三	预备费					
	合计						

续表

项目	序号	分部	规划容量				规划金额/万元
			分项		单位	数量	
市电油机工程	一	建筑安装工程	1	10kV 开关柜	台	98	
			2	综保及自动控制系统	套	2	
			3	模拟屏	块	2	
			4	操作电源	套	2	
			5	10kV/2000kW 集装箱油机	台	16	
			6	40m^3 油罐	套	2	
			7	安装工程	项	1	
			8	电缆	卷	1	
				小计			
	二	工程建设其他费用					
	三	预备费					
	合计						
电源工程	一	建筑安装工程	1	10kV 开关柜	台	64	
			2	10/0.4kV-2000kVA 变压器	台	28	
			3	10/0.4kV-1600kVA 变压器	台	4	
			4	0.4kV 开关柜	台	356	
			5	操作电源	套	26	
			6	600kVA UPS 主机	台	2	
			7	UPS 输入、输出配电屏	台	4	
			8	UPS 阀控式密闭铅酸蓄电池	组	4	
			9	4000A/5P 密集型母线	m	1200	
			10	安装工程	项	1	
			11	电缆	卷	1	
				小计			
	二	工程建设其他费用					
	三	预备费					
	合计						
空调工程	一	建筑安装工程	1	水冷空调-1000RT	台	8	
			2	水泵	台	16	
			3	冷却塔	台	8	
			4	板换机组	台	8	
			5	机房专用空调末端	台	24	
			6	蒸发冷设备	台	13	
			7	蓄冷罐	台	4	

续表

项目	序号	分部	规划容量				规划金额/万元
			分项		单位	数量	
空调工程	一	建筑安装工程	8	蓄冷罐基础	台	4	
			9	全自动在线加药装置	台	4	
			10	冷却水处理设备	台	4	
			11	微晶旁流水处理器	台	8	
			12	屋顶新风机组（28 000 风量）	台	1	
			13	屋顶新风机组（12 000 风量）	台	1	
			14	33.5kW VRV 空调	套	1	
			15	40kW VRV 空调	套	1	
			16	61.5kW VRV 空调	套	2	
			17	56kW VRV 空调	套	5	
			18	5P 商用立柜空调	台	2	
			19	空调安装工程	项	1	
			20	200kVA UPS 主机	台	8	
			21	UPS 输入、输出配电屏	台	16	
			22	UPS 阀控式密闭铅酸蓄电池	组	8	
			23	配电安装工程	项	1	
			24	电缆	卷	1	
			25	新风工程	m^2	20 000	
				小计			
	二	工程建设其他费用					
	三	预备费					
	合计						
弱电工程	一	建筑安装工程	1	环境监控	m^2	23 230	
			2	动力监控	m^2	23 230	
			3	综合布线	m^2	23 230	
				小计			
	二	工程建设其他费用					
	三	预备费					
	合计						
消防工程	一	建筑安装工程	1	IG541 气体灭火剂瓶	瓶组	740	
			2	气体灭火系统管网	m^2	14 500	
			3	事故后通风系统	m^2	14 500	
			4	火灾报警系统	m^2	23 230	
			5	室内消火栓系统	m^2	23 230	
			6	消防排烟工程	m^2	23 230	

续表

项目	序号	分部	规划容量				规划金额/万元
			分项		单位	数量	
			7	自动喷水灭火系统	m^2	2200	
			8	电气火灾监控系统	m^2	2200	
			9	门禁工程	m^2	23 230	
			10	防火门监控工程	m^2	23 230	
			11	视频监控工程	m^2	23 230	
				小计			
	二	工程建设其他费用					
	三	预备费					
	合计						
总计							

第6章

大数据中心产业全景图

互联网的高速发展使得万物数据化，数据量和计算量呈指数增长。赛迪顾问数据显示，到 2030 年数据原生产业规模量占整体经济总量的 15%，中国数据总量将超过 4YB，占全球数据总量的 30%。数据资源已成为关键生产要素，更多的产业通过利用物联网、工业互联网、电商等结构或非结构化数据资源来提取有价值的信息，而海量数据的处理与分析要求构建大数据中心。

大数据中心以数据为基本管理对象，融合 IDC、云计算、区块链、人工智能等新技术于一体，成为集数据、算力、算法三大要素于一身的数据基础设施，成为新基建中代表算力基础设施的重要组成。

云计算、大数据、物联网、人工智能等新一代信息技术快速发展，数据呈现暴发式增长，大数据中心建设成为大势所趋。世界主要国家和企业纷纷开启数字化转型之路，在这一热潮推动下，全球数据中心 IT 投资呈现快速增长趋势。2019 年全球和中国数据中心 IT 投资规模增长率均高于全球 GDP 增长率（2.3%）和中国 GDP 增长率（6.1%）。

从全球数据中心建设发展来看，世界前三大数据中心市场——美国、日本和欧洲的数据中心 IT 投资规模仍占全球数据中心 IT 投资规模的 60%以上，美国保持市场领导者地位，在数据中心产品、技术、标准等方面引领全球数据中心市场发展。亚太市场仍是全球数据中心市场的亮点，同期比增长达到 15.9%，数据中心 IT 投资规模达到 89.7 亿美元，主要动力仍来自中国数据中心市场的稳步发展，移动互联网、云计算、大数据、人工智能等应用深化，互联网+、人工智能+X、工业互联网建设加速。全球数据中心市场投资预测如图 6-1 所示。

大数据中心背后有几个名词：大数据、区块链、数字货币、IT 设备、云计算等。数字货币是区块链的应用之一，区块链是大数据的技术架构，云计算是区块链的技术支撑，IT 设备是大数据外在的储存之地。在海量数据存储的背景下，IT 设备将迎来投资热潮，预计到 2025 年 IT 设备投资将达到 7070.9 亿元。中国数据中心 IT 投资规模增长预测如图 6-2 所示。

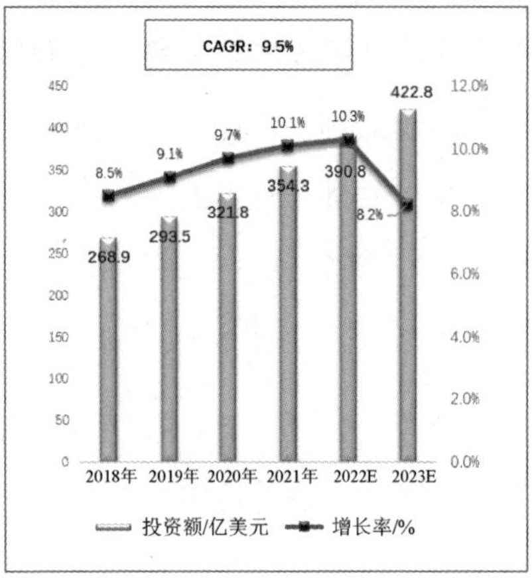

（a）2018—2023年全球数据中心市场投资预测

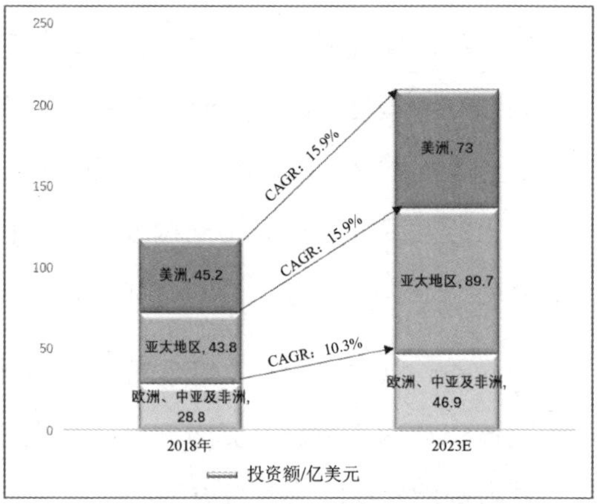

（b）2018年和2023年全球数据中心市场投资额预测（按区域划分，不含企业细分）

CAGR：年均复合增长率

图 6-1　全球数据中心市场投资预测

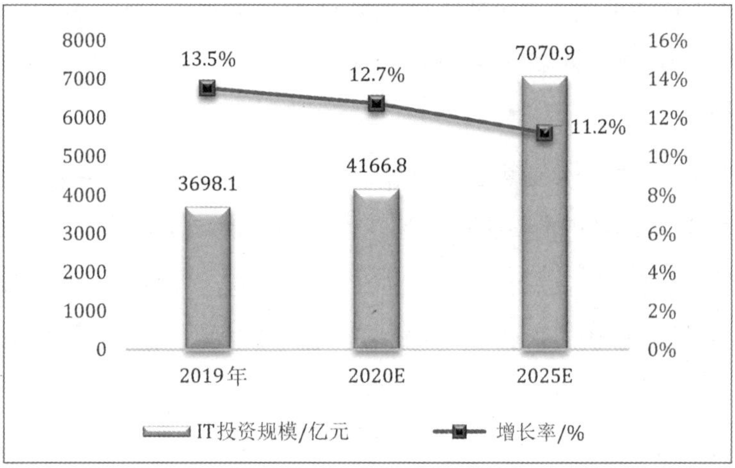

图 6-2　中国数据中心 IT 投资规模增长预测

6.1　大数据中心产业链

大数据中心产业链（见图6-3）包括上游的基础设施、中游的数据中心服务和专业服务及相关解决方案、下游的最终客户应用厂商。大数据中心是新基建的基础，汇聚了所有行业的数据、存储和分析，其重要性可见一斑，而在大数据中心背景下，数据中心和服务器是枢纽，也是行业最先受益的重要领域。

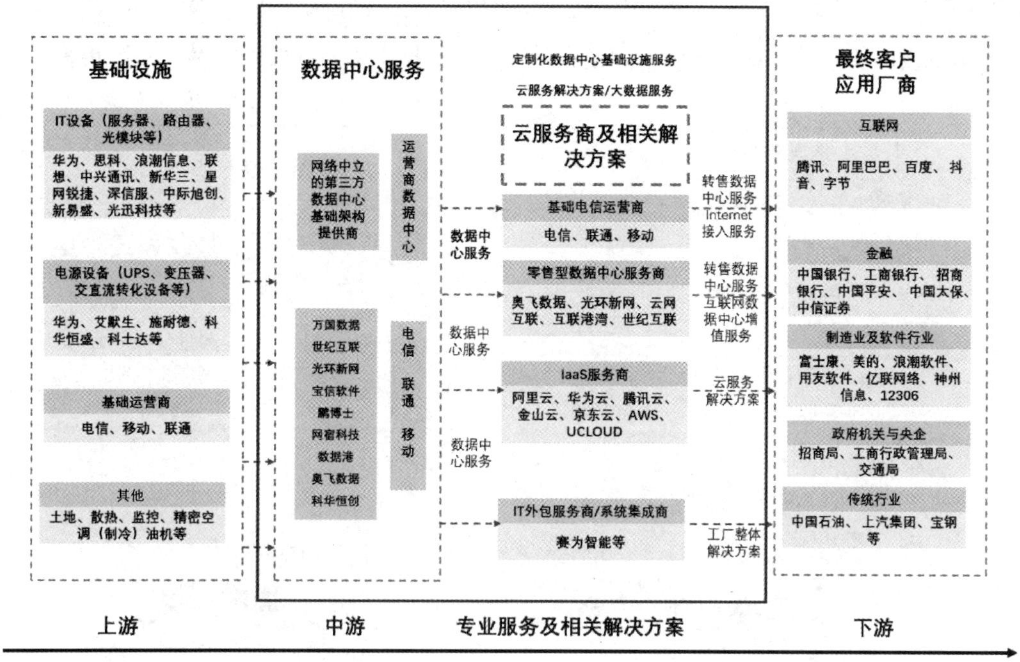

图 6-3 大数据中心产业链全景图

6.1.1 产业链解构

产业链价值解构：电力成本为数据中心企业的最大成本，上游服务器行业具备最大价值。大数据中心产业链上游、中游主要成本解构如图 6-4 所示。

成本（TCO）=固定资产支出（CPAEX）+运营支出（OPEX）

电力设备为成本大头，高压直流输电（HVDC）有望成为数据中心的主流选择。低成本是数据中心运营商建立竞争优势的关键。数据中心成本由建设成本和运营成本构成。在数据中心的建设成本中，电力设备成本最高，其占比达 48.3%。而与 PUE 值指标关系密切的散热设备（服务器、网络设备及电力设备提供空调散热）占比第三，为 18.3%，核心设备一般 5 年进行更换替代。在数据中心建设或改造中选用 PUE 值更低的温控方案将成为国内数据中心建设的必然选择。

而数据中心的运营成本的主要是 IP 骨干网和城域网分摊及电费，其占比分别为 29%、28%。因此无论是供电设备还是电费，两者均是数据中心的成本大头。因此，降低电力基础设施的采购成本，提高电源使用效率，是数据中心降低成本的两大关键手段。

基础设施

主要项目	市场规模/亿元	占比
土地、建设及配套工程（水电、办公等）	221	13.6%
发电机组、电力用户站	176	10.8%
电源设备（UPS、电池组等）	70	4.3%
制冷系统	42	2.6%
服务器	510	33.0%
交换机、路由器等	147	9.0%
存储设备	67	4.1%
机柜、光纤光缆等	52	3.2%
软件等服务	44	2.7%

数据中心服务

主要项目	市场规模/亿元	占比
电费	156	9.6%
宽带使用费	29	1.8%
人工成本	28	1.7%
房屋租赁及物业费	65.3	3.9%
物料消耗及其他	31	1.9%

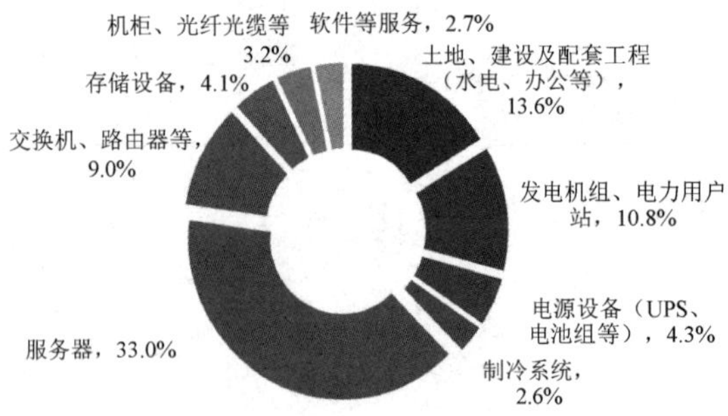

上游基础设施产业链解构

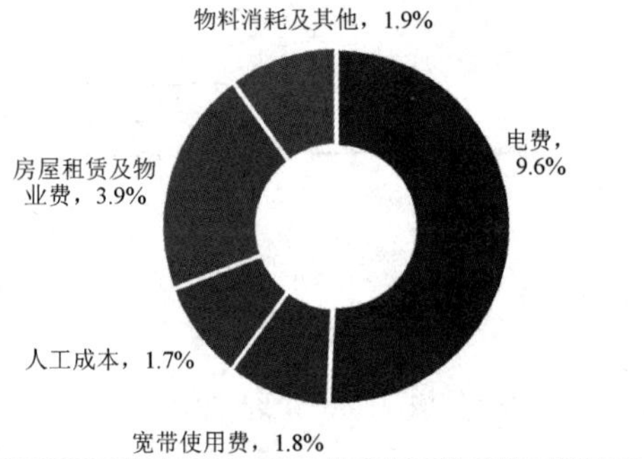

中游数据中心服务产业链解构

图 6-4　大数据中心产业链上游、中游主要成本解构

数据中心投资大，资产设备使用寿命周期长（一般折旧年限为 10 年），数据中心固定资产折旧在整体成本中占据较大的比例，通常占 20%以上。

在数据港各项基础设施设备建设成本中，电力设备建设成本占比最高。2016 年数据港折旧费用占成本比重为 26%，2018 年光环新网折旧推销费用占成本比重为 27%，2018 年万国数据折旧推销费用占比为 33%。万国数据规模效应显著，2019Q3 公共事业成本占比 22.9%。以上为典型数据中心的成本构成，如图 6-5 所示。

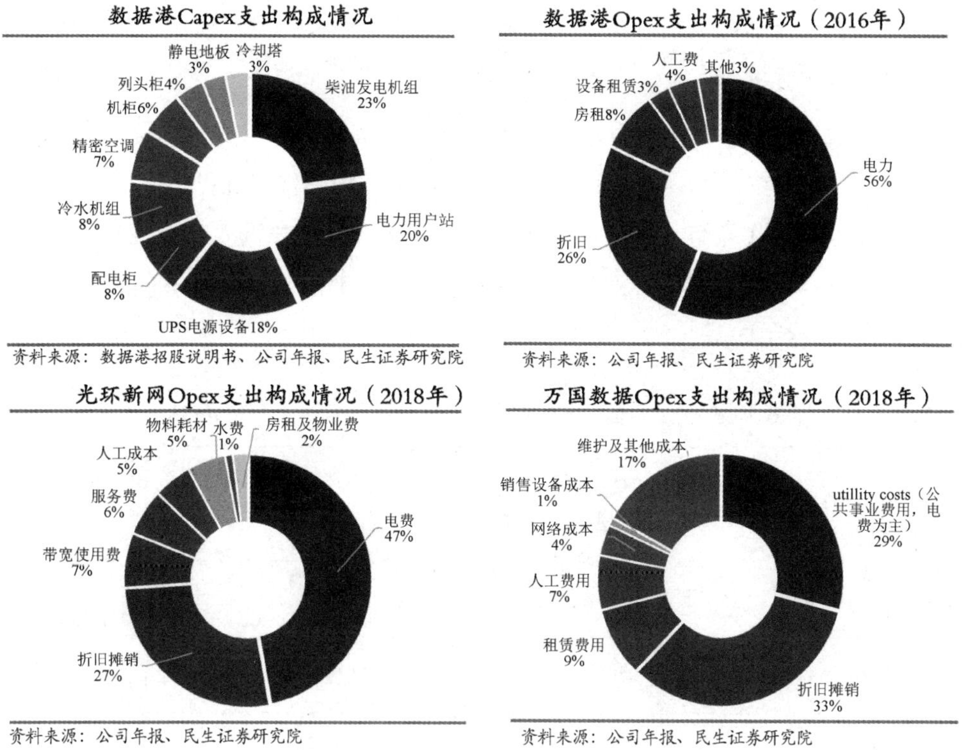

图 6-5　典型数据中心成本构成

6.1.2　服务商构成

服务商为企业和 ISP、ICP、ASP 等客户提供的互联网基础平台服务及各种增值服务。

全球数据中心服务市场发展趋势：第三方数据中心服务商逐渐崛起，运营商逐步退出数据中心市场，企业云化趋势明显，逐步将工作负载转移到云上或使用托管设施，数据中心行业并购数量逐年递增，数据中心市场集中度正在进一步提升，马太效应增强。

我国数据中心市场格局以运营商数据中心为主，凭借其网络带宽和机房资源优势，份额占比约达 65%；其次为第三方数据中心，近年来第三方数据中心逐渐兴起，主要为满足核心城市的数据中心需求，弥补供需缺口，具备一定的资源稀缺性壁垒。

服务商主要包括：①基础电信运营商，拥有骨干网络和国际带宽出口，在数据中心业务中具有较强的话语权，一方面进行数据中心业务的运营，另一方面也与其他数据中心服务提供商合作，共同开展数据中心服务；②自有机房的第三方数据中心服务提供商，以民营为主，是具有较强实力和超前市场意识的传统 ISP 公司；③租用机房的第三方数据中心代理商，代理商是数据中心业务开展中的重要一环，其作用主要是面向企业客户推广数据中心业务。美国及中国主要数据中心企业级别情况对比（2019Q3）如表 6-1 所示。

表 6-1 美国及中国主要数据中心企业级别情况对比（2019Q3）

企业	机柜规模	上架率	IDC 业务营收占比	IDC 业务毛利率	资产负债率	运营模式	TOP5 客户收入占比	分布地区
Equinix	300 000+个	—	95.0%	49.0%	61.7%	批发+零售、零售为主	11.8%	200+个数据中心，52 个区域分布
Digital Realty	280 万 m^2	—	80.0%	58.0%	55.9%	批发+零售	26.4%	210+个数据中心，35 个区域分布
万国数据	20 万 m^2	70%～72%	100.0%	25.0%	66.3%	批发为主，云厂商占比 73%	55.7%	北京、上海、成都、广州、深圳、河北
世纪互联	32 166 个	66%～72%	70.0%	26.0%	61.2%	零售为主	21.0%	20+个城市（北京、上海、杭州、广州、深圳等），50+个数据中心
光环新网	34 000 个	70%～75%	21.5%	45.0%	33.7%	零售为主	22.3%	北京、上海、昆山
宝信软件	22 000 个	90%～95%	25.0%	46.0%	34.8%	批发为主	40.1%	上海、武汉
数据港	11 000 个	85%～90%	71.5%	37.0%	67.0%	批发，主要客户为阿里巴巴	87.4%	上海、杭州、深圳、河北省张北
奥飞数据	8000 个	60%～65%	45.0%	27.0%	56.1%	零售为主，19 年布局批发	49.7%	广州、深圳、海南、北京

资料来源：Wind、彭博资讯、公司官网、公司年报、民生证券研究院

提供的业务包括主机托管（机位、机架、VIP 机房出租）、资源出租（虚拟主机业务、数据存储服务）、系统维护（系统配置、数据备份、故障排除服务）、管理服务（带宽管理、流量分析、负载均衡、入侵检测、系统漏洞诊断），以及其他支撑、运行服务等。业务主要分为两大类：基础业务和增值业务。此外，还有以公共资源池的形

式提供的云主机、云存储等基础设施服务和专有云服务。

对于保持快速增长的数据中心服务市场，数据中心给该类市场服务提供商的几点建议如下：

（1）提升资源整合能力促进数据中心业务扩张。以往数据中心主要是满足金融等特定行业的需求，主打安全稳定，随着行业客户对数据中心的需求日趋普遍，价格和资源优势成为数据中心服务商吸引客户的关键因素。对于数据中心服务商而言，如果要新建或扩建数据中心，不仅要有一定技术能力，还必须要能够拿到土地、能耗指标及丰富的网络资源等，另外也少不了资本市场的加持。数据中心服务商需要加强对地方政策、资源、通信等情况的研究，强化与资本市场的合作，整合更多资源以推动数据中心业务扩张。

（2）拥抱 IT 基础设施向企业外部转移带来的变化。随着企业的 IT 基础设施越来越多被转移或使用外部数据中心，企业对设置和遵守标准流程会更加看重，数据中心服务商需要确保通过严格的资产和数据管理流程来保护客户数据。面向企业内部的 IT 组织，数据中心服务商需要帮助他们管理和协调内部和外部的服务交付，而不仅仅是基础设施。面向企业数据在内部和外部混合 IT 环境中的移动，数据中心服务商需要创建一种高效的方式来整合、移动和存储数据，防止异地数据移动受通信速度和成本影响而导致业务减少和创新效率降低。面向核心和边缘基础设施的协同需求，数据中心服务商需要建立容器化和软件定义的体系结构，提升 IT 和设备资产的远程监测和管理能力，使自身服务更具优势。

（3）加强云计算相关的产品和服务能力的研发。数据中心市场对云计算的需求既不会减弱也不会放缓，未来两年还将加速发展，这意味着云服务商会通过建设和借助超大规模数据中心来增加更多的计算能力。一方面，数据中心服务商需要越来越快地建设支持云计算的基础设施，或自己提供云计算资源型产品，或服务于大型公有云服务商；另一方面，数据中心服务商需要早日应对公有云、托管、本地共存的 IT 环境生态系统，积极进行混合 IT 环境相关的研发，如混合云加密应用、混合云灾备应用等，为客户提供多种混合云解决方案服务，提升数据中心的运营效率。

（4）把握互联网升级和产业互联网发展带来的机会。5G 逐渐从标准制定走向应用落地。短期内，云游戏、云视频等C端大流量应用将成为5G商用初始阶段的爆发点，预计5年之后支撑4KB视频的软、硬件将成为移动终端的标配，高清视频、互动视频、增强现实、虚拟现实等将带动移动终端流量大幅走高。长期来看，产业互联网有望成为5G时代流量剧增的最大市场机遇，随着互联网与更多B端产业的深度结合，再加上5G时代的网络助力，大量非互联网行业（如政府、金融、制造、能源、交通等）的数字化发展将成为未来推动数据中心服务市场需求的主力。

6.1.3 分布区域特性

从全球范围来看，美国数据中心的数量最多，2018年其占比达44%，其次是中国、日本、英国、澳大利亚、德国，其占比分别为8%、6%、6%、5%、5%，如图6-6所示。

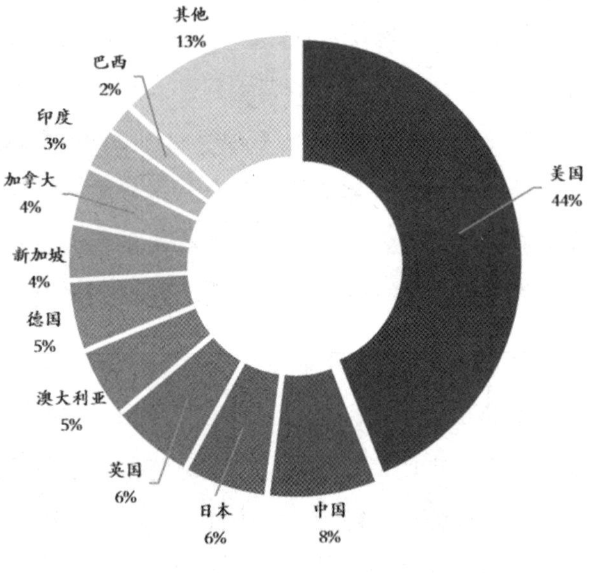

图6-6 全球大规模数据中心区域分布情况（2018年）

我国对数据中心的需求主要集中在北京、广东、上海、浙江、江苏等经济发达省市，这些地区人口及互联网用户密度远远领先于中西部地区，大型互联网、云计算、科技创新类企业、政企用户数量远远领先于其他地区，对数字经济的贡献也更大，因此这些地区是我国数据中心业务需求最旺盛的区域。从全国范围来看，北京、上海、广州等一线城市数据中心资源最为集中，如图 6-7 所示。

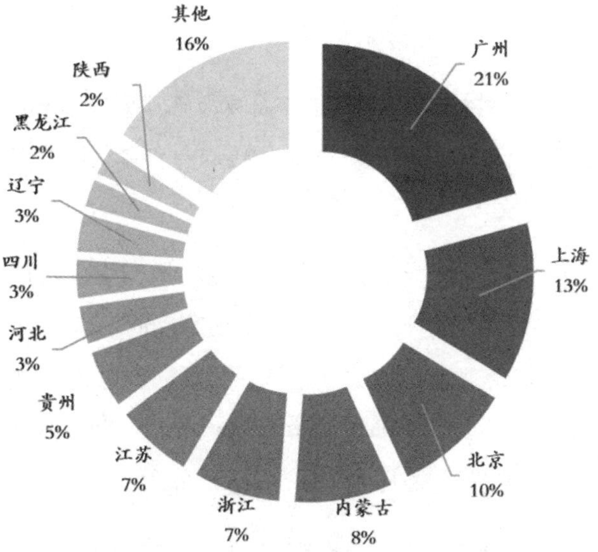

图 6-7　中国数据中心分布情况（2018 年）

此外，中部、西部、东北地区可用数据中心资源丰富，规模较大，价格优势明显。这些地区土地资源丰富，建设租金成本较低，网络质量、建设等级及运营维护水平也较高，适合建立大型及超大型数据中心。例如，百度最大的数据中心位于山西省阳泉市，服务器设计装机规模超过 16 万台；阿里巴巴江苏云计算数据中心在南通签约，建成后将成为阿里巴巴华东地区最大的云计算中心基地，承载 30 万台服务器。

6.2　大数据中心产业发展愿景

6.2.1　产业发展助力

6.2.1.1　政策支持

政策赋予新基建重任，大数据中心新时代已经来临。中央政府多次强调新基建的加快建设，内容主要涵盖七大领域：5G 基建、特高压、城际高速铁路和城际轨道交通、新能源汽车充电桩、大数据中心、人工智能和工业互联网。数据中心行业作为中央政治局重点支持领域，一线城市资源、土地能耗资源、牌照资源划分成为关注焦点，我国计划建立起新时代的“数字强国”。

2020 年 3 月 4 日，中共中央政治局常务委员会召开会议，会议指出“加快 5G 网络、数据中心等新型基础设施建设进度”，这是数据中心首次被明确纳入新型基础设施建设范畴。

政府通过政策引导，进一步推动数据中心行业的规范化，监管力度加大，监管制度逐渐完善，政府机构规范数据中心的政策如表 6-2 所示。2016 年下半年，中国联通与中国电信分别开展了数据中心违规业务专项整治行动，整治内容主要包括三方面：一是互联网专线、数据中心带宽及 BGP 业务自查和整改；二是数据中心外拉光纤及电路整改；三是历史工单、疑似违规 IP 地址检查。

表 6-2 政府机构规范数据中心的政策

时间	部门	政策
2012 年 11 月	工信部	《关于进一步规范因特网数据中心业务和因特网接入服务业务市场准入工作的通告》
2013 年 1 月	工信部、国家发展和改革委员会（以下简称国家发展改革委）、国土资源部、国家能源局	《关于数据中心建设布局的指导意见》
2015 年 3 月	工信部、国家机关事务管理局、国家能源局	《国家绿色数据中心试点工作方案》
2015 年 8 月	国务院	《促进大数据发展行动纲要》
2016 年 6 月	工信部、财政部、国土资源部、生态环境部、商务部	《关于深入推进新型工业化产业示范基地建设的指导意见》
2016 年 11 月	国务院	《“十三五”国家战略性新兴产业发展规划》
2016 年 12 月	国务院	《“十三五”国家信息化规划》
2017 年 4 月	工信部	《关于加强“十三五”信息通信业节能减排工作的指导意见》
2017 年 5 月	住房和城乡建设部	《数据中心设计规范》
2017 年 8 月	工信部	《关于组织申报 2017 年度国家新型工业化产业示范基地的通知》

资料来源：根据公开发布政策整理

北京、上海等发达地区加强自身及周边地区数据中心建设的统筹布局，大力推进本地数据中心的整合与改造，控制数据中心规模快速增长，同时不断推动绿色数据中心的发展。

内蒙古、贵州、宁夏等地区处于经济结构转型调整的关键期，迫切谋求新的经济增长点，将大数据、云计算等新兴产业确立为重点转型方向，加快数据中心基础设施建设。部分省市数据中心相关政策如表 6-3 所示。

表 6-3　部分省市数据中心相关政策

省市	时间	政策
北京	2018 年 9 月	《北京市新增产业的禁止和限制目录（2018 年版）》
	2016 年 12 月	《北京市“十三五”时期信息化发展规划》
上海	2016 年 9 月	《上海市大数据发展实施意见》
	2018 年 11 月	《上海市推进新一代信息基础设施建设助力提升城市能级和核心竞争力三年行动计划（2018—2020 年）》
天津	2018 年 1 月	《天津市加快推进智能科技产业发展总体行动计划》
重庆	2016 年 8 月	《重庆市大数据发展工作方案（2016—2018 年）》
浙江	2017 年 3 月	《浙江省数据中心“十三五”发展规划》
贵州	2018 年 6 月	《贵州省数据中心绿色化专项行动方案》
内蒙古	2017 年 12 月	《内蒙古自治区大数据发展总体规划（2017—2020 年）》
江苏	2016 年 8 月	《江苏省“十三五”信息基础设施建设发展规划》
广东	2016 年 4 月	《广东省促进大数据发展行动计划（2016—2020 年）》

6.2.1.2　资源支持

1）REITs 提供融资渠道，数据中心企业受益良多

2020 年 4 月 30 日，中国证券监督管理委员会、国家发展改革委联合发布《关于推进基础设施领域不动产投资信托基金（REITs）试点相关工作的通知》，正式启动基础设施领域的公募 REITs 试点工作。REITs（Real Estate Investment Trusts）以发行权益投资证券的方式募集资金，且内容不局限于房地产，以基础设施为底层资产内容。该政策要求 REITs 在证券交易所公开发行交易，促使广大投资者进行新基建投资，拓宽数据中心等企业的融资渠道。

近年来各领域依托互联网实现万物互联，各大企业在数据资源方面高度重视，海量数据的处理及分析成为核心，并且成为关键生产要素，大数据中心建设也获得政府支持。目前中国在全球数字化领域高速发展，在全球数据中心产业中拥有强大的竞争

力。根据中国电子信息产业发展研究院统计，2019 年中国数据中心 IT 投资规模达到 3698.1 亿元，2020 年这一规模增长 12.7%，达到 4167 亿元。到 2025 年，预计这一投资规模将达到 7071 亿元。

2）传统重资产企业跨界进入数据中心市场

近年来转型进入数据中心领域的传统企业数量进一步增加。首先，“三去一降一补”政策明确要求传统重资产型企业开拓新思路、寻找新方向、打造新产品，实现由劳动密集型产业向高新技术密集型产业的转变。其次，房地产业、纺织业、材料制造与加工业、机械制造业等传统重资产企业在基础设施方面具有一定优势（厂房、水电）。

传统企业的跨界进入对数据中心市场的发展起到促进作用，大量收购推动了传统企业与数据中心产业的跨界融合。2016 年数据中心行业收购案例如表 6-4 所示。

表 6-4　2016 年数据中心行业收购案例

收购方	收购方经营范围	被收购方	收购时间	收购金额	股权占比
广东荣泰	复合新材料及其制品的生产和销售	森华易腾	2016 年 2 月	12 亿元	100%
精功科技	设备制造	盘古数据	2016 年 4 月	52.5 亿元	100%
科华恒盛	UPS 电源制造商与提供商	天地祥云	2016 年 10 月	9000 万元	25%

6.2.2　产业发展趋势

全球权威机构 Frost & Sullivan 关于未来全球数据中心（2018—2023 年）的报告显示，以下几个方向将成为数据中心未来的发展趋势。

6.2.2.1　模块化设计

模块化设计是指快速部署数据中心有助于技术演进和成本控制，从而缩短技术产生价值的生命周期。

随着能源成本和能源消耗的持续增长、IT 业务需求的不断变化，对数据中心的部署提出了以下要求。

1）可扩展性

可以根据当前的 IT 需求部署模块化基础设施，并且能在以后根据需要添加更多组件，降低总拥有成本。

2）可更改性

可通过模块的重新配置，满足不断变化的 IT 需求，提供极大的灵活性。

3）可移植性

在安装、升级、重新配置或移动模块时，需要有独立组件、标准接口及易于理解的结构，既节省时间又节约资金。

4）可替换性

发生故障的模块可以被很容易地换下，以便进行升级或修理，而且通常无须停止系统运行。

5）提高故障修复的质量

许多需要基础设施的工作可以在工厂进行，既包括交货之前的工作（如配电设备的预先布线），也包括交货之后的工作（如电源模块的修理）。从统计学角度上分析，同样的工作在工厂内完成与在现场操作比，在性能降低、降容使用和再故障等方面的概率要低得多。例如，与在现场修复的 UPS 电源模块相比，在工厂修复的模块在引起断电、发生新的故障或无法恢复到满负荷工作状态方面的概率要低上千倍。

6）能耗可控

在能耗方面，通过集中管理来控制能耗，提高设备的利用率，由此减少资源消耗。

传统数据中心在基础设施建设和硬件设备部署的过程中，由于受到成本、建设难度、运维管理难度等诸多因素的困扰，已经从侧面推动了模块化数据中心的快速发展，虽然业界对于模块化数据中心仍有质疑声，但是从近些年国内外很多企业级厂商的技术、产品发展脉络当中不难看出，未来模块化数据中心将会有一个快速的增长时期。

由于国内数据中心市场的快速发展，模块化数据中心以高可靠、高效节能和整体快速部署的优势受到市场的青睐，模块化已成为中小型数据中心发展的主流趋势，在大型数据中心的高密度场景也已大量应用。据相关数据统计，到2020年，国内模块化数据中心市场规模将达到52亿元，如图6-8所示。模块化数据中心按照“高可靠、高效节能和整体快速部署”的建设理念来构建的新一代数据中心基础架构的解决方案，是专门针对云时代数据中心的需求而提出的。随着数据中心云化加速，厂商纷纷进入模块化数据中心市场，将迎来模块化数据中心市场持续稳定的增长。

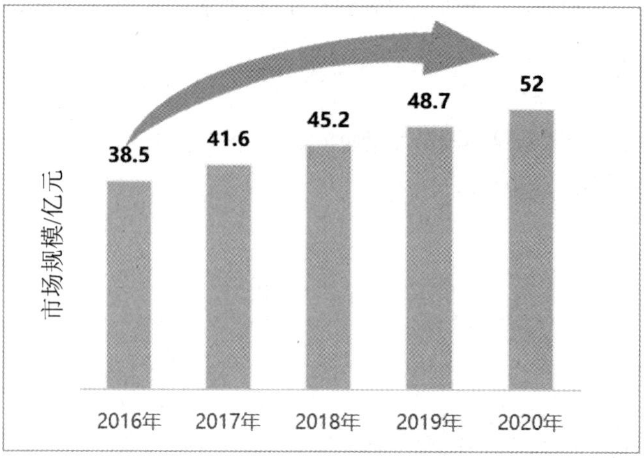

图6-8　模块化数据中心市场规模预测

模块化数据中心是指每个模块具有独立的功能、统一的输入输出接口，不同区域的模块可以互相备份，通过相关模块的排列组合形成一个完整的数据中心。模块化的形式有很多种，可以是设计方法和理念，也可以是产品。

模块化设计方法包括在空间布置上采用模块化设计，同时在数据中心各功能系统上也采用模块化设计，在建设时可分模块、分楼层、分期建设。在产品形式上，模块化数据中心有几种形式：模块化产品、微模块（Micro Module）和集装箱式数据中心。

其中，模块化产品以模块化UPS、模块化精密空调、模块化布线等为代表；微模块以机柜微环境为典型，指以若干机架为基本单位，包含制冷模块、供配电模块及网络、布线、监控、消防在内的独立的运行单元，模块全部组件可在工厂预制，并可灵活拆卸、快速组装；集装箱式数据中心可以认为是一种标准化的、工厂预制和预测试的大型模块化数据中心产品和解决方案。

6.2.2.2 边缘计算和 5G

5G 的到来将进一步加速时延相关应用的增长，从而使数据中心更接近网络边缘。快速部署小型边缘计算数据中心，使计算更接近终端用户。

三大运营商的 5G 用户数量突破 5000 万。截至 2020 年 3 月底，中国移动 5G 用户数量累计达到 3172.3 万；中国电信 5G 套餐用户数量累计达到 1661 万。中国联通此次依然没有公布 5G 用户数量。而在国务院新闻办公室举行的新闻发布会上，工信部发言人透露，截至 2020 年 3 月底，三大运营商的 5G 套餐用户总数已经突破 5000 万大关，已经有超 2000 万个 5G 终端，全国已经建成的 5G 基站为 19.8 万个。按照三大运营商的规划，2020 年年底全国范围内将累计开通 5G 基站超过 55 万个，实现地级市室外连续覆盖、县城及乡镇重点覆盖、重点场景室内覆盖。

边缘计算+5G 应用加速将带动数据中心行业向更高的等级发展。《IDC Future Scape: Worldwide Data Center 2020 Predictions》（2019 年 10 月）显示，到 2023 年，超过 50%的新基础设施将部署在越来越关键的边缘位置，而不是企业数据中心。到 2022 年，40%的企业将直接利用具备异构存储和计算的定制基础设施服务，减少将人工智能嵌入标准业务流程的时间。这表明企业未来将对边缘计算数据中心和异构计算基础设施的需求明显增长，而 5G 超低延迟的特性也将加速物联网和边缘计算应用的速度，在 5G 部署后，大流量场景（如虚拟现实、增强现实、车联网、智能制造等）将继续增加，带动网络数据量激增，对数据中心的需求将凸显出来。云边端协同及协同背后的 IT 和配电资源弹性能力需求是未来数据中心服务市场的发展机遇。

6.2.2.3 下一代 DCIM

增加 DCIM（数据中心基础设施管理）将产生更多下一代基于数据建模的 DCIM 解决方案的需求，北美和欧洲都已经在使用这种解决方案。DCIM 的基本架构如图 6-9 所示。

在构建数据中心时，关键在于如何将机房建设得更加高效。效率低下的数据中心会成为企业的负担。企业需要准确地知道各设施的位置、使用率和用电量。在数据中心内，不管是何种形式的效率低下，都会导致高昂的成本。因此，DCIM 对于保障数据中心顺畅运行至关重要。

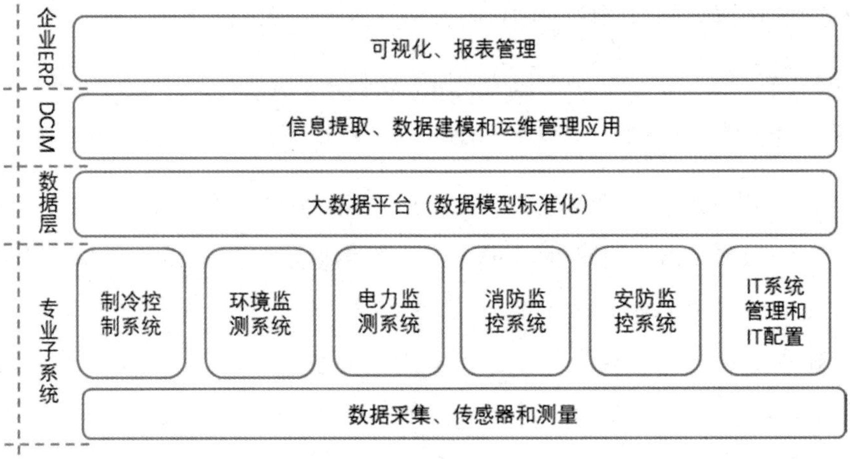

图 6-9　DCIM 的基本架构

数据中心是一个多专业、多层面的异构系统，由此而来的是各专业和岗位的维护人员会采用离散的工具来支撑各自的维护工作。这种管理方式的优点是获取方式简单、成本相对低廉，但是也带来了多方面的问题。

首先，对数据中心运维管理团队而言，没有一个统一的视图来获得所需要的信息，维护多个离散的工具也提高了管理和拥有成本。其次，不同系统之间的数据难以关联和共享，在进行跨系统数据建模和预测分析的时候尤其困难。最后，工具的不专业造成对数据中心数据的维护非常痛苦，需要花费大量的时间去更新数据，保持数据同步，甚至新老数据彼此会发生冲突。

因此对于数据中心运维管理团队来说，就迫切需要一个顶层系统能够统一、同时管理 IT 基础设施和场地基础设施，并且可以同时对运维人员和运维流程进行管理和审批。在这种迫切需求下，DCIM 应运而生。

市场研究机构 RMR（北京瑞富银市场咨询有限公司）的报告显示，2015 年 DCIM 平台类产品整体市场容量达到 14.07 亿元，增速达到 45%。随着数据中心规模的逐渐扩大，云化的 DCIM 系统和远程运维管理将成为未来主要发展方向。

采用云服务的方式，将 DCIM 软件系统能力云化，使 DCIM 系统以软件+智能硬件的方式实现 SaaS 服务，或者通过在 DCIM 服务器中嵌入部署代理的形式，将 DCIM 服务器的各项功能以云的形式发布出去，经过云平台对外提供 DCIM 的远程维护管理服务。

DCIM 云服务平台对于多租户数据中心的管理意义非凡，它不仅能为管理人员和多租户提供管理服务入口，还能提供远程巡检，并对检查中发现的隐患通过平台故障工具进行修复。

6.2.2.4　人工智能（AI）

人工智能将改变数据中心未来几年的运作方式。人工智能技术的进步将使数据中心真正的智能化，能够自我学习和自我优化的数据中心即将产生。

随着数据中心可用性要求的逐步提高，以及精细化管理需求的增多，大数据中心的管理逐步从被动转为主动、从应急转为预防。通过将基于云的分析应用于从数千个地点采集的传感器数据，设施设备和 IT 也将在一定程度上得到自我修复，从而有助于企业数据中心得以运用其来指导和制定有针对性的预测性和预防性维护计划。备用零件将可能由灵巧的机器人进行订购、测试和安装，以便在需要时精确匹配，避免发生故障，同时避免不必要的维护和测试。

通过人工智能实现无缝整体性地（可能是跨越多个站点）实施大数据中心监控管理。动态并且灵活地管理冷却散热、电源、计算、工作负载、存储和网络资源，提高工作效率、生产力和可用性。

6.3　大数据中心产业发展带来的变革

6.3.1　思维变革

在小数据和模拟数据时代，人们总是强调“为什么”来认识世界。在物理、化学等自然科学中，科学家要在实验室通过反复试验来检验理论或定律为什么是正确的；天文学、经济学等学科则需要根据理论来推测现象，或根据历史数据来验证现象。只有理论与数据验证一致，才算揭示了现象背后的因果关系，才算回答了“为什么”。

在大数据时代，人们更多强调“是什么”，也就是寻找事物背后的相关关系。譬如说，研究人员利用大数据，不是试图弄懂发动机抛锚或药物副作用消失的确切原因，研究人员可以收集和分析大量有关此类事件的信息及一切相关素材，找出可能有助于预测未来事件发生的规律。加拿大的研究人员正在开发一种大数据手段，以便能在明显症状出现之前发现早产婴儿体内的感染。他们通过把包括心率、血压、呼吸和血氧水平等 16 种生命体征转化成每秒 1000 多个数据点的信息流，已经能够找到极其轻微的变化与较为严重的问题之间的相关性。也就是说研究人员关注相关关系胜过因果关系。

在大数据时代，人的行为方式也将发生某种程度的变化。以往一般都是先想好要解决什么问题，再去获取相应的信息；而到了大数据时代，思维方式就变成了先尽可能多地占有信息，当遇到问题时再从这些海量信息中去“挖掘”解决方案。这两者的区别就像普通相机与光场相机（light field）的区别。据美国科技博客网站（VentureBeat）的报道，与普通相机不同，光场相机可以在拍摄完照片之后再对焦，具体生成的照片聚焦在什么位置，可以在拍摄完成之后根据需要再决定。

大数据是在多样或者大量的数据中快速获取信息的能力。大数据正以前所未有的速度颠覆人们探索世界的方法，引起社会、经济、学术、科研、国防、军事等领域的深刻变革。

大数据是一种思维方式，必须渗入企业的每一根毛细血管。大数据时代已经到来，正在引发一场革命！

6.3.2 产业变革

数据资产、产业垂直整合、泛互联网化是大数据时代的三大发展趋势。

6.3.2.1 数据资产

数据资产成为和土地、资本、人力并驾齐驱的关键生产要素。围绕数据资产可以演绎跌宕起伏的产业大戏。

数据科学应运而生并将逐渐达到与自然科学分庭抗礼的地位。数据科学既可以推动数学、计算机科学、统计学、天体信息学、生物信息学、计算社会学等学科的发展，又能够助力产业界的升级转型。

数据成为资产是最核心的产业趋势，以数据资产为核心的商业模式主要有租售数据、租售信息、数据使能、数字媒体、数据空间运营和大数据技术提供商。

数据中心以数据为基本管理对象，融合数据中心、云计算、AI 等新技术于一体，在新基建中发挥数字底座的关键作用，是数字化转型的基石。

在新冠肺炎疫情期间，新媒体成为大众了解疫情最新动态的有效工具。大家依据微博、抖音实时了解哪个地方出现了多少确诊患者、确诊患者的出行轨迹；大家打开健康码就能够查看自己所在区域疫情防控等级。那么，在疫情期间，衣食住行是不是不能够顺畅开展了呢？完全不是。云上办公、数字娱乐、视频社交、在线教育、无人配送等新业态加速涌现，数字化转型市场需求旺盛，据预测，2021 年年底我国数字化转型支出的市场规模将达到 3.7 万亿元。融合数据产生的价值，让我国成为采取措施最迅速、应对疫情最有效的国家。

6.3.2.2　产业垂直整合

孤立的数据的价值远远小于广泛连接的数据的价值。以 Facebook、微博为代表的社交网络应用，构建了普遍关联用户行为数据。本来在网络上浏览网页、购买商品、游戏休闲等都是互不关联的，尤其是智能手机的普及，网络行为更趋向于碎片化。这些碎片化数据如果没有关联，是难以进行分析并加以利用的。但是社交网络提供了统一的接口，让用户无论是玩游戏还是买商品，都能够方便轻松地分享到微博、朋友圈。微博、朋友圈扮演了用户行为数据连接器的角色。用户在网络上的碎片化行为，经社交网络就能完整地勾勒出一幅生动的网络生活图景，真实地反映了用户的偏好、性格、态度等特征，这其中蕴含了大量的商业机会。

1）大数据正在改变企业的营销手段

企业的传统营销手段是集中推销和各种广告宣传，更原始的办法是用大量的人力来发传单推销产品，如在公交车站拿到的各种各样的房地产推销广告。而在大数据时代，企业可以充分利用大数据进行精准高效的低成本营销。著名的亚马逊公司在此方面做出了开拓性尝试。在网上挑选某一类图书时，亚马逊除了不能像在书店实体翻书，其他方面的服务与书店无异。更重要的是，亚马逊通过大数据能实时知晓消费者的偏好，精准推荐相关图书，方便消费者选购，扩大销售量。由于其创新和独特的营销模式，亚马逊已成为全球商品品种最多的网上零售商和全球互联网公司巨鳄。

2）大数据将为企业拓展广阔的新型服务与渠道

例如，日本先进工业技术研究所的科学家通过在汽车座椅下部安装压力传感器，把人体屁股特征转化成数据，然后把数据进行量化后做成能识别车主的防盗系统。有了这个系统后，如果驾驶员不是车主，系统就会要求司机输入密码，若密码不对，汽车会自动熄火。这种能把一个人的坐姿数据化的研究，预示着一些切实可行的服务和一个前途光明的产业的发展。例说，通过汇集数据，利用事故发生之前的坐姿变化情况，分析坐姿和行驶安全之间的关系；通过汇集数据，可以发现汽车被盗情况及盗贼身份。

此外，大数据中心为新基建运行提供数据存储管理、数据计算处理服务，为新基建场景优化提供数据应用服务。

3）大数据拉动新兴数字产业高速发展

数据中心的建设将带动上、下游产业链加速发展，尤其是服务器、路由器、交换机、网络、光模块、海量数据管理系统等软、硬件产品，以及 IaaS、SaaS、PaaS 等云计算服务需求量将大幅提升。

据不完全统计，我国云数据中心资源总体供给规模近年来复合增长率在 30%以上，在全球 500 强超级计算机的计算能力中 32%来自中国，2022 年我国服务器市场的规模将达到 1979 亿元。

数据中心建设将带动 5G、人工智能、区块链等新兴产业蓬勃发展，据毕马威估算，5G 市场潜在价值高达 4.3 万亿美元。

4）大数据激发数据要素创新活力

数据离不开数据中心的承载与支持。近年来全球数据总量快速增长。据预测，全球每年产生的数据将从 2018 年的 33ZB 增长到 2025 年的 175ZB，相当于每天产生

491EB 的数据。我国数据量年均增速超过 50%，曾预计到 2020 年数据总量全球占比达到 20%，成为数据量最大、数据类型最丰富的国家之一。

5G 时代，物联网将带来更大的流量增长空间。据预测，2025 年全球部署 650 万个 5G 基站，全球物联网连接设备的总安装量预计将达到 754.4 亿个，约是 2015 年的 5 倍。

数据中心为新基建运行中产生的数据提供存储、管理和服务能力，承载海量数据资产。

5）大数据加速智慧社会高效治理

通过建设数据驱动的“城市智脑”，对公共安全、市场监管、生态保护、产业运行方面综合治理，以及对政务办理、医疗健康、文体教育、交通出行方面的民生服务提升社会治理能力。

破除行业壁垒，破除地域壁垒，推动跨行业、跨地域的协助通道建立。

6.3.2.3　泛互联网化

泛互联网化是积累数据资产，形成竞争壁垒的重要范式。许多大型公司（如苹果、谷歌、亚马逊）都是泛互联网化范式的典型公司。这也是小型公司发展壮大的契机和路径。

在泛互联网化范式中，强调终端、平台、应用“三位”加上大数据“一体”。这四个方面都可以成为盈利的主要来源，但是，若要取得竞争先机，则需要明确主要靠哪部分盈利？需要补贴哪个方面？甚至在不同的发展阶段，盈利的主体也不尽相同。

泛互联网化范式批判了工业时代的标准化思维，指出了利用科技手段，碎片化应用满足用户个性化需求才是王道。应用的碎片化，恰恰可以解决标准化产品和用户个性化服务间的矛盾。

6.3.3　管理变革

企业管理决策越来越受到大数据的分析和预测功能的影响。

以美国网飞公司（Netflix）成功推出全球首部网络剧《纸牌屋》为例。网飞公司是世界上最大的一家在线影片租赁提供商，并非传统的影视制作公司，为什么首次推出一部作品就能获得第65届艾美奖“最佳导演”和“最佳选角”两项大奖，其原因是大数据在公司决策过程中起到了关键性作用。无论是《纸牌屋》剧本的挑选，还是导演、演员的选定，网飞公司都是根据庞大的用户数据库作为科学决策的依据，依靠数据分析抓住观众的喜好。《纸牌屋》推出之后，迅速成为美国各大社交网站的热门话题，其明星效应使得该剧的口碑、点播率大获成功。《纸牌屋》进入中国后，首先在美剧迷中掀起交流高潮，继而由美剧迷在网络中发起的分享行为进行扩散。所有这些都是对传统影视公司商业模式的一种颠覆，也成就了一个网站主导、数据先行的商业传奇故事。

6.3.3.1 大数据对公共部门的服务与管理也将带来极大的变革

大数据在政府和公共服务领域的应用，可以有效地推动政务工作开展，提高政府部门的决策水平、服务效率和社会管理水平，产生巨大的社会价值。

印度有一档非常受欢迎的电视节目《Satyamev Jayate》，该节目整理并分析社会民众关于争议话题的各种意见，包括女性堕胎、种姓歧视和虐待儿童等社会热点问题，并使用这些数据来推进政治改革。来自各方的反馈数据不容小觑：

- 来自印度电视和世界各地的YouTube的400万观众；
- 超过1.2亿人在网站、Facebook、Twitter、YouTube和移动设备上已连接《Satyamev Jayate》；
- 超过800万人通过Facebook、网络注释、文本消息及电话热线等方式发送了14万个回应，每周有超过10万个新观众进行回应。

大数据在2020年初的全球新冠疫情防控中起到了至关重要的作用。大数据分析支撑服务疫情态势研判、疫情防控部署及对流动人员的疫情监测、精准施策；5G应用加快落地，5G+红外测温、5G+送货机器人、5G+清洁机器人等已活跃在疫情防控的各个场景；人工智能技术帮助医疗机构提高诊疗水平和效果，降低病毒传播风险；区块链推动公益慈善更加透明，凭借信息公开、不可篡改等特性可以确保慈善组织的财务数据真实，有利于化解因信息披露不足而导致的信任问题和矛盾纠纷，保证疫情防控和社会运行安定有序。

6.3.3.2　大数据能够提高安全保障能力

大数据在国防、反恐、安全等领域的应用，将对各部门搜集到的各类信息进行自动分类、整理、分析，有效解决情报、监视和侦察系统不足等问题，提高国家安全保障能力。美国马萨诸塞州波士顿曾发生过震惊世界的马拉松爆炸案，相关调查机构通过采集案发现场附近 10TB 左右的数据（其中包括移动通信基站上的通话记录，附近商店、加油站、报摊的监控录像，以及志愿者提供的图片和影像资料），从而迅速锁定犯罪嫌疑人并令其现形。

另外，通过收集数据，进行车流量的统计，进一步对这些数据进行分析就能够将交通信息可视化，对同时段不同区域拥堵原因做出分析，这种分析为如何规划道路，是拓宽还是改道提供了参考的标准。大数据的应用一方面通过预警疏散交通压力，一方面为合理规划提供参考，双管齐下，交通难题的解决轻松不少。

最值得一提的是，联合国（微博）已经推出了名为“全球脉动”（Global Pulse）的新项目，希望利用“大数据”来促进全球的经济发展。联合国将进行所谓的“情绪分析”，使用自然语言解密软件来对社交网站和文本消息中的信息做出分析，用来帮助预测某给定地区的失业率、支出削减或疾病暴发等现象，其目标在于利用数字化的早期预警信号来提前指导援助项目，以阻止重新陷入贫困等困境。

6.3.4　挑战与启示

6.3.4.1　个人隐私权受到挑战

随着物联网、移动互联网快速发展和智能手机的普及，每个人几乎每时每刻都在产生数据，而这些数据不再私有、不再神秘。也就是说只要我们上网和使用手机，相关数据在毫无知晓的状态下就会被一些大数据公司收集。有人说 iPhone 就像一个“移动间谍”是有道理的，因为它在用户不知情的情况下收集位置和无线数据后传回苹果公司，其他谷歌安卓系统和微软 Windows 系统手机也都是一样的。当数据形成资源体现价值时，地球人所面临的共同问题是如何保护自己的隐私权。

这一棘手的问题，在具有重集体轻个人的传统的中国，个人的隐私将会受到更大的威胁；即使是在具有完备法律保护隐私权的西方，面对大数据时代的到来，也颠覆了当下隐私权保护法以个人为中心的思想。特别是数据价值与用途，即使是收集者也无法事前告知，因为海量数据在经过大数据挖掘后，就会产生许多意想不到的新用途。因此，如何完善隐私权的法律体系与提高保护个人隐私权的伦理道德水平，成为大数据时代夯实保护人类尊严和个人自由的基石。

6.3.4.2 大数据时代要求政府开放数据，提供公开透明与更优质的公共服务

大数据发展的障碍，在于数据的流动性和可获得性。在开放数据的历史潮流中，美国是走在最前列的国家。2009 年 1 月，奥巴马总统入主白宫后，第一件事就是要求联邦政府各部门通过“一站式”政府数据下载网站（https://www.data.gov/）向社会公开各类非保密的数据库。2010 年，美国国会通过更新法案，进一步提高了数据采集精度和上报频度。截至目前，该网站上有超过 40 万种各类原始数据文件，涵盖了农业、气象、金融、就业、人口等近 50 个门类，汇集了数千个应用程序和软件工具。数据的集中、开放、共享及对数据的应用支持，极大地方便了美国各界对大数据的利用。2010 年 9 月 23 日，奥巴马总统在联合国大会上发言，其目的是把“建立前所未有的开放政府”的理念推进到国际社会。2011 年 9 月 20 日，美国、挪威、墨西哥等 8 个国家在纽约举行的集会上，宣布成立“开放政府联盟”（OGP），并发布《开放政府宣言》。

2007 年我国由国务院颁布《中华人民共和国政府信息公开条例》，这一举措有力推进了我国政务公开制度的建设，此举将政务公开纳入法制化轨道，为深入推行政务公开提供了法律依据。从 2012 年开始国家层面陆续出台关于年度政府信息公开、全面推进政务公开的意见方面等系列文件，逐步推进政务公开工作，更好地满足社会公众的信息需求。伴随着我国经济社会和互联网经济的进步和发展，社会公众对政务公开的广度和深度方面都提出了更高要求。第 41 次《中国互联网络发展状况统计报告》指出，截至 2017 年底，我国网民规模达到 7.51 亿人，用户规模居全球第一。一些地方政府已在政务公开领域启动大数据的相关工作，但在国家层面尚未建成统一的政务大数据开发共享平台。国家层面批建 7 个国家级大数据综合试验区，其中包括京津冀、珠

三角两个跨区域综合试验区。北京市政府计划突破行政藩篱和区域界线，扩展政府数据开发平台，建立大数据一体化协调发展格局，与京津冀一体化建设相衔接，实现政务数据的一体化开发。国家设立信息惠民试点城市制度，已实现试点城市的基础信息集中采集、多方利用，向公众提供更加方便、及时、高效的公共服务。

6.3.4.3　大数据时代呼唤弘扬人类社会的数据文化

所谓数据文化，就是尊重事实、推崇理性、强调精确的文化。面对大数据时代的来临，政府应该率先垂范，发挥主导作用，并在公共领域推行数据治国的理念。

尽管政府有深入群众、实地考察的工作传统，但在公共决策过程中，还要依靠系统的数据进行科学决策。也就是说，政府在决策过程中，要系统收集数据，依靠数据进行科学决策，杜绝主观主义和官僚主义的作风。与此同时，政府应加大数据治国的舆论宣传，将数据的知识纳入公务员的常规培训体系之中，力争在全社会形成“用数据来说话、用数据来管理、用数据来决策、用数据来创新”的文化氛围和时代特点。

6.3.4.4　创新型人才是大数据时代竞争取胜的关键

大数据技术的战略意义不在于掌握庞大的数据信息，而在于对这些含有意义的数据进行专业化处理。因此，处理大数据的创新型复合人才是企业、国家在竞争中制胜的关键。据盖特纳咨询公司预测，大数据将为全球带来 440 万个 IT 新岗位和上千万个非 IT 岗位。目前，我国大数据技术人才缺口超过 150 万人。

中国是世界第一人口大国，不仅拥有海量的大数据，而且是人才大国，但能理解与应用大数据的创新人才却是稀缺资源。与美欧相比，中国在理解与应用大数据两方面都有相当大的差距。尽管美国这样的科技人才强国也存在着大数据专业人才稀缺的问题，但我们应清醒认识到，美国具有完备的思想市场与世界最发达的教育体系。一方面美国可以吸引全世界优秀的学生前来求学，另一方面也能吸引欧盟、俄罗斯、印度和中国等国家和地区的大批数学家和统计学家去美国工作。因此，美国在创新型人才方面具有巨大优势。面临大数据时代带来的机遇与挑战，我们有理由相信，加快中国的教育和人才培养模式的改革，加快培养适应大数据时代需要的创新型人才，是实现中华民族复兴大业的重要基础。

第 7 章

大数据中心优秀运营案例介绍

7.1　上海奉贤未来空间云数据中心建设项目

7.1.1　建设背景

上海奉贤未来空间云数据中心建设项目由原上海万泽精密铸造有限公司奉贤区 E 座厂房改扩建而成，总建筑面积为 33 535.32m²，建筑基底面积为 10 319.25m²，设计使用年限为 50 年，为地上三层建筑，建筑总高度为 19.3m，建设规划高度为 20.3m。该建筑为丙类建筑，耐火等级为二级，屋面防水等级为一级。原建筑为标准抗震设防类 7 度。上海奉贤未来空间云数据中心详细建设指标如表 7-1 所示。

表 7-1　上海奉贤未来空间云数据中心详细建设指标

序号	数据中心指标		备注
1	装修面积	E 座数据中心 23 230m²	
2	机架数量	3033 架	6kW 机架
3	空调形式	低压变频离心式冷水机组	1000 冷吨 6 主 2 备
4	外电引入	10kV/62 400kVA	7200kVA×2 路+8000 kVA×6 路
5	不间断电源	模块化 UPS	IT 机房、空调末端
6	柴油发电机	10kV 集装箱式柴油发电机组	2000kW×16 台
7	自动灭火系统	IG541 气体灭火系统	IT 机房、变配电室、电池室等
		预作用自动喷水灭火系统	冷冻机房
		湿式自动喷水灭火系统	公共部位、钢瓶间等
8	单机架面积	7.66m²/架	
9	PUE 值	1.3（年平均值）	

本期建设主要内容：将 E 座厂房改建为未来空间云数据中心，在其内规划建设约 3000 架 6kW 机架；在厂区规划建设室外油罐、油机钢平台、蓄冷罐等内容。

本设计负责数据中心及其配套设施的装修（不含建筑加固）、给排水、电气、暖通等专业的机电配套设计。数据中心的建筑改造、结构加固由建设单位另行委托相关单位实施设计。

本设计指导思想和特点如下。

（1）总体设计：满足城市规划要求，满足工艺需求。

（2）单体设计：机房及配套设施以满足生产工艺为出发点，分区明确、流线清晰、使用合理。

（3）积极合理采用新材料、新技术、新工艺。

（4）满足装修设计、材料选用、机电设备选型等方面的功能性要求。

7.1.2 工艺

上海奉贤未来空间云数据中心项目建设内容包含一层 8 个数据机房、二层 16 个数据机房及三层 2 个数据机房。

数据中心 IT 设备总用电需求为 12 096kW。该项目共在一层、二层、三层机房建设 116 套 R18 微模块、93 套 R12 微模块。

该项目工艺环境条件要求如下。

（1）温度：满足在环境温度 5～45℃下正常工作。

（2）相对湿度：满足在 5%～95%相对湿度下正常工作。

（3）海拔高度：低于 1000m（海拔超出 1000m 时需要考虑降额设计）。

（4）耐受地震烈度：Ⅷ度（水平加速度为 0.25g，垂直加速度为 0.125g）。

（5）污秽等级：Ⅳ级（爬距为 3.1cm/kV，按最高工作电压计）。

7.1.3 供配电系统

7.1.3.1 设计范围

变配电系统设计内容主要包括一层高压配电室内 10kV 变配电系统、各楼层变配电室内 10/0.4kV 变配电系统、制冷站配电室内 10/0.4kV 变配电系统等相关设计。

油机系统设计内容主要包括室外集装箱油机、油机配电系统、控制系统及供油系统等相关设计。

空调配电系统设计内容主要包括三层电力电池室内不间断电源系统，机房区域、支持区域、辅助区域的空调配电系统等相关设计。

防雷与接地系统设计内容主要包括数据中心防雷、接地设施的相关设计。

照明系统设计内容主要包括数据中心内机房区域、支持区域、辅助区域及公共区域的照明系统设计。

7.1.3.2　市电及油机系统

本项目在变配电室内安装 8 套 10kV 市电配电系统及 2 套油机配电系统。

园区规划设有 1 座 110kV 开关站，可为园区内用电负荷提供 10kV 电源。根据建设单位征询电力公司的意见，本项目拟自不同变电站共引入 8 路 10kV 市电，引入市电技术参数如表 7-2 所示。

表 7-2　引入市电技术参数

序号	市电引入容量（kVA）	供电范围	装机容量（kVA）	供电关系
1	7200	变配电室 1-1、1-3	1600×2+2000×2	互为备用
2	7200	变配电室 1-2、1-4	1600×2+2000×2	
3	8000	变配电室 2-1、2-3	2000×4	互为备用
4	8000	变配电室 2-2、2-4	2000×4	
5	8000	变配电室 2-5、2-7	2000×4	互为备用
6	8000	变配电室 2-6、2-8	2000×4	
7	8000	制冷站配电室 1-1	2000×4	互为备用
8	8000	制冷站配电室 1-2	2000×4	
合计	62 400	—	—	—

本项目要求一类市电供电，需要从两个稳定可靠的独立电源各引入一路供电。此两路不应同时出现检修停电，平均每月停电次数不应大于 1 次，平均每次故障时间不应大于 0.5h。

本项目拟在园区北侧原停车位区域新建柴油发电机组钢平台，按双层双列布置，共安装 16 台 10kV/2000kW 集装箱式柴油发电机组，每 8 台柴油发电机组并机运行，组成 2 套供电能力为 16 000kW 的油机供电系统，分别为市电 1-4、5-8 备用电源，其配电设备分别安装在数据中心一层变配电室 1-1、1-2 内，并在室外安装 2 个 40m^3 的地下储油罐，其储油量可满足16台油机同时满载连续运行8h。在项目实施后，共有2套容量均为16 000kW的油机配电系统，分别负责为市电1-4、5-8供电的变压器提供后备电源。

7.1.3.3 变配电系统

本项目拟在数据中心一层、二层共12个变配电室内建设24套10/0.4kV变配电系统，为一层、二层、三层共26个机房及其配套设备提供电源；同时在一层制冷站配电室内建设8套10/0.4kV变配电系统，为冷冻机房及其配套设备、变配电室精密空调等设备提供电源。

1）10/0.4kV低压配电系统结构

单套低压配电系统以单母线分段加低压母联方式运行，两个变压器将分别从不同的10kV高压母线段引接。

2）电容补偿

本项目采用SVG分级投切进行无功功率补偿。

7.1.3.4 接地系统

本项目机房的接地系统采用联合接地方式，按单点接地原理设计，即通信设备的工作接地、保护接地、建筑物的防雷接地共用一个接地系统的联合接地方式，各建筑间的接地网须可靠连通。

低压系统的接地制式采用TN-S系统，机房联合接地电阻小于1Ω。

在机房内设置接地总汇集环，分别与楼层接地排、强电井内总接地引上线进行可靠连接，供变配电机房内各类设备接地使用。

7.1.3.5 空调配电系统

本项目空调配电系统的低压配电采用放射式配电方式，电源均引自相应楼层内低压配电屏。

对于重要负荷（如消防设备等）的供电，采用从低压配电室不同母线段上分别引两路电源到设备末端进行自动切换；对于通信工艺配套的空调等设备的供电，采用从配电室不同母线段上引两路电源（部分末端需要 UPS 供电）至冷源配电室内进行切换。

1）冷源机房空调配电系统方案

利用底层冷源变配电室内的配电柜进行供电。本工程设有 2 个冷冻机房，机房内各安装 1 套冷源系统，由 4 台 1000 冷吨 0.4kV 低压冷水机组按 3 主 1 备方式运行，电源引自一层制冷站配电室，对冷源机房内所有设备采用 10/0.4kV 变配电系统，每组冷水机组分别引两路市电末端自动切换后供电。考虑机架为分批安装及单机架实际运行功耗的不确定性，故制冷主机在相当一部分时间内会在部分负荷下运行；而变频机组部分负荷 COP 较高，对于长期运行节电性具有重要意义，所以本方案中各台主机及其配套的水泵、冷却塔设备均采用变频设备。因此本方案应考虑采用滤波装置进行谐波治理，以保证设备的安全运行。根据空调专业提资要求，当发生两路市电均停电的故障时，在市电切换至柴油发电机组进行供电的时间段内，为保证末端空调供冷的连续性，冷冻水泵需要使用应急电源进行供电，因此需要给每套冷冻水泵加装 1 套 200kVA UPS 电源设备（共 8 套），以确保在市电停电切换至柴油发电机组供电期间冷冻水泵的连续运转。各楼层变配电室内精密空调提供不间断电源保障，UPS 后备时间不少于 15min。

2）数据机房空调配电系统方案

机房内空调末端为 $N+X$（水冷、间接蒸发冷却空调）方式，电源分别引自机房微模块内 UPS 系统及电力电池室内相应楼层低压配电室，间接蒸发冷却空调主机设置在屋面，水冷空调和间接蒸发冷却空调均为双电源末端自动切换供电，电源采用一路市电+一路不间断电源（UPS）供电，后备电池可用时间不少于 15min。

本工程建筑物内均为正常环境。配电、照明干线除消防设备采用 A 级无卤低烟阻燃耐火型电缆外，其余均采用 A 级无卤低烟阻燃型电缆。

配电系统及用电设备的接地制式为TN-S 系统。插座供电的用电设备采用漏电保护断路器作为防触电保护，同时还采用总等电位连接及局部等电位连接的方式进行安全保护。

7.1.3.6 防雷系统

电气设备及过电压保护：建筑物电子信息系统雷电防护等级为 B 级。

为保证人身及设备的安全，在本项目防雷系统的设计中采用三级过电压保护装置，即在变压器 10kV 侧、0.4kV 侧及终端箱内设置相应的过电压保护器。

变压器 10kV 侧采用 10kV 避雷器安装在电源进线母线上，以防雷电过电压的侵害。

7.1.3.7 照明系统

本项目照明系统的照度标准根据《建筑照明设计标准》（GB 50034—2013）及《电信专用房屋设计规范》（YD 5003—2010）确定。

走道、楼梯、卫生间内采用新型节能光源。机房内采用 T8 型直管荧光灯，柴油发电机房内采用金卤灯和防水防尘节能灯，水泵房内采用防水防尘节能灯。荧光灯内采用高功率因数型快速启动电感镇流器，以提高其功率因数（不小于 0.9）来节约电能。照明导线均采用 ZDBV 型阻燃铜芯线穿镀锌电线管明敷。

机房内日常照明由市电供给，当市电中断时，由柴油发电机组供给；机房内事故照明由自带蓄电池供给；建筑物疏散指示照明灯内自带蓄电池，应急时间不少于 30min。

7.1.4 电源系统

7.1.4.1 设计范围

上海奉贤未来空间云数据中心建设项目电源系统设计内容主要包括机房、电力电池室内不间断电源系统的设计。

7.1.4.2 保障等级

本项目拟采用不间断电源系统为各机房 IT 设备、空调设备提供电源保障，各系统保障等级如下：

（1）机房内 IT 设备采用一路市电+一路不间断电源系统（微模块内 UPS 系统）提供电源保障，系统蓄电池后备时间不少于 15min。

（2）机房内空调末端采用一路市电+一路不间断电源系统（微模块内 UPS 系统）提供电源保障，系统蓄电池后备时间不少于 15min。

（3）冷冻水泵、变配电室精密空调、间接蒸发冷却空调等设备由单机（N）UPS 系统提供电源保障，系统蓄电池后备时间不少于 15min。

7.1.4.3　不间断电源系统

本项目机房内 IT 设备及空调末端由微模块内不间断电源系统提供电源。

本项目冷冻水泵、变配电室精密空调、间接蒸发冷却空调等设备由制冷站配电室内不间断电源系统提供电源。

本项目拟在三层南、北侧电力电池室内各新建 1 套 600kVA UPS 供电系统，为室外间接蒸发冷却空调设备提供电源保障，系统后备时间不少于 15min。

7.1.4.4　动环监控系统

动环监控系统主要对机房动力环境设置温湿度监测系统、精密空调监测系统、漏水监测系统、蓄电池监测系统，并通过系统集成对数据机房内的消防系统、门禁系统、视频监控系统等进行信息共享。

整个机房环境监控系统由监控中心服务器、网络设备、嵌入式串口服务器或通讯管理机、各种传感设备及环境智能设备组成。服务器、采集器设置在被控设备附近。

监控中心服务器设置在运维控制室机房内，服务器采用双机热备份、对等配置形式连接；当主控服务器出现故障时，该服务器应立即自动接管控制权。服务器、采集器或通讯管理机通过各种通信协议采集现场各设备数据，并把这些信息打包送到监控中心服务器。系统工作站设置在运维控制室，应具有登录操作、锁机操作、运行/编辑切换操作、打开文件列表操作、查询操作等多种功能，同时能和数据集成平台进行通信。

本系统采集设备的端口配置按 10%～20%的富余量预留。本系统的设备供电电源来自专用电源，采用双路 UPS 供电，末端切换。本系统应具有向集中监控平台提供开放的接口和协议的功能，供集中监控平台进行数据集成。

主要监控数据：精密空调监测（单台空调工作状态，风机工作状态，加热器、除湿器、加湿器工作状态，压缩机工作状态，回风温湿度值等）；精密空调配电箱开关状态、ATS 开关状态；数据机房温湿度值、粉尘监测、室内外压差值；数据机房照明配电箱开关状态；数据机房服务器机柜分层温度值；变配电所、蓄电池室、柴油发电机控制室温湿度值；蓄电池室压力值、氢气浓度值；变电所精密空调漏水监测、精密空调空调机房漏水监测。

蓄电池监控系统：本项目设置了一套独立的电池监控系统来监视电池的运行状态，电池监控系统的架构由电池监控模块、电池监控控制单元、电池监控工作站组成。

电池监控模块主要针对每节电池，每节电池需要设置一个电池监控模块来实时监测单个电池的运行状态。每个电池室需要设置一个电池监控控制单元，电池监控控制单元需要收集和处理每个电池监控模块的相关参数，并结合历史数据等及时发现潜在的电池故障。

电池监控工作站用于收集每个电池监控控制单元采集和分析后的电池数据；电池监控工作站应能提供标准的通信协议供电力监控系统的服务器之间集成数据。当电池监控系统集成数据到电力监控系统后，应能在电力监控系统界面中实时显示电池监控系统的相关运行参数。

7.1.4.5　抗震系统

上海地区按地震烈度七度设防，本项目电源设备在安装时应提高一度采取抗震加固措施。

本项目新装电源设备需要采取相应的抗震加固措施，同列相邻设备侧壁间（四点）用 M8 螺栓紧固，设备底部与 10 号槽钢底座之间用 M14 膨胀螺栓紧固，10 号槽钢底座与地面之间用 M14 膨胀螺栓固定。蓄电池组安装在抗震钢架中，抗震钢架与地面采用 M14 膨胀螺栓加固。

7.1.4.6　接地和防雷系统

本项目新建机房的接地系统采用联合接地方式，按单点接地原理设计，即通信设备的工作接地、保护接地、建筑物的防雷接地共用一个接地系统的联合接地方式。机房接地电阻应小于 1Ω。

本项目机房内交流配电屏（柜）前端加装过压型避雷器（浪涌抑制器），抗感应雷及过电压。

7.1.5　暖通系统

7.1.5.1　设计范围

上海奉贤未来空间云数据中心建设项目暖通系统设计内容包括冷源及其输配系统、间接蒸发制冷系统的设计；配套用房空调系统的设计——高压配电室及制冷站配电室 VRV 空调建设工程，变配电室冷冻水机房专用空调建设工程；通风及防排烟系统的设计。

数据中心共设置 24 个微模块机房和 2 个间接蒸发冷却机房（热通道封闭），间接蒸发冷却机房配置 2 个电力电池室。24 个微模块机房全年采用冷冻水精密空调承担冷负荷，2 个间接蒸发冷却机房在夏季也需要补充冷冻水制冷承担部分冷负荷，变配电室、电力电池室采用冷冻水空调承担冷负荷。弱电间、电池室、接入间及其他辅助间采用 VRV 制冷。

室外气象参数分为夏季和冬季两种运行情况。夏季：空调计算干球温度为 34.4℃，湿球温度为 27.9℃。冬季：空调计算干球温度为-2.2℃，相对湿度为 75%。室内设计参数如表 7-3 所示。

表 7-3　室内设计参数

房间名称	温度/℃		相对湿度/%	新风量/［m^3/(h・p)］
	夏季	冬季		
机房、接入间	18～27	18～27	露点温度为 5.5～15℃，同时相对湿度不大于 60%	正压 5～10Pa
电力电池室	20～30	20～30	—	—
消控室、ECC 总控中心	26～28	28～20	—	30

7.1.5.2　负荷计算

机房空调系统冷负荷包括工艺冷负荷和建筑冷负荷两部分。数据中心一二层采用冷水机组加空调末端形式供冷，建设R18与R12微模块各93个，R9与R6微模块各1个，共2671架6kW微模块机架。根据工艺专业条件，机架及电源设备发热量为16 828kW，围护结构冷负荷为1450kW，各空调区的总空调冷负荷为18 278kW，另考虑风机、风管、水泵、管道、水箱等附加冷负荷及少量潜热负荷，实际要求制冷量为19 200kW。

在三层建设R34微模块11个，共计362架6kW微模块机架。根据工艺提供条件，机架及电源设备发热量为2281kW，围护结构冷负荷为156kW，各区空调的总冷负荷为2437kW。

7.1.5.3 空调建设方案

1．冷源系统选择

二层机房采用冷水机组加空调末端形式，由于机架初期分批安装及单机架实际运行功耗的不确定性，变频水冷主机在初期低负荷稳定运行及部分负荷COP较高等方面均具有优势，考虑选用变频冷水机组。根据本项目三个高等级、绿色数据中心的定位及土建布局，三层机房采用节能高效的间接蒸发冷水机组。

关于数据机房运行初期空调的平滑带载问题：当数据机房起始冷负荷不低于单台主机制冷量的15%，变频离心冷水机组可以稳定运行；考虑围护结构在室外温度较低的季节冷负荷为负值增加了机架发热负荷的要求，故要求机架起始负载在650kW以上。

2．冷源系统、自由冷却系统、空调水系统、冷水输配及连续制冷设计方案

1）冷源系统设计

本项目冷源系统分为两套，分别建设在两个冷冻机房中，选用1000冷吨（3517kW）变频离心式冷水机组8台，用6备2。水系统为一次泵变流量系统，系统管道异程布置。为保障系统的可靠性，供回水管均设计成环状，每组微模块连接到冷冻水供回水环路单元，环管上均设置双阀。系统定压方式采用最节能及可靠性好的膨胀水箱。冷却塔及膨胀水箱放于屋面。

每台主机配置冷却水泵1台，冷冻水泵1台，冷却塔1台；水泵与主机一一对应。同时为保证水质要求，冷冻水每台主机配置2套水处理设备，另冷冻水每台主机配置

1 套微晶旁流水处理器。为保障制冷的连续性，系统配置蓄冷罐。

2）自由冷却系统设计

冷却塔低温季供冷（自由冷却）作为一种较新的节能技术，在室外温度较低时可不开或少开冷冻机进行供冷，适用于低温季仍需要供冷的项目。

自由冷却系统的 8 台机组配套 8 台板换，在冬季和过渡季节室外温度较低时，可实现冷却塔向数据中心供冷。终期新增 1 台板换，在前期建设中预留设备、管道布置位置，并完成基础、地沟等土建需求，终期主用的 6 台机组配备的板换可承担系统全部制冷需求。

空调系统结合上海全年逐时湿球温度（见图 7-1），支持 3 种运行模式：高温季节的冷水机组制冷，过渡季节的冷水机组与板换的联合制冷，冬季低温的板换独立制冷。冷却塔用于冷水机组及板换的台数可根据末端负载的实际情况及室外温度进行灵活调配，最大限度地利用室外自然冷源，节约空调运行能耗。冷源系统与自由冷却系统需要经必要的阀门切换以实现不同运行模式的转换。由于阀门室外放置的恶劣条件，希望选用品质优良的阀门产品。

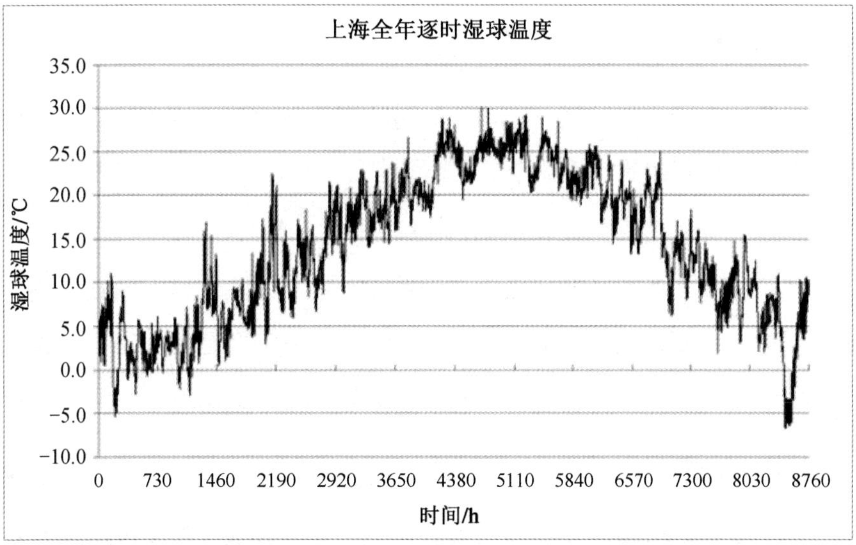

图 7-1　上海全年逐时湿球温度

模式 1（冷水机组制冷）：室外湿球温度大于 17.5℃（冷却塔出水温度大于 22.5℃）

冷冻机在制冷模式下运行。完全机械制冷时间为3064h。

模式 2（联合制冷）：室外湿球温度为 10～17.5℃（冷却塔出水温度为 16.5～22.5℃），启用预冷模式，制冷剂与冷却塔联合运行。此部分运行时间为1991h。

模式 3（板换独立制冷）：室外湿球温度不大于 10℃（冷却塔出水温度不大于16.5℃），进入完全自由冷却模式。完全自然冷却时间为3705h。

3）空调水系统设计

冷冻水供回水温度为18℃/24℃。空调水系统为一次泵变流量系统，水泵采用变频水泵，低负荷运行具有节能意义。水系统由设置于屋面楼梯间顶的膨胀水箱定压，并设有水位控制补水。可根据末端负荷发展情况调整，如低负荷时适当提高供水温度设定，降低空调能耗。

4）冷水输配设计——空调管道间横干管的设置

末端空调机房采用双立管，合并为 1 对横干管，末端微模块连接在共用干管上，共用干管与分支立管连接处均设置双阀隔离，微模块冷量分配单元连接的分支立管处设置相应阀门、过滤器（设置旁通）、仪表等。

5）连续制冷设计

为解决市电中断后，油机启动至冷水机组恢复运行时段空调系统供冷问题，本项目设计蓄冷罐，其容积按照保障数据中心连续运行 15min 考虑。经计算，蓄冷有效容积应不小于 700m^3，故配置 4 台有效容积为 175m^3 蓄冷罐。

由于机房是微模块布局，冷通道续存的冷空气很少，而机架发热量较高，数据设备需要实现无间断制冷，故仍要求冷冻水泵及末端空调风机配置 UPS，以确保在市电停电切换至柴油发电机组供电期间制冷系统的连续运转。

3．间接蒸发冷却空调

本项目三层南侧机房建设 R34 微模块 6 个、机架 200 架；北侧机房建设 R34 微模块 5 个，机架 162 架。三层机房均采用间接蒸发冷却空调形式。机房热通道封闭，空调从机房侧边下部送风，热通道回风至吊顶内，热风再从吊顶回流至间接蒸发冷却空调内冷却。根据工艺提资，三层南侧机房机架及电源设备发热量共计 1260kW，围护结构负荷 83kW，共配置制冷量 250kW 间接蒸发冷却机组 7 台（6 用 1 备）；三层北侧机房机架及电源设备发热量共计 1021kW，围护结构负荷 73kW，共配置制冷量 250kW 间接蒸发冷却机组 6 台（5 用 1 备）。

4. 配套用房空调系统

1）一层门厅及消防控制室

一层门厅及消防控制室设置空调系统，采用制冷量 25.2kW（8HP）一拖二 VRV 空调系统，室外机安装于一层室外。

2）一层高压配电室 1-1、1-2

一层高压配电室 1-1、1-2 设有变压器、配电柜等电力设备，为保障设备正常运行，设置空调系统。高压配电室 1-1、1-2 各采用 2 套制冷量为 45kW（16HP）的一拖三 VRV 空调系统，室外机安装于屋面。

3）制冷站配电室空调系统

制冷站配电室设有冷水机配电设备，为保障设备正常运行，设置空调系统。按照设备的布置情况，采用 2 套制冷量为 56kW（20HP）的一拖四 VRV 空调系统，室外机安装于屋面。

4）变配电室

各层变配电室设有变压器、高压柜、低压柜、电容柜等电力设备，为保障设备正常运行，设置空调系统。每个变配电室配置冷冻水型机房专用空调，进出水温度为 12℃/18℃，风帽上送风，下部前面回风。空调安装在配电室内，四周设挡水围堰。精密空调按照 1+1 配置。精密空调 EC 风机设 UPS 保障，保障时间为 15min。

5. 机房新风设置

为了减少灰尘进入室内，保证数据中心机房的洁净度，室内正压定为 5～10Pa。设置风冷热泵型分体全新风空调机组，解决机房新风问题。室外机安装于屋面。

6．微模块的加湿

每个微模块内部设置 2 台具有加湿功能的列间空调，每侧 1 台，解决机架设备的加湿问题。同时需要做好微模块加湿水管的预留。

7．过滤、防腐

1）过滤

微模块内列间空调和电力室冷冻水机房专用空调均配置G4级别过滤器，须符合美国 ASHRAE 52-76 或欧洲 Eurovent 4-5 标准，并便于更换。过滤材料应为可洗涤的无纺布，可反复冲洗，便于拆卸。若为替代材料，应优于原要求的材质，并保证使用功能。

2）防腐

用普通钢板制作的保温风管，需要对其内外表面刷两遍防锈漆后再对外表面进行保温，不保温的风管外表面还需要再刷两遍与周围颜色协调的调和漆。水管、吊架等钢制零配件也均需要刷两遍防锈漆，外露的表面还需要再刷两遍与周围颜色协调的调和漆。

对水系统管道进行预膜处理，使管道内表面形成一层致密均匀的保护膜，在预膜处理前根据系统的情况对系统进行化学或物理清洗以除去系统内油类等杂质。

8．通风、排烟

卫生间均设通风扇通风换气，换气次数不小于 10 次/h。

各层内侧数据机房及设气体消防的变配电室均须考虑消防气体喷放后机械通风换气问题，换气次数为 5 次/h，靠外墙的变配电室采用自然通风，开窗面积不小于室内面积的 2%。

电池室通风包括平时通风、事故通风两种模式，平时每小时通风 6 次；电池室设置氢气探测器，当其报警时电池室通风模式转为事故通风模式，每小时通风次数增加为 12 次，直至环境中氢气浓度符合安全标准后转为平时通风模式。

内走道设置机械排烟系统，由竖井排至屋顶。

9．管材及其保温

1）管材

水管：空调冷凝水、加湿管道采用热镀锌管，冷冻、冷却水空调水管采用无缝钢管。

风管：空调、通风及防排烟风管均采用符合国家有关规定的镀锌钢板，各类风管上的防火阀到防火墙之间或防火阀到该风管所穿越的楼板之间的短管及用于防火排烟的风管采用不小于 1.6mm 的厚镀锌钢板。

2）管材保温

水管保温：空调水管保温采用难燃型发泡橡塑，导热系数小于 0.037W/(m^2 • K)，氧指数大于 32。

空调风管保温：空调风管保温材料采用无甲醛环保玻璃面板，密度为48kg/m^3，导热系数为 0.033W/(m^2 • K)，燃烧等级为 A 级不燃性材料，纤维平均直径为 3～7mm，含水率不大于 1%，外贴带筋铝箔隔汽层。

10．主要节能措施

1）采用自然冷却技术

本项目数据机房充分利用自然冷源，采用高效水冷离心式冷水机组+板换相结合的集中空调系统形式。当室外环境温度较低时，全部或部分使用自然界的免费冷源进行制冷从而减少冷水机组压缩机的能耗。

2）采用变频电机节约能源

冷水机组、冷却塔、水泵、水冷列间空调用调速（EC）风机均采用变频控制，实现部分负荷时段的节能运行。

冷水机组和冷却塔变频控制：冷水机组和冷却塔采用变频电机可以在部分负荷和满负荷的不同气象条件下实现节能效果。

变频水泵：冷却水和冷冻水的水泵由于常年运转，耗能巨大；变频水泵可以在部分负荷时降低频率减少水的流速来节能。

水冷列间空调用调速（EC）风机：调速风机一般根据回风温度控制风机的功率，若回风温度较低，则降低调速风机的功率减少风量；若回风温度较高，则提高调速风机的功率增加风量。

3）封闭冷热通道

将冷热气流完全隔离（另外要求机柜配盲板，减少冷热气流混合），提高冷量的利用效率，并配套风量可调地板风口或变风量地板风机，从而保证不同功耗设备的散热需要。

4）提高空调回风温度

可提高空调回风温度从而减少空调系统运行能耗。

5）提高冷冻水供回水温度和供回水温差

冷水机组标准的冷冻水供回水温度为 7℃/12℃，这个温度大大低于数据中心正常运行在 40%左右相对湿度的露点温度，从而形成大量的冷凝水，需要进一步加湿才能保持机房的环境湿度，这个除湿和加湿过程都是消耗能量的过程。冷冻水的温度和冷水机组的效率成正比关系，因此，将冷冻水供回水温度提高为 18℃/24℃，年节能率约提高 18%～21%。供回水温差增加 1℃，对应水泵流量可减少 20%，能耗大幅降低。

11．其他要说明的问题

1）关于空调排水的问题

冷冻机房、空调机房、空调管道间内部设有大量管道，需要考虑管道爆管大水量排放及泄漏、维修时产生的积水排放等问题；由于采用微模块形式，与冷量分配器连接的空调管道进入微模块机房，所以微模块机房应设置必要的排水措施。同时为及早发现水患，各机房应在易发生漏水部位设置或增设地湿告警。

2）关于空调系统的补水

为保障数据设备的安全，制冷系统需要连续运行。经计算本项目冷冻机房总补水量（含冷却水及冷冻水）为 74m³/h。需要 2 根独立的给水管道配送至冷冻机房，水压要求满足屋面膨胀水箱及屋面冷却塔补水，要求供水系统避免单点故障，保障供水的连续性。

3）关于制冷剂的选择

本项目所采用的制冷剂，均为国内无淘汰期限的环保型制冷剂R134a。R134a是一种新型制冷剂，其 ODP（臭氧层消耗潜能值）为 0，GWP（全球变暖潜能值）为 1300，比 R22 低，仅有 R12 的七分之一左右。

7.1.6　给排水系统

7.1.6.1　设计范围

上海奉贤未来空间云数据中心给排水系统的相关设计。

7.1.6.2　给排水

1．水源

本项目采用市政给水作为生活、生产及消防用水水源。

本项目给水水源采用市政自来水，从丰科路、消业路分别接入两路 DN300 给水管，市政管网供水压力不小于 0.15MPa。

数据中心自备饮用水机供员工使用。

2．用水量

生产用水需要保证 24h、365 天连续供水，故需要市政给水管道供水能力满足最高时用水量要求，即满足 $75m^3/h$ 的要求。现有两路 DN300 的市政供水供至园区，满足要求。

室内消火栓设计用水量为 20L/s，火灾延续时间为 3h；室外消火栓设计用水量为 40L/s，火灾延续时间为 3h；自动喷淋设计用水量为 30L/s，火灾延续时间为 1h。

3．排水系统

在数据中心的机房、空调间、电池室、配电室等房间设置地漏，排除空调冷凝水、部分空调事故排水。在部分公共走廊区域设置地漏，排除地面积水、部分空调事故排水或消防事故排水。一层地漏废水单独排至室外雨水井，二层及以上地漏废水间接排至室外雨水沟头。

在冷冻机房等区域设有排水沟，设置排水地漏将废水排至室外雨水井。

4．雨水系统

本项目原建筑已设有屋面雨水排水工程和溢流设施，本次工程加以利用。本项目原场地已设有室外雨水系统，本次工程对局部雨水管道和管井进行改造。

7.1.7 弱电系统

7.1.7.1 设计范围

上海奉贤未来空间云数据中心弱电系统的设计内容包括通信系统（数据、语音综合布线系统）；安防监控系统（视频安防监控系统、门禁系统）；火灾自动报警系统（消防自动报警系统、空气采样系统、防火门控制系统、电气火灾监控系统、消防电源监控系统、极早期报警系统）及联动控制系统；冷源自动控制系统（仅预留路由及设备配电，自控系统具体深化设计、调试由冷源主机厂家负责）。

7.1.7.2 通信系统

本项目设置电话系统和计算机局域网系统，以满足本项目设计范围内办公语音及数据通信业务的使用。通信系统的设计包括语音、数据总配线架的设计；本项目所需的电信部门数据、语音光缆/电缆的设计；语音、数据干线的设计；楼层配线设备的设计；系统所需的用电条件；系统接地的设计等。

本项目由运营商接入间引入的大对数电缆作为语音系统干线，在各机房和辅助区域、所有办公区域和监控区域设置语音插座，设备房间与机房内的语音插座靠近门口设置。

本项目由运营商接入间引入的光缆作为数据网络干线，在各机房和辅助区域、所有办公区域和监控区域设置网络插座。

语音和数据网络布线采用综合布线方式，提供对语音及数据的传输支持。综合布线系统采用星型拓扑结构，系统主配线设备设置于每层弱电机房内，供数据通信用的配线架选用六类非屏蔽快接模块 RJ45 接线排，语音配线架采用卡接式 S110 配线架。

数据干线采用单模或多模光缆，语音干线采用三类大对数电缆。连接到信息插座的语音和数据水平布线均采用六类四对非屏蔽双绞线。

信息插座采用六类三孔 RJ45 标准插座，分别为语音、内网数据和外网数据，要求从用户配线架至信息插座的距离不大于 90m。

综合布线系统线缆在机房内沿桥架敷设，出机房后沿弱电桥架或穿钢管保护敷设。

7.1.7.3　安防监控系统

1．视频安防监控系统

为了保证机房安全，本项目建设视频安防监控系统，实时显示和记录被控现场或被控目标的详细情况，以便保安人员及时采取措施。视频安防监控系统采用数字视频监控系统，系统前端采用 IP 摄像机。网络交换机等接入设备设置于各层弱电间内，显示设备和维护终端设置于环境监控中心内。

该系统对监控场所进行实时有效的视频探测、监视、显示和记录，并具有报警和图像复核功能。摄像机的设置原则：园区出入口、园区内；单体楼周围及出入口、走廊、机房区、各种设备用房、监控中心、值班室、楼顶、电梯内等位置设置视频监视点。

本项目安防监控系统摄像机采用半球型摄像机、枪机、和室外型摄像机等，采用镜头焦距为 8~12mm 的摄像机，电池间采用广角镜头摄像机，摄像机须具备红外和防水功能，屋顶摄像机采用立杆安装，立杆的高度和具体位置应根据安装时现场情况确定，室外摄像机要采取防雷措施。

视频安防监控系统将采用移动侦测方式录像，有效降低硬盘录像机容量。为有效利用各机房空间，提升存储的安全性，本项目网络硬盘录像机采用分层设置的方式，用于视频存储和查看，存储容量达到 30 天以上，硬盘录像机主要规格包括 8 路、16

路、24 路和 32 路等。

2. 门禁系统

本项目建设门禁系统，在数据中心区域的各主要出入口、各功能房间处通道门实施出入控制，设置门禁控制器、读卡器、锁具、出门按钮、门磁开关等现场设备，系统采用 TCP/IP 网络组网结构，出入控制系统的管理工作站设置在每层弱电间，对数据中心区域和其他区域设置不同的管理权限，分别进行管理。在主要出入口设置摄像机对公共场所进行监控和录像，并将所有点连接到大楼消防控制室监控主机，实施 24h 监控。对各机房及主要出入口设置门禁系统，有效阻断无关人员进入，并将所有信号传输到大楼消防控制室门禁控制主机。

门禁的设置原则：机房区主通道设置双向刷卡，机房、辅助区、支持区等设置单向刷卡加出门按钮，逃生门及机房区域门设置玻璃破碎按钮方式，所有外门设置双向刷卡方式。

当触发火警后系统将受控门置为解锁状态。系统可向视频安防监控系统发出联动控制信号，启动摄像机对实施门禁控制的相关区域进行监控和录像。

注册卡和数据记录最大为 8KB，考虑 70%的存储冗余、10%的系统存储空间、10%的操作日志存储空间，门禁系统采用 600GB 的硬件即可满足需求。

线路敷设：安防监控系统采用电缆桥架敷设或穿钢管保护在吊顶内敷设。

设备取电：为保证整个数据中心即便在断电的情况下，也能够正常地使用安防监控系统，因此本次安防监控系统均采用不间断电源供电。安防监控系统主电源为两路专线电源末端自切（与火灾自动报警及联动系统共用），并设置 UPS 装置。

7.1.7.4 火灾自动报警系统及联动控制系统

1. 消防自动报警系统

消防自动报警系统为一级保护对象，采用控制中心报警系统，在本楼底层设置消防控制分中心，内设火灾报警控制器及联动控制柜等（考虑园区今后的管理，应预留联网接口），总消防控制室设在园区内。

在走廊、电缆进线室、设备用房等处设置感烟型火灾探测器，在柴油发电机房设置感温探测器，出入口及适当处设置手动报警按钮及警铃。机房、变配电所内设置气体消防系统，气体灭火控制器分别就近设置于各保护区附近，其控制系统独立。油机房内建设水喷雾消防系统，其控制系统独立。消防控制中心系统设置联动装置，并预留气消、水喷雾接口，接收气消、水喷雾系统的报警、故障及喷气、喷雾信号。当发生火灾时，报警设备对消防设备等发出动作信号并接收其反馈信号，同时通过消防应急广播发出疏散指令，关闭相关部位空调系统，切除相关部位非消防电源，电梯迫降到底层。

2．空气采样系统

机房内设置空气采样探测器，分别安装在各机房内，整个系统网络使用环形网络结构，通过监控软件对探测器进行观测、编程，具有容错功能，其中任意点断开不影响整个网络通信。

3．防火门控制系统

由常开防火门所在防火分区内的两个独立的火灾探测器或一个火灾探测器与一个手动火灾报警按钮的报警信号，作为常开防火门关闭的联动触发信号，联动触发信号应由火灾报警控制器发出，并应由消防联动控制器联动控制防火门关闭。疏散通道上各防火门的开启、关闭及故障状态信号应反馈至防火门监控器。

4．电气火灾监控系统

在低压配电柜的出线端设置剩余电流式火灾监控探测器，报警信号接入消防控制室监控主机。

5．消防电源监控系统

在消防配电柜的出线端设置消防电源监控装置，报警信号接入各自消防分控制室监控主机。

6．极早期报警系统

本期在各机房、变配电室内独立设置极早期消防报警系统，并将信号接入消防控制中心。

7. 联动控制系统

消防报警及联动控制系统配置消防警报及消防专用电话系统。

火灾自动报警及联动系统由两路专线电源供电，在末端配电箱自切。此外还有油机电源作应急保证电源，消防报警设备也配备直流备用电源。消防控制中心设专用接地端子箱，消防报警系统接地采用联合接地装置，接地电阻不大于 1Ω。应急照明由双电源供电，在楼层配电箱内自切。火灾自动报警及联动系统的传输线路采用穿金属管或防火金属线槽保护方式布线。在进行明敷设时，采用防火保护的金属管或金属线槽保护。

7.1.7.5 冷源自动控制系统

数据中心机房电能消耗巨大，冷源系统的电能消耗又是其主要组成部分，同时冷源系统工艺复杂，监控内容多，而且节能技术手段丰富，对于这些设备的监控质量的优劣直接影响日后的设备运行经济效益，因此有必要设置中央制冷集成控制系统。

本项目建设水冷式中央空调中央控制系统，采用集散式系统结构，由中央控制单元、现场控制器和现场传感器/执行器三级组成，实现集中管理、分散控制的策略。中央控制单元采用微机，安装监控软件，配置打印机，通过彩色动态图形画面可实现对全系统的集中监督管理及运行方案指导，并可实现设备的远程控制，提供人机交互及监控，数据记录、检索、制表、打印等功能。

冷源自动控制系统需要预留标准 485 接口，供动环监控使用（可上传数据）。远程与现场均可进行自动控制与手动控制之间的切换。

7.1.8 消防系统

7.1.8.1 设计范围

上海奉贤未来空间云数据中心消防系统的相关设计不改变原有建筑层数、建筑高度、结构形式、耐火等级等。

7.1.8.2　建筑专业

将园区内原北侧规划停车位改造为室外油机钢平台及储油罐埋设区域。对原有消防车道不做改动。目前厂区内现状，本单体消防车道环通，与相邻各单体建筑的间距均满足消防要求。

（1）概况：多层丙类厂房，耐火等级为二级，建筑层数为三层。

（2）总平面：本次改造不改变园区内原总图消防的设计。改造后 E 厂房与周边建筑的间距均满足消防规范要求。室外集装箱油机与周边建筑的间距大于 12m。室外埋地油罐容量小于 250m^3，为丙类液体，其与周边建筑的间距大于 6m。储罐边缘到园区道路边缘大于 3m。

（3）防火分区及消防疏散：本建筑为多层丙类厂房，每层设 2 个防火分区，每个防火分区面积均小于 6000m^2。防火分区间由防火墙及甲级防火门分隔。每个防火分区均有 4 部疏散楼梯（1 部在室内，3 部在室外），疏散楼梯均满足相关消防要求。建筑内任意一点到疏散口的距离均不大于 60m。

（4）防火门消防救援窗及防火封堵：按防火规范设置防火门及洞口的防火封堵，每个防火分区设置两扇消防救援窗。

（5）保温防水材料的选用需要符合防火规范要求。

7.1.8.3　装修专业

1）防火分区

本项目在装修改建后一层有 2 个防火分区，最大防火分区面积为 5160m^2（小于 4000m^2×2），楼内设有自动灭火系统，满足规范要求。二层有 2 个防火分区，最大防火分区面积为 5160m^2（小于 4000m^2×2），楼内设有自动灭火系统，满足规范要求。三层有 2 个防火分区，最大防火分区面积为 1420m^2（小于 4000m^2×2），楼内设有自动灭火系统，满足规范要求。

2）消防疏散

原建筑设有 4 部疏散楼梯，本次装修拆除其中 3 部楼梯，另在室外增加 3 部楼梯用于疏散，改造后共设 4 部疏散楼梯，机房楼内任意一点到最近安全出口的距离小于 60m 满足疏散要求（主机房内设有高灵敏度的吸气式烟雾探测火灾报警系统）。疏散宽度及出入口数量均符合规范要求，安防消防室设在一层。

3）建筑材料及构造

管道井每层采用细石砼封堵，凡必须穿孔洞的墙壁、楼梯用非燃材料封堵，大楼内建筑材料按其使用部位的需要、耐火等级，规范采用相应的防火标准材料。管道井检修门为丙级防火门。

7.1.8.4 给排水专业

给排水专业主要建设内容包括室内消防水系统、气体灭火系统、灭火器配置、通风系统、消防供配电系统、安防系统。

1）室内消防水系统

根据建筑工艺要求结合机房实际情况，本项目需要对原土建施工完毕的机房及用电区域的消火栓管道、消火栓进行移位调整，保证同层任何区域均有两股水柱同时到达，管网竖向或水平布置成环状。消火栓箱内配 DN65 室内消火栓单栓，栓口直径为 DN65，一支 19 水枪，一根 25m DN65 麻质衬胶水龙带。

预作用自动喷水灭火系统已广泛应用于计算机房、图书馆及贵重物品库等场所，可以代替湿式系统用于不允许喷头误喷和管道漏水等怕水渍损失的场所。我国规范指的预作用系统是指电气单连锁系统，即采用的烟温感探测器或红外等早于喷头动作数分钟前动作的火灾探测系统，在火灾探测系统装置动作后系统就启动，向系统充水，使其变为湿式系统，当喷头动作时，立即喷水灭火。与干式系统相比，预作用系统在喷头动作之前管网中就充满了水，因此提高了灭火速度和效率。

本项目涉及一层的两个冷冻机房，因冷冻机房内有较多的电气控制柜，为了防止因湿式喷淋系统的漏水而导致电气事故，保证电气控制柜的安全，所以本项目冷冻机房采用预作用喷水灭火系统。将冷冻机房范围内原湿式喷淋系统改造为预作用喷水灭火系统。

预作用喷水灭火系统采用充气的方式，主要是保护管壁，减少锈蚀和监测系统渗漏情况。为防止气体的渗漏，应先注入少量的清水封闭阀口，再充入压缩空气，其气压不应大于 2.9×104Pa（0.3kg/cm^2），并保持其稳定。预作用系统的关键是必须提前报警，并确保喷头开放时管道内呈临时湿式系统。

本项目湿式喷淋灭火系统主要用于保护走廊及有人办公的场所，原有湿式喷淋系统根据现场实际情况调整。

2）气体灭火系统

本项目涉及气消保护的区域为建筑单体内所有的制冷站配电室、高压配电室、电池室、机房等共 43 个房间，分别设置独立的气体防护区。考虑气体防护区数量较多，拟采用 7 套 15MPa 的 IG541 气体灭火系统，钢瓶间分别设在一层和三层。一套组合分配系统所保护的防护区不应超过 8 个。

7.1.8.5　暖通专业

楼梯间自然排烟，开窗面积和位置符合相关规范的要求。

走道机械排烟，排烟口安装于吊顶内，四周用防火板包覆。

机房楼内走道机械排烟，排烟量不小于 13 000m^3/h，排烟风机安装于屋面。

其他长度超过 30m 的走道自然排烟，开窗面积和位置符合相关规范的要求。

通风、空调系统的管道采用不燃材料制作，管道和设备的保温材料、消声材料及黏结剂采用不燃材料或难燃材料。

空调通风系统的风管在穿过防火分区，重要或火灾危险性大的机房、房间隔墙和楼板、垂直风管和水平风管交接的水平管段及变形缝的防火墙两侧设置 70℃自动关闭的防火阀。

排烟风机由消防中心手动启停，并与排烟口开启连锁启动，与风机前的 280℃防火阀动作后连锁停机；排烟口和排烟阀按所负担的防烟分区进行开启控制。

7.1.8.6　电气专业

本项目设置集中控制功能和具有消防联动控制的火灾报警控制系统。

消防控制室设在一层，内设火灾报警控制主机、联动控制台、显示器、打印机、紧急广播设备、消防直通电话、电梯监控盘设备等。除在油机房设置温感探测器外，其余均设置烟感探测器。在主要出入口、楼梯间、电梯前室等处设置手动报警按钮及消防对讲电话插孔。从一个防火分区内任何一位置到最临近的一个手动报警按钮的距离不应大于 30m。

消防联动控制：消防控制室内设联动控制台，可以实现消防泵、喷淋泵、防排烟风机、气体灭火等控制及显示功能。

通信机房及电力室采用气体消防保护，各防护区单独控制。在主机中预留好接口，供以后与各层面气消系统连接，由消控室分别接收各气消保护区的预警、报警、放气及故障信号。

消防广播系统：在消防控制室内设有消防应急广播机，平时作为公共广播，在发生火灾时可以强制转入火灾应急广播状态。

在确认火灾后，切断有关部位的非消防电源，接通警报装置及火灾应急照明灯，关闭空调系统，电梯迫降到底层。安全疏散出口处的门禁一卡通等系统控制装置应与火灾自动报警系统联动，在紧急情况下能自动释放出入口控制系统，且安全疏散门应能随时开启。

与消防相关的用电设备，采用双回路电源配电，并在末端互投，其供电线缆均为耐火型。

7.1.9 节能设计

7.1.9.1 空调节能

空调设计重点考虑了以下节能措施：

（1）变频式离心冷水机组将导流叶片控制与变频控制有机结合，既能扩大机组的运行范围又能达到良好的节能目的；变频式离心冷水机组可有效利用低温冷却水，提高机组的能效比。

（2）冷却塔采用台数控制和转速控制，便于各工况下灵活调节冷却塔运行台数及风机转速，减少风机能耗。

（3）冷冻水供回水温度为 18℃/24℃，提高冷冻水供回水温度，从而提高冷冻机运行效率。

（4）机房末端空调应采用大风量、小焓差、高显热比的机房专用空调。

（5）采用封闭冷通道送风的空调送风方式。

（6）冷却塔冬季制冷系统最大限度地利用室外自然冷源，可以减少主机开启时间，节约电能，延长主机寿命。

7.1.9.2　电气节能

电气设计重点考虑了以下节能措施：

（1）变配电所应尽量靠近负荷中心，以缩短配电半径，减少线路损耗。合理选择变压器的容量和台数。

（2）在变配电所设置集中低压静电电容器自助补偿，补偿后的功率因数大于 0.95，减少无功损耗，提高用电质量，节约电能。

（3）严禁使用国家公布的耗能大的淘汰机电产品，变压器选用低损耗干式变压器。

（4）选择高效低耗的产品，采用高压直流供电，减少用电损耗。

（5）采用市电直供方式，减少供电损耗。

（6）照明优先用高效发光的荧光灯（如 T5 灯管）、紧凑型荧光灯或 LED 灯。使用低能耗、优性能的光源用电附件，如电子镇流器、节能型电感镇流器、电子触发器及电子变压器等，灯具功率因数不小于 0.9。

（7）改进灯具控制方式，根据照明使用特点采取分区控制灯光或适当增加照明开关点。公共场所照明采用程序控制或光电、声控开关，走道、楼梯等人员短暂停留的公共场所可采用节能自熄开关。

（8）采用 BA 控制技术（建设设备监控系统），确保所有设备处于高效、安全、节能的最佳运行状态。

（9）本项目年均 PUE 值按照不大于 1.3 进行设计。从设计、实施、运维等方面严格管理，将 PUE 值控制在 1.3 以内。

7.1.9.3 给排水节能

给排水设计重点考虑了以下节能措施：

（1）给排水设备采用高效节能产品，以减少日常运行能耗。

（2）建筑内卫生器具选用优质产品。坐便器选用冲洗水量为 6L/次的节水型产品，蹲便器采用脚踏式冲洗阀或延时自闭阀，小便器采用延时自闭阀或自动冲洗阀，洗手盆采用限流节水型装置，以减少水量消耗。

（3）一层用水点充分利用市政水压供给，减少能源消耗。

（4）根据不同功能分别设置计量水表，以达到有效管理及监察用水、避免浪费的目的。

7.2 传化·智联科技城能源站+数据中心项目规划

7.2.1 项目简介

传化·智联科技城能源站+数据中心项目供能范围内总计建筑面积为 246 万 m^2，考虑 70%的接入率，接入总供能面积为 172 万 m^2。其中，商业供能面积为 83 万 m^2，占比约 49%，工业（生物科技研发等具有办公属性的建筑业态）供能面积为 79 万 m^2，占比约 43.4%，学校供能面积为 5 万 m^2，医院供能面积为 3 万 m^2，酒店供能面积为 2 万 m^2，住宅暂不接入。

数据中心拟投入 4000 架机架，根据周边数据中心调研情况及市场需求，机柜平均功率为 4kW，2023 年开始上架，2026 年达产。

本项目由金茂绿建、传化集团或其子公司、萧山科技城管委会平台公司合作建设。其中，萧山科技城管委会平台公司负责项目产业准入的政策、政府审批文件的对接工作，项目落地后可将该项目作为萧山区政府政务云的服务平台。传化集团或其子公司负责项目区域规划、项目建设所需要的相关配套工作支持，项目落地后可承担数据中心市场营销工作，或将该项目作为传化科技城的综合信息服务平台。金茂绿建负责项目总体规划设计、项目的总体运营管理及安全保障，保障项目按期交付、安全稳定运营及预期收益。

7.2.2　商务模式

供能企业负责从能源站到地块的投资建设与运营，包括能源站内及一次管网设备保养、维修、更新；阀门井、换热站及二次管网、设备由用户投资建设并负责管网设备的保养、维修、更新。

数据中心将与运营商联手，合作运营。运营商负责网络配套投资建设（互联网带宽资源），负责投资建设的网络配套管理和维护。合资公司（由传化集团、萧山科技城管委会平台公司共同出资成立）负责土建、局房配套、机电设备、市电引入、市政工程等，负责投资建设的基础设施设备的管理和维护（客户建设的 IT 服务器由客户自主管理和维护）。收益分享原则采用固定保底方式，即运营商与合资公司约定底价，由运营商按实际起租数量结算给合资公司。

合资公司由金茂绿建操盘运营，统一执行并使用金茂绿建相关管理制度及相关信息系统，总经理由金茂绿建委派。

7.2.3　技术方案

7.2.3.1　资源条件

产业政策支持，一线城市门槛提高，绿色节能导向明显。2020 年 3 月 4 日，中共中央政治局常务委员会召开会议，会议强调快速发展新型基础设施建设，主要包含

5G 基建、特高压、城际高速铁路和城际轨道交通、新能源汽车充电桩、大数据中心、人工智能、工业互联网七大领域，陆续发布了《信息通信行业发展规划（2016—2020 年）》《云计算发展三年行动计划（2017—2019 年）》《大数据产业发展规划（2016—2020 年）》，形成产业政策支持。节能减排方面也从国家层面给出了政策指向和落实要点指导。

本项目位置虽紧邻钱塘江，但由于钱塘江水含沙率高，且水势特殊，故不考虑使用。所在区域市政管网由杭州市政统一供给，可满足当地生产用水需求。

数据中心需要双回路、双路由的高可靠生产用电接入。经与当地电网公司调研，项目周边变电站资源较为丰富，红垦 220kV 变电站（中负载站，可扩间隔）、花木 220kV 变电站（在建，2021 年底投运，投运初期轻载）综合条件均具备可接入条件。其中，第 1 路电源为红垦 220kV 变出 1 回出线电缆新建管沟接入项目自建 35kV 变电所，长度约为 2.3km；第 2 路电源花木 220kV 变出 2 回出线电缆新建管沟接入项目自建 35kV 变电所，长度约为 6.3km。本项目分为能源站及数据中心两部分，其中能源站负荷等级为二级负荷，数据中心负荷等级为一级负荷。据估算，项目全部达产后总体计算负荷约为 49 750kW，变压器装机容量约为 78 000kVA。

2016 年 11 月，工信部批复同意设立杭州国家级互联网骨干直联点，杭州成为新增设的三个直联点城市之一，网络带宽非常丰富。

7.2.3.2 选址规划

本项目选址根据前期与传化集团初步沟通情况，可以在传化集团自有土地中选取变为工业用地，拟选地块总面积为 40 亩[①]（经初步沟通，地块选取传化集团存量土地，经政府收储变性成工业地后，由政府招拍挂程序获得，地价为 50 万元/亩，具体价格视项目落地税收或有调整），容积率为 2.0，限高为 50m，其中能源站用地 10 亩，数据中心用地 30 亩，能源站考虑中水取退水方案，数据中心考虑市政给水方案项目负荷分布等因素。

① 1 亩=666.67m^2。

能源站：总建筑面积约为 8620m²，地上 2 层，为钢筋混凝土结构，一层布置冷水机组、热泵等设备和监控室和高压配电室，二层布置小型设备并设置办公室、展示区等，RF 布置冷却塔。

数据中心：总建筑面积约为 30 000m²，地上 4 层，为便于规划柴油发电机、蓄冷罐等设备外置。

建设周期：计划能源站与数据中心同步规划建设，但若数据中心能耗审批难度较大，可调整为一期规划建设园区与能源站，二期规划建设数据中心。

7.2.3.3　平面规划

数据中心主楼为地上 4 层，每层建筑面积为 7500m²，建筑规划面积为 30 000m²，一层规划为变配电区、网络接入区、高压分界室，二至四层为数据中心层，中间为机房区，两侧为配电区，如图 7-2 所示。数据中心首层规划层高为 8m，二至四层层高为 5.5m，女儿墙为 1.6m，建筑总高度为 26.1m。

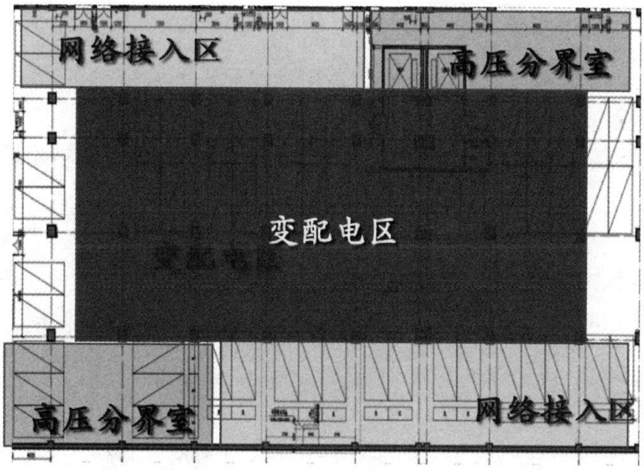

（a）一层平面布置图

一层设置办公接待室、高压配电室、消防控制室、动力配电室、接入间、制冷站等。

一层：接入间3个，每个接入间设有20个机柜。

图 7-2　数据中心平面布局图

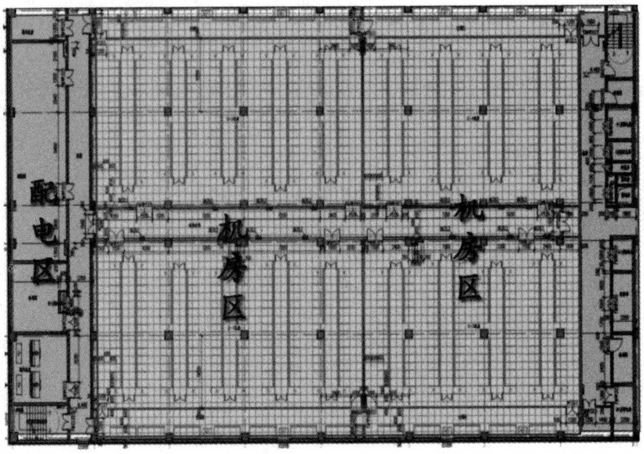

（b）二至四层平面布置图

二至四层设置配电间、数据机房、UPS配电室、
精密空调间、电池间、气瓶间等。
二至四层：4kW机柜，每层机柜数量约为1000个。

图 7-2　数据中心平面布局图（续）

7.2.3.4　数据中心技术方案

1．网络架构

本项目为能提高市场竞争力，计划引入中国移动与中国电信两家运营商，采用双冗余传输网络架构，以保障园区网络，组件 BGP 网络，两大运营商接入环形直连网络机房。

主机房、操作中心、办公室及机房配套管理用房的综合布线系统，设置适当数量的语音信息点和数据信息用于办公计算机网络和电话通信。

采用光缆（多模或者单模光缆）或者 6 类及以上对绞电缆，光缆或电缆根数采用 1+1 冗余。

2．供电系统

本项目计划引入园区 3 回 35kV 高压电力接入，拟从花木 220kV 变电站 2 回、红垦 220kV 变电站 1 回出线电缆新建管沟接入公司自建 35kV 变电所，双路由 35kV 市电电源，高压配电系统采用单母线分段主接线，平时母联断路器断开运行，电源同时供电，互为备用，各承担负荷 50%，当有一路市电需要检修或故障时，每路电源均可带起全部负荷，保障数据中心楼电力。

本项目变压器采用干式变压器（1+1）模式，两段互为备用的低压母线之间设置母联开关。母联开关具有自投自复/手动转换功能。

低压配电系统采用交流380V电源，采用放射式与树干式相结合的方式供电，对于单台容量较大的负荷或重要负荷采用放射式供电；对于照明及一般负荷采用树干式与放射式相结合的供电方式。

本项目供电方案按35kV供电网络引入，市电电源引至机房高压配电室，配电后为各变压所供电，经 10/0.4kV 变压器变压后为配电、用电设备供电。

引自两组不同变压器的电源，经过市电配电系统配电后，分别各自接入 600kVA UPS 系统向下级 IT 机柜 PDU 供电。

空调系统由两路电源经 ATS 切换后提供电源。IT 机柜 PDU 通过工业连接器与配电列头柜连接；系统为 2*N* 架构；采用 11 台 10kV 连续功率 2000kW 柴油发电机组（10+1），76 台 600kVA UPS（IT），3 台 500kVA UPS 和 1 台 160kVA UPS；单路 IT 负载 16 000kW，同时使用系数为 1。

3．供冷方案

本项目供冷方案为配合能源站水冷系统融合方案，计划采用水冷冷冻水系统，预采用技能效果较好的磁悬浮制冷机或螺杆机制冷。水冷冷水机组整体架构如图 7-3 所示。

数据中心模块机房、配电支持，采用 15～21℃中温冷冻水。

数据中心办公区及 ECC 监控室等辅助用房，接入能源站系统，利用数据中心供回水温度，夏天制冷、冬天制热，降低投资，节省能耗。

机房新风夏季降温处理，用冷媒为 R410A 运营商机房、测试机房、网络核心机房等室内空气环境设计参数：温度为 21～32℃；相对湿度为 35%～60%。

本项目末端气流组织形式采用封闭冷通道，单机柜功率 4kW 采用房间级空调方式，8kW 采用微模块行级空调+房间级制冷方式。

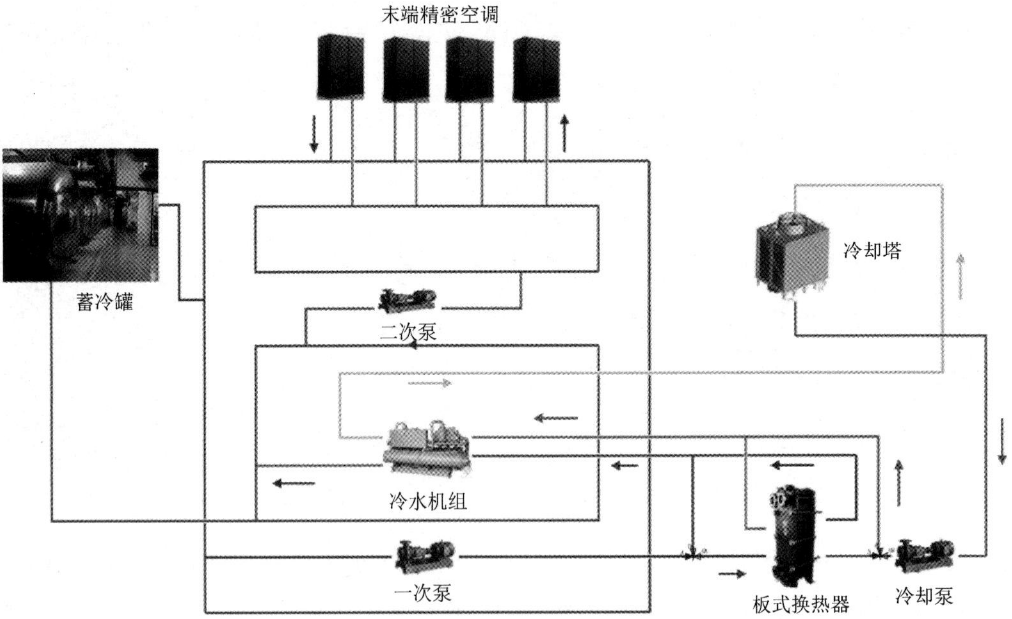

图 7-3　水冷冷水机组整体架构

4．智能化系统

为实时保障数据中心的安全运营，及时有效发现和应对各类突发情况，拟采取机房动力监控系统、基础设备管理系统、建筑设备监控系统、监控中心屏幕系统等智能化系统，对数据中心运营状况进行实时监控。

机房动力监控系统包括配电室、不间断电源系统、供配系统配电柜、恒温恒湿空调机组的运行情况及机房市内环境、漏水报警。

基础设备管理系统基础设施监控全覆盖，及时报警；发现基础设施容量短板，使用趋势分析，精确化能效管理。

建筑设备监控系统对数据中心的冷冻水机组、空调机、给排水等机电设备进行集中监控、控制和管理。

监控中心屏幕系统是在监控室设置液晶显示单元，组成大屏幕投影显示系统，可显示计算机和视频等图像。

7.2.3.5 能源站与数据中心技术融合

本项目现阶段先采取可分期独立建设的保守规划方案，能源站与数据中心采用独立的系统架构设计，仅考虑余热回收的结合方案。项目组将积极推进能源站与数据中心同步落地，并进一步细化将数据中心暖通系统与能源站供能系统深度渗透融合的技术方案（见图 7-4），以此大大降低项目投资和运营成本，实现节能提效。

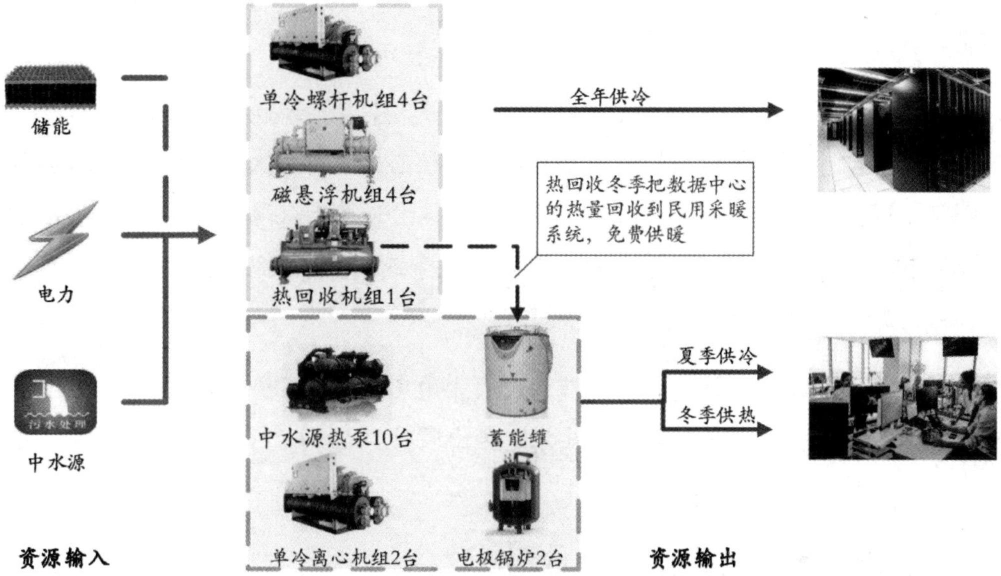

图 7-4 能源站与数据中心融合方案

7.3 世纪互联——第三方大数据中心

7.3.1 公司简介

世纪互联成立于 1996 年，是一家全国领先的第三方中立数据中心运营商。1999 年建成国内第一家运营商级互联网数据中心，开始正式为客户提供数据中心服务。2001 年通过 ISO 9002 国际质量认证，成为首家通过国际标准化组织认证的数据中心。2011 年在美国纳斯达克交易所挂牌上市，并被纳入纳斯达克全球互联网指数成分股。2014

年收购第一线集团 VPN 业务，获得小米、金山、淡马锡投资。2015 年携手紫光股份、微软，提供混合云姐姐方案及相关服务。2016 年发布全新混合 IT 战略，与阿里云、腾讯云、百度云、金山云、京东云、同方云、海航云等国内云企业达成战略合作。2017 年推出世纪互联 Switch+高能数据中心。2018 年与中国信息通信研究院共建高性能计算人工智能联合实验室；完成 IPV6 网络升级与改造。2019 年环沪云数据中心落户太仓；被阿里巴巴集团选定为云基地提供商之一。2020 年继“云主机”之后，世纪互联“混合云解决方案”再一次获得可信云权威认证。

世纪互联致力于提供业界领先的数据中心服务、中立的云服务及 VPN 服务，并率先倡导和实施数据中心+重科技创新，打造具有核心技术、超大规模运营能力的网络空间基础设施运营平台。在国内，世纪互联率先推出 Switch+高能数据中心，依托在数据中心建设、网络连接等方面的经验优势，通过全连接、企业级云服务及混合 IT 服务，将数据中心从高品质时代引入高能时代。

世纪互联股权较为分散，启迪控股股份有限公司持公司 21%的股份，是世纪互联最大股东，另外持股的还有董事长、小米、金山风投 King Venture 和黑石等。

7.3.2 主要业务范围

世纪互联自 2017 年剥离 CDN 业务以来，业务重心为 IDC 业务，经营能力有所改善。目前核心业务为主机托管及相关业务，具体包括：零售和批发型 IDC 托管项目，其中零售管理化服务包含主机托管服务、网联服务和增值服务；与微软合作的云计算业务；VPN 服务。

7.3.3 产业链分析

世纪互联属于数据中心第三方运营商，同类服务商还有万国数据、光环新网、数据港等。客户主要有互联网公司、政府机关、金融机构、制造业公司等，而互联网用户则是服务的最终体验者。

数据中心分布以北京、上海及周边为主，中西部开始发力。其原因主要是网络的核心骨干节点布局在一线城市，网络的可靠性、稳定性、低延迟性是众多客户的首要考察指标。其次，银行、金融公司、互联网企业等数据中心的重要客户资源都集中在一线城市，日常的管理、运维和应急故障处理会有更快的响应速度。因此即便一线城市电费普遍偏高，一线城市在数据中心行业也始终保持高热度和高占有率。

世纪互联是国内 IDC 行业的标志性公司，主要以零售模式销售，收入规模处于业内领先水平。与其存在竞争关系的服务商：万国数据是目前国内 IDC 业务成长性最高的公司，2019 年实现营业收入 41.2 亿元；光环新网是北京地区主要的互联网综合供应商之一，主营业务为云计算和 IDC 及其增值服务等；宝信软件由宝钢控股，并且以批发业务为主；数据港是 A 股中专注提供 IDC 托管服务的公司，规模尚小但成长迅速，以批发型业务为主，与阿里巴巴合作紧密。数据中心服务商具体分析如表 7-4 所示。

表 7-4 数据中心服务商具体分析

公司	业务类型	服务地区	主要客户
世纪互联	零售	北京、上海、广州、深圳、江苏等	小米等互联网、政企、金融等
万国数据	批发	北京、上海及周边、广州、深圳、香港、成都	阿里云等云服务商、大型互联网企业等
宝信软件	批发	上海	阿里巴巴、腾讯等
鹏博士	零售	北京、上海、广州、深圳、武汉、成都等	阿里巴巴、金山等互联网类、视频游戏、国企事业单位等
光环新网	零售	北京、上海及周边	BAT 等
数据港	批发	杭州、北京、上海、深圳、河北	BAT 等

IDC 下游需求分布行业较广，主要客户有互联网企业、金融企业、云服务企业等。伴随信息技术的高速发展和传统产业数字化转型，数据量呈现几何式增长，数据中心处理能力的重要性日益凸显。目前，中国 IDC 市场需求已经覆盖云计算厂商、互联网企业、金融机构、政府机关、制造业等众多领域，如图 7-5 所示。下游用户快速增长，需求呈现多样化发展趋势。各类用户对于数据中心服务的侧重点不同，互联网企业（包含云服务）更注重数据服务的价格、网络、部署速度、单机柜密度，金融机构更加注重数据中心的安全等级，而政府类客户地域性强，对于数据服务的位置和安全等级要求较高。不同业务类型对应可选数据中心的范围要求也不同，网络时延要求越高的业务（如网络游戏、付费结算等）要求数据中心距骨干直连点城市或周边的范围越近。

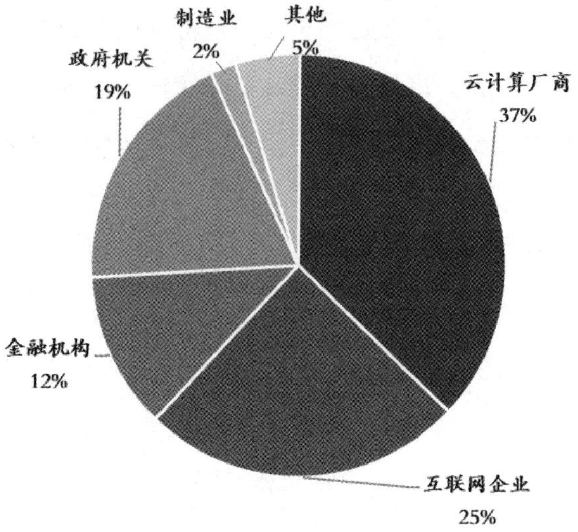

图 7-5　中国 IDC 市场需求

1）业务优势

世纪互联是老牌数据中心公司，有着成熟的运维能力，擅长管理“风火水电”的机房基础设施，以及跨多个电信运营商的线路接入。公司日常运维除了要帮客户监控、备份数据，还要在故障出现时及时处理补救，运维模式也从物理机柜运维管理向着人工智能运维迈进。在长期的积累经验过程中公司积累了良好的业内口碑，客户依赖度也逐渐提高，流失率在行业中较低，这反映了世纪互联运维 IDC 的能力和效果。

世纪互联作为一家从事互联网基础平台运营的老牌厂商，起家的业务就是零售 IDC，零售业务根基牢固，一线城市布局广泛，经过长时间经营沉淀出广泛的零售客户基础，20 多年来一直是公司的业务主线。目前在 20 多个城市运营了 50 多个数据中心，已构建了京津冀、珠三角、长三角三大数据中心集群，积累了近 2000 个企业级零售客户，70%是互联网客户，30%是政府和金融客户。由于公司是零售模式，所以公司的收入来源分散，不依赖于单一客户，前 20 大客户仅贡献 2020 年 1 季度收入的 30.9%，有利于分散经营风险。

世纪互联绝大部分收入来自零售模式，批发业务占比很小。市中心的 IDC 项目通常以零售模式小批量销售，这样 IDC 运营商就可以通过更高售价充分榨取核心地段的 IDC 项目的区位溢价。虽然零售模式面临合约期限短、再续约风险高的劣势，但是更高的收费导致零售的项目回报率高于批发。

2）批发业务打开大客户市场

公司近年来积极寻求转型，以批发作为另一核心业务，与已有零售业务共同发力。凭借公司在过往长时间运营的优异表现及在零售行业的影响力，公司目前已成功切入国内最大云计算厂商阿里云，并有望成为继万国数据、数据港之后与阿里巴巴常态化合作基地型项目的 IDC 企业。第一个批发项目——阿里华东的项目在 3Q19 开始推进，2020 年该项目开始取得收入。由于公司已经通过跟阿里云的合作项目崭露头角，拥有示范项目之后更容易开拓其他云客户的业务关系，未来批发业务有很大的成长空间。目前公司与客户签署合作备忘的批发项目超过 90MW。

3）完善的服务体系，通过增值服务留存客户

深度绑定云计算供应商，实现交叉销售。中国规定外国云计算提供商需要与本地公司合作才能开展业务。早在 2014 年，世纪互联就协助微软在首个美国以外的国家落地云服务，至今仍在为微软云服务 Azure、云 ERP Dynamics 365 和 Office 365 提供运维服务，为微软的国内客户提供云服务解决方案。IBM 和 Adobe 分别在 2015 年和 2018 年，与世纪互联合作落地云服务。2019 年，世纪互联的云业务收入规模主要来自微软云业务运维。

混合 IT 满足客户对硬件的灵活使用需求。世纪互联注重零售业务的创新，为客户提供按需购买、按量收费、像云主机一样的“裸金属”服务模式。将服务器资源云化，实现“分钟级”的交付能力，即买即用。后台可一键快速自动化部署，无须人工介入，允许运行定制环境，能够直接运行虚拟化云平台，以及数据库、大数据等组件，并且能够接受特定设备的接入，满足企业定制化需求。经过安全策略设置，只有单独用户的业务可以访问服务器，在 CPU、内存、网络、存储等硬件资源方面可以做到完全隔离，避免资源争抢，实现真正意义上的用户独占。

网络中立提供接入平台优势。从宽带接入方式角度，通信运营商的 IDC 机房，只提供自家宽带，无法像第三方运营商一样可选接入方式；从提供云服务多样化的角度，世纪互联除了能为客户提供自己运维的微软 Azure 服务，还与阿里云、腾讯云、京东云、金山云等合作提供多种云连接服务，兼容性极强，满足市场内不同客户的需

求，加上其他各种增值服务，形成完善的服务体系。增值服务占世纪互联单机柜收入的 10%～20%。

通过多年积累世纪互联在不少城市的有利位置建立机柜，具备先发优势，87%的机柜位于北上广深核心城市区域，未来能持续享受核心区位 IDC 资源价值提升。世纪互联在一线城市和卫星城市自建机柜数及占比如表 7-5 所示。

表 7-5 世纪互联在一线城市和卫星城市自建机柜数及占比

城市	自建机柜数	占比
北京	17 800	50%
上海、杭州	7400	21%
广州、深圳	5700	16%
卫星城市	1000	3%
其他	3500	10%
总计	35 367	100%

从单个机柜平均月租金来看，世纪互联的租金收入持续上升，反映了 IDC 资源具备持续涨价能力，而且这个价格上涨已经综合了公司“规模零售”策略下规模大客户议价能力更强的不利影响。

参考文献

[1] 龚伟华，王刚等．银行数据中心基础设施建设与运维管理[M]．北京：机械工业出版社，2016．

[2] 肖建一．中国云计算数据中心运营指南[M]．北京：清华大学出版社，2013．

[3] 吕科等．京东数据中心构建实战[M]．北京：机械工业出版社，2018．

[4] 林予松，李润知，刘炜．数据中心设计与管理[M]．北京：清华大学出版社，2017．

[5] 中国电子技术标准化研究院，中国计算机用户协会数据中心分会．中国数据中心发展蓝皮书[M]．北京：电子工业出版社，2019．

[6] 郑叶来，陈世峻．分布式云数据中心的建设与管理[M]．北京：清华大学出版社，2013．

[7] 杨欢．云数据中心构建实战：核心技术、运维管理、安全与高可用[M]．北京：机械工业出版社，2014．

[8] 李劲．云计算数据中心规划与设计[M]．北京：人民邮电出版社，2018．

[9] 顾大伟．数据中心建设与管理指南[M]．北京：电子工业出版社，2010．

[10] 中国 IDC 圈．GB 50174—2017《数据中心设计规范》解读[EB/OL]．[2017-05-24]．http:// www.idcquan.com/mp/2017/0524/117577.shtml.

[11] 赵国栋，易欢欢，糜万军，等．大数据中心时代的历史机遇[M]．北京：清华大学出版社，2013．

[12] 前瞻产业研究院．预见 2021：《2021 年中国 IDC 产业全景图谱》[EB/OL]．[2021-03-11]．http://finance.eastmoney.com/a/202103111839570496.html.

[13] 中国 IDC 圈，中科智道（北京）科技股份有限公司. 2016—2017 年中国 IDC 产业发展研究报告[C]. 2017.

[14] 中国 IDC 圈. 中国数据中心服务市场预测，2019—2023[C]. 2019.

[15] 国盛证券研究所. 世纪互联享受 IDC 行业高景气，零售批发业务双核驱动[C]. 2020.

[16] 安晖，吴志刚，姚磊，等. 中国“新基建”发展研究报告[C]. 2020.

反侵权盗版声明

电子工业出版社依法对本作品享有专有出版权。任何未经权利人书面许可，复制、销售或通过信息网络传播本作品的行为；歪曲、篡改、剽窃本作品的行为，均违反《中华人民共和国著作权法》，其行为人应承担相应的民事责任和行政责任，构成犯罪的，将被依法追究刑事责任。

为了维护市场秩序，保护权利人的合法权益，我社将依法查处和打击侵权盗版的单位和个人。欢迎社会各界人士积极举报侵权盗版行为，本社将奖励举报有功人员，并保证举报人的信息不被泄露。

举报电话：（010）88254396；（010）88258888

传　　真：（010）88254397

E-mail：dbqq@phei.com.cn

通信地址：北京市万寿路 173 信箱

电子工业出版社总编办公室

邮　　编：100036